Inhalt

W0053942

Vorwort

Dieses Buch, das Sie, lieber Leser, geneigte Leserin, sich dankenswerterweise gekauft und hoffentlich nicht nur ausgeborgt haben, sollte eigentlich schon längst geschrieben sein. Immer wieder haben Freunde, denen ich mit angeborener Redseligkeit Anekdoten aus meinem Privat- und Berufsleben erzählte, gesagt: »Schreib das doch nieder!«

Doch ich hatte Hemmungen.

Ich fragte mich, ob eine geschriebene Anekdote so lustig sein kann, wie sie wirkt, wenn ein routinierter Schauspieler sie erzählt. Denn oft sind das ja Geschichten von und über Menschen, die irgendeinen Dialekt oder Jargon sprechen.

Aber eines Tages schrieb ich probeweise eine solche Anekdote nieder. Es war eine Geschichte über einen ehemaligen Kollegen, den Opernsänger Max Griener, allgemein Griener Maxl genannt.

Dieser Griener Maxl war einst Kantor in einer Synagoge in Riga gewesen und sprach einen entsprechenden Jargon. Er hatte eine prachtvolle Stimme und sah recht gut aus, nur – naja, Geistesriese war er keiner. Allgemein hieß es, er sei ein Wunderkind gewesen! Er war mit zwei Jahren schon so gescheit wie als Erwachsener.

Ich war mit ihm in Aussig engagiert und hatte einen Riesenspaß mit ihm. Eine der lustigen Geschichten, die ich mit ihm erlebt hatte, schrieb ich also nieder.

Und siehe da, sie gefiel!

Auch mir selbst.

Das war also der entscheidende Anlaß, dieses Buch doch zu schreiben.

Die erste Anekdote ist somit eine wahre Geschichte. Hier ist sie.

Max Griener, genauer gesagt der Griener Maxl, kam eines Tages zu mir und sagte in seiner unnachahmlichen Art: »Hör mich aus, du bist ja etwas ein Dichter oder so. Da is a Mädl, die was hat mir ihr Stammbuch gegeben, ich soll ihr was schreiben hinein. Kennst du mir dichten einen Gedicht?«

Ich hatte den Maxl recht gern und war natürlich bereit, mir ein entsprechendes »Gedicht« einfallen zu lassen. Es war grandios und lautete:

> Solang die Wiener Würstel essen,
> werden wir uns nicht vergessen!
> Ich bin und bleib ein echter Wiener
> und stets der Deine – Maxl Griener.

Leicht zu merken, aber nicht für den Griener Maxl. Es dauerte zirka eine Stunde, bis ich ihm die vier Zeilen eingebleut, und weitere zwei Stunden, bis er sie niedergeschrieben hatte.

Stolz reichte er mir das Stammbuch des Mädels. Darin stand:

> Solang die Wiener Würstel essen,
> werden wir uns nicht vergessen!
> Ich bin und bleib ein echter Wiener
> und stets der Deine – Griener Maxl!

Wenn Sie diese Geschichte amüsiert hat, lesen Sie weiter – wenn nicht, auch!

Vorab noch eines: Ich hoffe, es macht Ihnen nichts aus, wenn ich in meiner Anekdotensammlung, die ja auch eine Art von

Lebensbild ist, ein wenig in der Zeit herumspringe, einmal in den Zwanzigerjahren anfange, um dann in die Dreißiger- oder Fünfzigerjahre zu geraten und sogar – Sie werden sehen – bis in die nahe Vergangenheit gelange.

Ich möchte Ihnen ja alles erzählen, was ich bisher an Nettem, Bemerkenswertem und vor allem Lustigem erlebt habe.

Und ich möchte das so tun, wie ich es unzählige Male schon im Freundeskreis getan habe: zwanglos von einer Geschichte in die andere springen, wie's mir gerade einfällt. Das hat sich sehr bewährt und wird es hoffentlich auch hier tun.

Und jetzt beginne ich mit dem Anfang.

»Ein Schauspieler muß alles können«

Elevenjahre am Wiener Volkstheater –
Begegnungen mit Arthur Schnitzler und Gerhart Hauptmann –
Alexander Moissi, Albert Bassermann, Fritz Kortner,
Curt Goetz und Egon Friedell

Ich wurde am 30. November 1907 in Linz an der Donau geboren. Es war ein großer Tag für Linz! Der Bürgermeister persönlich eröffnete die Straßenbahnlinie Nr. 2 nach Urfahr.

Unlängst war ich in Linz. An dem Haus, in dem ich geboren wurde, ist eine Tafel angebracht, die mich betraf: Parken verboten!

Ich war das Kind armer, aber anständiger Schauspieler, und so wurde es mir (widerwillig) an der Wiege gesungen, daß ich auch Schauspieler werden wollte und sollte.

Am 1. September 1924 war es so weit. Ich trat als Eleve in das Wiener Volkstheater ein, das damals Deutsches Volkstheater hieß und ein erstklassiges Ensemble besaß.

Am dreißigsten November dieses Jahres wurde ich siebzehn Jahre alt. Ich war also ein hoher Sechzehner, als ich die Eleven-, sprich Schüler-Laufbahn ergriff. Zur gleichen Zeit und zum gleichen Zweck traten ihr Engagement als Eleven die, ebenso wie ich, völlig unbekannten Paula Wessely, Siegfried Breuer und Karl Paryla an.

Wir alle wollten das Theaterspielen erlernen. Ich glaube, wir haben's geschafft.

Mein allererstes Auftreten verlangte keine besondere Begabung. Mit der Wessely an der Hand betrat ich das elegante

11

Gemach des Dauphin in *Die heilige Johanna*. Wir mußten uns verbeugen – und wieder verschwinden. Wenig Gelegenheit, um sein Genie zu zeigen.

Dann war lange nichts.

Bis ich endlich wieder in *Die Räuber* auf der Bühne stand – in der Titelrolle. Das heißt, genaugenommen war das, was ich darstellte, nicht *die* Titelrolle, sondern *eine* Titelrolle. Am Theaterzettel fungierte ich als: Ein Räuber – Fritz Eckhardt. Und dieser eine Räuber war nicht nur namenlos, sondern auch maulfaul – er redete nichts.

Dann war wieder lange nichts, viel zu lange für meine Ambition und meinen Wunsch, berühmt zu werden.

Eines Tages kam Herr Lehner auf mich zu.

Lehner war Chefinspizient und für Komparserie und kleine Rollen zuständig.

»Ich habe eine Rolle für dich«, sagte Lehner, und mir war, als hätte der Weihnachtsmann gesprochen. »Du spielst in *Zryni* nächsten Sonntag nachmittag den türkischen Hauptmann!«

Ich hatte zwar schon von diesem Stück Theodor Körners gehört, aber nichts von dessen türkischem Hauptmann.

»Was habe ich zu reden?« stieß ich hervor.

Lehner lächelte vielversprechend: »Zu reden hast du nichts, aber es ist eine sehr gute Rolle! Du mußt mit dem Zryni, der aus der Gefangenschaft ausbricht, fechten, dann mußt du fallen und sterben – also allerhand Möglichkeiten, Talent zu zeigen!«

Das leuchtete mir ein. Außerdem hätte ich sowieso keine Möglichkeit gehabt diese »Rolle« zurückzuweisen, da ich als Eleve zu jeder Tätigkeit auf der Bühne verpflichtet war.

Und so betrat ich diese Bühne am nächsten Sonntag nachmittag. Das Stück spielt im Jahre 1664, und man hatte mich in eine Türkenuniform gesteckt, die mir viel zu weit war, hatte mir einen mächtigen Schnurrbart geklebt und einen unendlich großen Turban aufgesetzt. Ich muß ungeheuer türkisch ausgesehen haben.

Endlich war es so weit: Zryni, dargestellt von dem Heldendarsteller Wilhelm Klitsch, der eine sehr laute Stimme besaß und fast zwei Meter groß war, floh aus dem Turm. Und auf diesen Bären stürzte ich mich mit meinem krummen Säbel, um darzustellen, wie ein türkischer Hauptmann, unbeirrt von Größe und Stentorstimme, mit einem ausgebrochenen Gefangenen umgeht.

Allerdings zum Fechten kam ich gar nicht.

»Mich kriegst du nicht!« rief Zryni-Klitsch und versetzte mir einen Schlag auf den Turban, daß der über meine Augen rutschte und mir jede Sicht nahm.

So taumelte ich, während sich mein Gegner anderen Türken zuwandte, zur Bühnenseite und ausgerechnet gegen den Turm, aus dem Zryni vor kurzem entwichen war, nachdem er ihn in Brand gesteckt hatte. Da sich bekanntlich in solchen Wehrtürmen Munition befindet, explodierte er just in dem Moment, als ich meinen Turban lüftete, um nachzusehen, wohin ich getaumelt war. Die ganze Wucht der Explosion bekam ich ins Gesicht.

Ich glaube, noch nie ist ein türkischer Hauptmann so stilgerecht zu Boden gefallen, um auf dem Felde der Ehre zu sterben, wie ich es tat. Ich griff mir an den Kopf, um den Turban festzuhalten, dann ans Herz, um einen kleinen Teil des Turmes, den die Explosion in meine Uniform gewuchtet hatte, zu entfernen, und schließlich ins Gesicht, um die Spuren des Schwarzpulvers abzuwischen, die mir die Sicht nahmen – und langsam, langsam sank ich zu Boden.

Leider aber kam ich auf die Dampfheizung zu liegen, deren Schwaden den Heldentod Zrynis umrahmen sollten. Und wurde langsam gedünstet, da ich ja als »Leiche« dem Dampf nicht entweichen konnte.

Endlich, endlich fiel der Vorhang!

Wütend stürzte ich zu Lehner: »Daß du's weißt, den türkischen Hauptmann spiele ich nie mehr!«

Lehner nickte nur: »Wir haben auch noch nie jemanden gefunden, der den zweimal gespielt hätte.«

Endlich kam die erste wirkliche Rolle! Der dritte Soldat in dem Gerhart-Hauptmann-Drama *Der weiße Heiland*.

Das Stück war im Repertoire des Volkstheaters, und zwar ausschließlich deswegen, weil die Hauptrolle, der Aztekenkönig Montezuma, eine Leib- und Paraderolle von Alexander Moissi, einem großen Star dieser Zeit, war.

Schon der Gedanke, mit Alexander Moissi auf der Bühne zu stehen und zu agieren, war das Größte, das mir bisher in meinem jungen Theaterleben zugestoßen war.

Meine Rolle bestand zwar nur aus einem einzigen Satz, aber der war in Versen und ziemlich lang.

Am Tag vor meinem Auftritt hatte ich eine Art Probe mit einem sogenannten Jausenregisseur, der mich meinen Satz hinausbrüllen ließ und mich dann gnädig verabschiedete.

Am Abend der Aufführung wurde ich wieder als Soldat verkleidet, diesmal als spanischer aus dem Jahr 1520. Ich bekam ein Wams mit einem blechernen Brustschutz, der natürlich einen aus Eisen darzustellen hatte; ferner bekam ich riesige Stiefel, eine bunte Hose und einen ungeheuren Helm samt Federbusch. Und straffe Handschuhe, ebenfalls mit Blech verkleidet.

Solchermaßen bis zur Unkenntlichkeit verändert, stürzte ich aufs Stichwort auf die Bühne und schmetterte meinen Satz ins Publikum des ausverkauften Hauses.

Und dann war nichts.

Das Stück ging nicht weiter.

Einen Moment lang dachte ich, daß ich den Aktschluß hätte und wartete auf das Fallen des Vorhangs. Aber der fiel nicht.

Da kam Moissi, der wunderbare Moissi, der sich gewohnheitsmäßig in der Nähe des Souffleurkastens aufgehalten hatte, langsam auf mich zu. »Schlag mich!« flüsterte er mir zu.

Ich verstand nicht und muß sehr dumm aus dem Wams geblickt haben.

Da zischte er: »Du sollst mich schlagen, du Trottel!«

Jetzt erst verstand ich: Der Schlag des Soldaten war ein »Stichwort« für ihn.

Und ich schlug zu. Nicht mit ganzer Kraft, aber dennoch so stark, daß der leichtgewichtige Moissi ins Schwanken kam.

Sanft sagte er, ganz Montezuma: »Warum schlägst du mich nicht stärker?«

Ich war verblüfft. Hatte er das laut Rolle gesagt, oder weil er etwas im Text hatte, das nach stärkerem Schlag verlangte?

Ich schlug wieder zu, diesmal mit der ganzen Kraft meiner siebzehn Jahre, verstärkt durch einen »eisernen« Handschuh.

Moissi flog an die Rampe und vermied nur knapp einen Sturz ins Publikum.

Langsam erhob er sich und sagte, laut Rolle: »Schlag mich! Triff mich tödlich, Freund!«

Ich nahm das wörtlich und verprügelte den Star des Abends nach allen Regeln der Kunst.

Nachher sagte Moissi, sanft, wie er war und doch verweisend: »Sie hätten die Rolle durchlesen sollen!«

Da klärte ich ihn auf: »Hab ich, aber es steht ja nicht drin, daß ich Sie schlagen soll, und der Regisseur hat mir auch nichts verraten!«

Nicht auszudenken, was ich heute einem jungen Schauspieler erzählen würde, wenn er mich so verhaut.

Ich bin allerdings längst nicht so fragil wie das Leichtgewicht Moissi.

Die Stars der damaligen Zeit hatten ja kein Fernseh-, noch kein

Rundfunk- und kaum ein Filmengagement. Sie mußten also ihre Butter aufs Brot bei Gastspielen in allen möglichen Orten verdienen, selbst in kleinen Provinzstädten, wo sie große Gagen bekamen.

Moissi gastierte einmal in St. Pölten. Er spielte den Kardinal Richelieu in dem gleichnamigen Stück eines französischen Autors, der mit Recht vergessen ist.

Es gab, wie üblich, eine einzige Probe mit den dortigen Schauspielern, die ihre Rollen vorher lernen mußten, besser gesagt, sollten – denn manche lernten sowieso nichts.

Moissi war auch da angenehm und paßte sich, leidgeprüft, an. Dem Inspizienten aber, der, als Diener verkleidet, ihn anmelden mußte, hielt er einen kleinen Vortrag: »Hören Sie zu, lieber Freund! Diese Anmeldung ist ungeheuer wichtig, denn der Kardinal Richelieu war seinerzeit der größte und mächtigste Mann der Kirche, sozusagen ein Papst. Geben Sie ihn nicht der Lächerlichkeit preis, stottern Sie nicht, grinsen Sie nicht – wie Sie's eben auf der Probe getan haben, sondern melden Sie ihn würdig an: ›Seine Eminenz, der Kardinal Richelieu...!‹«

Das hätte der gute Moissi besser unterlassen, denn seine Anweisungen machten den hilflosen Inspizienten völlig fertig. Abends stürzte der dann als Diener auf die Bühne und schmetterte: »Seine Exzellenz, der Papst, is da...!«

Als Moissi ihn später empört zur Rede stellte, sagte er wütend: »Ah was, Sie haben gesagt, er war der größte Kirchenmann, und einen größeren als den Papst gibt's nicht!«

Doch zurück zu meinen Anfängen am Volkstheater.

An meine nächste Rolle ging ich schon locker heran – zu locker, wie sich herausstellen sollte.

Ich war ein Page in *Maria Stuart*, der auch eine Anmeldung durchzuführen hatte, und zwar lautete die, bedeutungsvoll: »Mylord von Leicester und der Großschatzmeister!«

Und was rief ich dem erstaunten Publikum und der entsetzten Königin entgegen?

»Mylord von Leicester und der Schoß – Kratzmeister!«

Der Erfolg war fast größer als im *Weißen Heiland*.

Immerhin ging es mir besser als meinem Freund Kolbert, der in einer Aufführung des *Don Carlos* den Okelly spielte. Das ist eine gefürchtete Rolle. Okelly stürzt auf die Bühne und schreit sofort einen ellenlangen Satz, den er mit größter Aufregung zu garnieren hat. Der Satz beginnt mit den Worten:

»Ganz Madrid unter Waffen...!«

Kolbert-Okelly stürzte auch planmäßig auf die Bühne, doch dann schrie er unglücklicherweise:

»Ganz Madrid unter Wasser...!«

Das verwirrte ihn so, daß er überhaupt keinen Text mehr wußte und nur herausbrachte: »Mit einem Wort, es is schrecklich...«

Nach und nach wurde ich sicherer, und vor allem kam ich darauf, daß das Theaterspielen kein Spaß ist, sondern eine Sache, an die man mit allem Ernst herangehen muß.

So bekam ich dann etliche andere Rollen, wie zum Beispiel den Schüler im *Faust* mit dem genialen Bassermann als Mephisto.

Den Faust selbst spielte ein gewisser Brandt, ein Berliner, der sehr routiniert und kaum in Verlegenheit zu bringen war.

Das bewies er in einer Vorstellung, in der ich mitwirkte.

Er hatte zu sagen:

> »... mit gier'ger Hand nach Schätzen gräbt
> und froh ist, wenn er Regenwürmer findet...«

Doch er deklamierte:

> »... mit gier'ger Hand nach Regenwürmern gräbt«,

um nach einer Schrecksekunde zu verkünden:

> »– und froh ist, wenn er welche findet!«

Zur damaligen Zeit gab es Stücke, die nur am Sonntag nachmittag gespielt wurden, wie der vorher erwähnte *Zryni*.

Zum 1. November aber wurde jahrzehntelang immer nur ein Stück gegeben, *Der Müller und sein Kind* – ein Rührstück ohnegleichen.

Da durften auch wir Eleven uns austoben. Karl Paryla spielte die männliche Hauptrolle, den Konrad. Er war schon damals ein überaus temperamentvoller Kerl, und in dem Hauptakt, der am Friedhof spielte, ging er so ungestüm mit seinem wallenden Mantel um, daß er nicht weniger als drei Grabsteine umstürzte – sie waren ja aus Pappendeckel.

Ich selbst spielte den schüchternen Liebhaber, das Jaköble, und war mir der Wichtigkeit meiner künstlerischen Sendung allen Ernstes bewußt. Leider wurde mein Ernst durch meinen Partner, der den alten Müller spielte, einmal allzusehr auf die Probe gestellt.

Eduard Loibner, so hieß der Darsteller des Müllers, war ein ganz ausgezeichneter Schauspieler, nur leider hatte er vom Text keine Ahnung und war größtenteils auf die Souffleuse angewiesen, die manches Mal so laut soufflieren mußte, daß der Text schon im Publikum bekannt war, bis er vom alten Müller gehört und verkündet wurde.

An einer bestimmten Stelle war's dann völlig aus. Er hätte zu sagen gehabt:

»... es ist heute Christnacht«,

aber das fiel ihm weder ein, noch hörte er es von der Souffleuse.

Er beging dann den Irrtum, einen Hustenanfall zu markieren, in der Hoffnung, in den Atempausen die Souffleuse zu hören – eine trügerische Hoffnung, wie sich bald herausstellte.

Auch ich konnte ihm nicht helfen. Ich kämpfte mit dem Lachen, denn nicht nur die Souffleuse, sondern auch der Inspizient aus der Kulisse riefen ihm zu:

»...es ist heute Christnacht...!«

Doch Loibner hustete und hustete. Zwischendurch flüsterte er mir wütend zu: »Was sagt die? Ich kann das Luder nicht verstehen!«

Endlich aber verstand er sie doch, und nach einem letzten, erlösenden Huster sagte er:

»Ach ja – es ist heute Christnacht – wie ich eben hörte...«

Da konnte ich nicht anders, ich ging von der Bühne ab.

Gelernt habe ich in dieser Zeit trotzdem viel von dem, was ich für meinen Beruf brauchte, nicht nur den Umgang mit Souffleusen.

Wir hatten zwei. Die eine war eine etwas zimperliche alte Jungfer mit einer angeblich tollen erotischen Vergangenheit. Die andere war eine glänzende Souffleuse, allerdings mit einem Fehler: Sie war mit einem Chargenspieler verheiratet, der ein ziemlicher Hallodri war. Er ging gern aus, trank oft über den Durst, und vor allem, er war hinter jedem Frauenzimmer her, wenn sie nur halbwegs jung und hübsch war.

Hatte dieses Ehepaar eine seiner häufigen Krisen, konnte es einem passieren, daß, wenn man mit dem ungetreuen Ehemann auf der Bühne stand, seine Gattin, anstatt zu soufflieren, das Textbuch zuklappte und – ohne jede Rücksicht auf den Mitspieler – ihrem Mann die Leviten las: »So! Jetzt hängst du, was – kannst nicht weiter –, aber die ganze Nacht mit Weibern herumfliegen und saufen, das kannst du, was?«

Es war für den Fortgang der Handlung ganz und gar nicht gut.

Mein erster Direktor, Dr. Rudolf Beer, war in seiner Art ein Genie, was er ja unter anderem durch die Auswahl seiner Eleven bewies.

Er mußte das Volkstheater, und zeitweise auch das Raimundtheater, auf eigene Rechnung und Gefahr führen – etwas, das heute, im Zeitalter der Subventionitis, unvorstellbar ist.

Er war einfach auf die Einnahmen durch den Kartenverkauf angewiesen, und alle seine Mitarbeiter hingen von der Tüchtigkeit des Chefs in der Auswahl der Stücke, der Stars und der Regisseure ab.

Für Schauspieler gab es damals keinerlei »soziales Netz«, und die Autoren waren prozentual an den Einnahmen des Theaters beteiligt, wenn es welche gab und – wenn ihnen der Direktor ihren Anteil auszahlen konnte, denn natürlich waren die Rechnungen der Handwerker und Lieferanten wichtiger als die Tantiemen der Autoren.

Nichtsdestoweniger gab es natürlich Schauspieler und Autoren, die auch in den Zwanzigerjahren viel verdienten. Vor allem die Schauspielerstars wie Moissi, Bassermann und Pallenberg, denen der Direktor ja ihre Gage zahlen mußte, sonst hätten sie eben an einem anderen Theater gastiert, und natürlich brachten sie auch »Kasse«.

Einer der heikelsten in Geldsachen war Max Pallenberg. Einmal, auf einer Tournee, auf die ich noch zu sprechen komme, war er an den Einnahmen beteiligt. Als ihm der Direktor in Ulm zwanzig Sitze auf der Galerie als unverkauft verrechnen wollte, machte Pallenberg einen Riesenkrach. Er hatte, während er spielte, die freien Sitze gezählt – es waren nur acht gewesen.

Allerdings, das penible Kassieren der Gage war nicht an diese Zeit gebunden. Oskar Sima war genau so pingelig wie der selige Pallenberg. Ich war mit ihm Anfang der Dreißigerjahre, in Berlin bei den Gebrüdern Rotter engagiert, die, soviel ich mich erinnere, neun Theater mit wechselndem, zu meiner Zeit eindeutig schwindendem Erfolg leiteten. Wir Schauspieler mußten unsere Gagen in Raten an der Kasse jenes Theaters holen, das den besten Vorverkauf hatte.

Als schlaues Bürschchen, das ich war, richtete ich es so ein, daß ich immer mit dem Sima kassieren ging. Sehr oft hatten nämlich an der geldschweren Kasse des Theaters, an das man uns verwies, schon andere die Hand aufgehalten – Kostümverleiher, Verleger, Handwerker und natürlich der Fiskus. Normalerweise ging man dann als Schauspieler leer aus.

Doch wenn ich mit dem gewichtigen Oskar Sima erschien, spielte sich folgendes ab: Die Kassiererin blickte uns verlegen an, als wir Geld forderten, und stotterte: »Meine Herrn, es tut mir leid, aber « Weiter kam sie nicht.

Sima brüllte nur ein wütendes: »Was?«

Die Kassiererin rückte das letzte Geld heraus. –

Einmal kamen wir an eine Kasse, wo die Kassiererin behauptete, sie habe nur Kleingeld.

Doch Sima sagte ungerührt: »Macht nix, beim Geldzählen hab ich Finger wie der Paderewski.«

(Ignacy Jan Paderewski war der berühmteste Klaviervirtuose der damaligen Zeit.)

Auch Autoren hatten es, wie schon angedeutet, nicht ganz leicht mit dem Kassieren.

Da gab es zum Beispiel die Zwillingsbrüder Arnold und Emil Golz, die lustige Schwänke für populäre Komiker und Komikerinnen schrieben wie etwa Gisela Werbezirk, damals eine erste Nummer in der Bühnenunterhaltung und dabei eine ganz hervorragende Schauspielerin.

Einmal brachte Josef Jarno, damals Direktor in Bad Ischl, einen neuen Schwank der Brüder Golz heraus.

Die Premiere war, wie damals üblich, »ausverschenkt« und daher ein großer Erfolg.

Danach aber kam es auf die Kasse an.

Die Brüder Golz wohnten im Hotel Ramsauer direkt gegenüber dem Theater und vor allem der Vorverkaufskasse.

Pünktlich um neun Uhr, als die Kasse eröffnet wurde, saßen die Brüder beim Fenster ihres Zimmers und lauerten darauf, was sich an der Vorverkaufskasse tun würde.

Tatsächlich kamen kurz nach neun Uhr zwei Personen und betraten, zum Entzücken der Zwillinge, den Kassenraum.

Doch kurz darauf kamen drei Leute aus dem Theater heraus.

Da sagte der Ältere betrübt: »Jetzt muß noch einer hineingehen, dann ist keiner drin...!«

Natürlich gab es auch damals Autoren, die schön verdienten. Zum Beispiel mein späterer Freund Rudolf Oesterreicher, der so erfolgreiche Stücke wie *Der Garten Eden, Das Konto X* und *Gigerln aus Wien* mitverfaßte.

Das heißt, er hat eigentlich wenig verfaßt, er hatte eher zündende Ideen und konnte das fertige Produkt, das der Kompagnon – Ludwig Hirschfeld, Rudolf Bernauer – oder ein anderer herstellte, großartig vermarkten.

Eines Tages war er in Berlin und traf dort seinen Kollegen Siegfried Geyer, der recht erfolgreiche Stücke geschrieben hatte.

Oesterreicher bot ihm eine seiner vielen, meist sehr guten Ideen an. Und tatsächlich war Geyer begeistert, erbot sich auch, daraus ein Theaterstück zu schreiben.

Dann hörte Oesterreicher fast ein Jahr nichts von Geyer.

Zufällig traf er ihn in einem Wiener Kaffeehaus wieder und sagte aggressiv: »Ich hab dir doch in Berlin eine wunderbare Idee angeboten. Wann wirst du endlich das versprochene Stück schreiben?«

Darauf Geyer: »Was heißt hier schreiben? Ich hab's geschrieben, es ist sogar schon aufgeführt worden – und mit Bomben und Granaten durchgefallen...«

Daß Oesterreicher nichts davon erfahren hatte, hing damit

zusammen, daß man damals sehr oft Stücke unter einem Pseudonym schrieb, denn zu der Zeit war das Finanzamt lange noch nicht so gewitzt und fündig wie heute.

Da war die sogenannte Marton-Fabrik führend. Georg Marton war ein genialer Verleger, den auch ich später kennenlernte und dessen aufrichtiger Freund ich wurde. Vor allem bewunderte ich seinen kaustischen Humor.

Marton zog in den Zwanziger- und Dreißigerjahren ein ganzes Rudel hochbegabter ungarischer Autoren nach Wien und an seinen Verlag. Es entstanden Stücke, die großes Geschäft machten, wie *Arm wie eine Kirchenmaus* und ähnliche.

Gezeichnet waren diese Lustspiele immer mit einem einzigen ungarischen Autorennamen, z. B. Ladislaus Fodor, obwohl meistens drei Autoren an so einem Stück schrieben, einer den ersten, einer den zweiten und einer den dritten Akt.

Und Marton bestimmte, wessen Name auf den Programmzettel kam – es mußte aber nicht unbedingt der Name eines Autors sein, der an dem Stück wirklich geschrieben hatte ...

Eine Klasse für sich war Curt Goetz, dessen Komödien ja heute noch gespielt werden. Er hat mir eine ganz köstliche Geschichte erzählt, die ich Ihnen nicht vorenthalten will.

Eines seiner lustigsten Stücke hieß *Die tote Tante*. Es war ein Einakter, den Curt Goetz später zum abendfüllenden *Haus in Montevideo* erweiterte. *Die tote Tante* wurde in Berlin in den Kammerspielen des Deutschen Theaters gespielt.

Die Kammerspiele waren das Kleine Haus des Deutschen Theaters, das genau neben den Kammerspielen stand. Dort wurde zur gleichen Zeit *Die heilige Johanna* gegeben, Shaws Fassung der Jeanne d'Arc, die bekanntlich auf dem Scheiterhaufen endet.

Wie das bei einem solchen Doppelbetrieb passieren kann, wurden die Programmhefte verwechselt ausgeliefert, so daß die Besucher der *Johanna* das Programm der *Toten Tante* bekamen, und umgekehrt.

Das rief natürlich einige Verwirrung hervor, so daß ein biederer Berliner nach dem Verlassen des Deutschen Theaters und dem Genuß der *Heiligen Johanna* zu seiner Frau sagte: »Also, wenn se se zum Schluß nicht verbrannt hätten, wüßt ick nich, weshalb det Stück *Die tote Tante* heißt.«

Se non è vero…

Zwei wirkliche Dichter habe ich in diesen Jahren auch persönlich kennengelernt: Gerhart Hauptmann und Arthur Schnitzler.

Wenn Hauptmann gewußt hätte, daß ich den Schnitzler ihm gleichsetze, hätte er sicher die Nase gerümpft. Denn er war sich seiner Position als *der* große deutsche Dichter sehr wohl bewußt. –

Einmal ging Gerhart Hauptmann gedankenverloren im Berliner Tiergarten spazieren, so gedankenverloren, daß er den geheiligten Rasen betrat.

Natürlich war sofort ein Gartenaufseher da, der dem Sünder böse zurief: »Sie, wat machen Sie denn da! Raus aus dem Rasen, ja?!«

Worauf sich Gerhart Hauptmann empörte: »Was erlauben Sie sich, wissen Sie denn nicht, wer ich bin?«

Darauf der Aufseher: »Ja, ja, ick weeß, Sie sind Joethe – aber in'n Rasen dürfen Se doch nich rin!«

Arthur Schnitzler lernte ich in Wien kennen – und damit bin ich wieder zurück bei meinen Anfängen im Deutschen Volkstheater.

Direktor Beer war ein großer Schnitzler-Verehrer, umso mehr, als dessen Stücke ein gutes Geschäft waren und von den Stars gerne gespielt wurden.

Einer dieser Stars war Arnold Korff, ehemaliger Burgschau-spieler, der dort mit Krach weggegangen war, ein glänzender Schauspieler, der auch immer, wenn er spielte, selbst Regie führte. Leider war er ein »Radfahrer«: nach unten treten, nach oben bücken, denn so entgegenkommend er dem Direktor und arrivierten Partnern gegenüber war, so unerbittlich und aggressiv war er dem kleinen Darsteller gegenüber. Beson-ders den Anfängern und ganz besonders mir gegenüber.

Ich hatte wieder einmal einen sehr wortkargen Menschen darzustellen, einen Kellner im *Anatol*.

Meine darstellerische Hauptaufgabe war es, ein komplettes Menü zu servieren, eine Tätigkeit, für die ich total unbegabt bin. Und Korff verfehlte nicht mir mitzuteilen, wie »unbetamt« und deppert ich mich anstelle. Dann wollte er mir zornbe-bend zeigen, wie ein erstklassiger Kellner im »Sacher« ein Tablett serviert – und ließ es zu Boden fallen. Gläser, Krüge, Flaschen und Teller zerschellten – es war Musik in meinen Ohren.

Ein herzbewegendes Erfolgserlebnis!

Als nächstes war ich unter der Regie von Arnold Korff wieder in einem Schnitzler-Stück, *Das weite Land*, besetzt. Ich spielte einen Hotelportier, eine ganz nette Rolle. Doch Korff vermie-ste sie mir in der ekligsten Weise. Er nörgelte, meckerte und schimpfte bei jedem Satz, den ich sprach.

Da ertönte aus dem Zuschauerraum eine leise Stimme: »Aber das ist doch sehr gut, was der junge Mann da macht.«

Wütend fuhr Korff herum und brüllte in den dunklen Zu-schauerraum: »Was reden Sie dazwischen? Wer sind Sie über-haupt?«

»Arthur Schnitzler«, kam es ruhig aus dem Dunkel – und Korff verstummte.

Er hat mir diesen Zwischenfall nicht vergessen. Und ich nicht dem Schnitzler.

Aber ich war und bin sowieso einer seiner größten Verehrer. Einen weiteren Dichter lernte ich ebenfalls im Volkstheater kennen, ohne zu ahnen, daß er einer war – Franz Theodor Csokor. Er war einer der liebenswertesten Menschen, denen ich je begegnet bin.

Als Dramaturg war er elend bezahlt. Sein größtes Ziel war es, zu einem Essen eingeladen zu werden. Diese Sucht hat er auch beibehalten, als er schon berühmt war.

Egon Friedell, den kennenzulernen ich ebenfalls die Ehre hatte, hat den Csokor auch sehr gerne gehabt, wenngleich er ihn immer mit sanftem Spott behandelte.

So brachte er ihn, den völlig Unbekannten, einmal zu Alma Mahler, die wieder eines ihrer glanzvollen Feste mit ausgezeichnetem und reich beschicktem Buffet gab.

Friedell führte Csokor so ein: »Alma, du beklagst dich immer, daß ich nur trinke und nichts esse – heute habe ich dir einen Esser mitgebracht...!« –

Friedell führte damals verschiedene Gesellschaftsspiele ein.

So war jeder aufgerufen, eine Schlagzeile im Stile einer der damaligen Zeitungen zu erfinden.

Friedell selbst wählte das Kommunistenblatt »Die rote Fahne«. Seine Schlagzeile lautete:

»Wie sie prassen – Csokor läßt Sandwich stehen.« –

Friedell veranstaltete einen Parodienabend. Mit Csokor zusammen parodierte er Karl Schönherr, den Erfinder der Blut- und Bodendramen, die im bäuerlichen Milieu spielen. Csokor gab den Vater, Friedell den Sohn, und der Höhepunkt war, als Friedell im Stil Schönherrs schrie: »Votta, daß du's weißt – mit der Mutter hab i a Verhältnis – und du bist unser Kind!«

Damit endete die Vorstellung. –

Friedell spielte leidenschaftlich gern Theater, obwohl seine Stärke im Schreiben lag.

Seine Möglichkeiten als Schauspieler waren aber einigermaßen beschränkt, denn er sah sehr jüdisch aus.

Damals konnte man darüber noch Witze machen, und so neckte ihn einmal ein Kollege: »Was hab ich gehört, du spielst als nächste Rolle einen Juden?«

Darauf Friedell: »Ein Schauspieler muß alles können!« –

Das Unfaßbare trat ein, als die SS Friedell ins KZ abholen wollte. Er sprang aus dem Fenster.

Und noch im Herunterfallen warnte er Passanten mit einem lauten »Achtung!«, um ja niemanden zu verletzen.

Ein wunderbarer Mensch!

Besser erging es Fritz Kortner. Er entkam in die USA.

Ich lernte Kortner im Dezember 1921 während meiner Elevenzeit kurz kennen.

Er trat damals am Wiener Raimundtheater als Richard der Dritte mit ungeheurem Erfolg auf, und Max Reinhardt holte ihn mitten aus der Serie zurück nach Berlin.

Den Richard aber spielte ein junger Schauspieler aus Wiener Neustadt weiter, Oskar Homolka, der spätere Hollywood-Star.

Nun hatte Kortner damals noch seine alte Mutter, die er beauftragte ins Theater zu gehen, um zu berichten, wie sein Nachfolger dem Publikum gefallen hatte.

Homolka hatte einen ungeheuren Erfolg. Das Publikum jubelte und applaudierte wie besessen und stieß Hochrufe aus.

Und mittendrin die alte Mutter von Fritz Kortner. Böse blickte sie um sich und zischte: »Undankbares Pack!«

Ich war inzwischen ein richtiger Schauspieler geworden, meine »Lernjahre« betrachtete ich als beendet und hielt mich natürlich für den besten des deutschen Sprachraumes.

Pannen passierten mir selten, doch an eine erinnere ich mich auch heute noch immer wieder.

Es war die Zeit der ersten Ozeanüberquerungen. Lindbergh war von Osten nach Westen geflogen und hatte Paris erreicht. Jetzt wollten drei kühne Männer den umgekehrten Weg fliegen, zwei Deutsche und ein Ire. Die Deutschen hießen Köhl und Hühnefeld, der Ire hieß Fitzmorris, aber aus irgendeinem Grund war von dem kaum je die Rede, wahrscheinlich war er zu bescheiden.

Der Flug hieß einfach nach den beiden Deutschen, und es herrschte eine unerhörte Spannung in Deutschland und Österreich. Man fragte sich, ob die beiden und der kaum erwähnte Ire auch tatsächlich Amerika erreichen würden.

Wir spielten damals den *Eulenspiegel* von Nestroy, eine Komödie, die zu Recht sehr selten aufgeführt wird. Das war mir egal, ich hatte endlich wieder einmal eine Hauptrolle, wenn auch in zweiter Besetzung, nach Oskar Sima, der schon nach Berlin gegangen war. Ich war überzeugt, daß ich zehnmal besser war als er – heute bin ich nicht mehr so sicher.

Nach der großen Pause standen wir schon alle auf der Bühne, da der dritte Akt mit einer Ensembleszene beginnt.

Da kam Direktor Beer und verkündete, daß Köhl und Hühnefeld in Amerika gelandet seien. Obwohl Schauspieler, die gerade eine Vorstellung spielen, wenig Interesse an Dingen außerhalb des Theaters haben, wirkte auf uns diese tolle Nachricht sensationell.

Als wir uns etwas beruhigt hatten, sagte Direktor Beer: »Jemand muß das dem Publikum mitteilen!«

Und mit angeborenem Sadismus wandte er sich an den Unerfahrensten in dieser Beziehung – an mich. »Du machst das!«

Ich erschrak fürchterlich. »Nein, Herr Direktor, das kann ich nicht!«

Beer duldete keinen Widerspruch. »Du gehst hinaus und annoncierst das!«

»Aber, Herr Direktor, ich weiß gar nicht, was ich sagen soll!«

»Trottel! Du gehst hinaus und sagst: Im Auftrag der Direktion teile ich Ihnen mit, daß Köhl und Hühnefeld in Amerika gelandet sind!« Sprach's, gab mir einen Stoß – und ich stand vor dem Vorhang.

Das Publikum verstummte bei meinem Anblick, und ich sagte: »Meine Damen und Herren, ich teile Ihnen mit, daß Köhl und Hühnefeld – im Auftrag der Direktion in Amerika gelandet sind...«

Was mir Direktor Beer dann erzählte, verschweigt des Sängers Höflichkeit.

Nach zwei Jahren war unsere Elevenzeit um. Direktor Beer hätte uns ab der nächsten Saison die volle Mindestgage zahlen müssen, folglich riet er uns, in die Provinz zu gehen, um dort zu reifen.

Das Reifen interessierte uns weniger, wir wollten spielen, spielen und nochmals spielen. Viele, große und gute Rollen...

»Der Fürst ist in der Wäsche eingegangen«

Jugendlicher Komiker in Reichenberg – Julius Patzak,
Anton Paulik, Sigi Hofer und Karl Farkas

Die sogenannte Provinz, in die es Schauspieler damals zog,
war zu einem großen Teil die Tschechoslowakei, wo es
viele deutsche Theater gab, die meistens von reichen Fabrikanten unterstützt wurden und ein ganz beträchtliches Niveau
hatten.
Und in eines dieser Theater zog auch ich ein – in Reichenberg.
Es war ein schönes Haus, nach Plänen der Architekten Helmer
und Fellner errichtet, die auch das Wiener Volkstheater erbaut
hatten und – mit gewissen Reduktionen – diesen Bau in
Reichenberg wiederholten.
Vorher hatte ich aber einen Gewissenskonflikt zu bestehen.
Mein Vater leitete damals das Apollo-Theater in Wien und
hätte mich natürlich gerne an seiner Bühne gesehen. Aber er
spielte Revuen, und da waren für mich kaum Rollen drin. Vor
allem konnte ich nicht singen und tanzen.
Auch war das »Apollo« damals das Revier der Komiker: Fritz
Grünbaum, Karl Farkas und Sigi Hofer, jeder in seiner Art
einmalig.
Fritz Grünbaum war ein intellektueller und feinsinniger
Mensch, der nur des lieben Geldes wegen für den »Amüsier-
pöbel«, wie er sich ausdrückte, den »Wurstel abgab«.
Ganz anders Karl Farkas. Zielbewußt, selbstsicher und angeb-

lich auch nicht wählerisch in seinen Mitteln, sich durchzusetzen.

Armin Berg, auch ein Komiker der damaligen Zeit, sagte über Farkas: »Eine Seele von einem schlechten Menschen.« –

Farkas hat, im Gegensatz zu Grünbaum, den Sprung nach Deutschland nie geschafft – den Sprung übers »Große Wasser« mußte er schaffen. Er emigrierte, als die Nazis nach Österreich kamen, in die USA.

Ich lernte Farkas erst richtig kennen, als er aus der Emigration zurückkam. Bei den wenigen Gelegenheiten, bei denen ich mit ihm beruflich zusammenkam, habe ich sehr gut mit ihm zusammengearbeitet. Er war ein Perfektionist – und ich bin's auch!

Vor allem schätzte ich seinen sarkastischen Witz, wovon ich Ihnen ein bezeichnendes Beispiel erzählen möchte.

Die österreichische Ordenshierarchie hat eine Auszeichnung, die auch an Künstler verliehen wird: das »Ehrenzeichen für Kunst und Wissenschaft«. Davon gibt es zwei Kategorien, das Ehrenkreuz für Kunst und Wissenschaft erster Klasse und das gewöhnliche Ehrenkreuz für Kunst und Wissenschaft, das breit gestreut auch an Personen minoris generis verliehen wird. Das Ehrenkreuz Erster Klasse wird nur für besondere Leistungen auf dem Gebiet der Kunst verliehen.

Nun gab es einen Schauspieler, der wirklich nicht erster Klasse war und keine besondere Wertschätzung beim Publikum und schon gar nicht bei den Kollegen genoß. Nennen wir ihn Lentschig.

Dieser Lentschig bekam das Ehrenkreuz für Kunst und Wissenschaft, natürlich nicht erster Klasse...

Ossy Kolmann, damals bei Farkas in dessen Kabarett Simpl engagiert, kam mit der Nachricht zur Vorstellung und war gelinde entsetzt: »Was sagen Sie, Herr Farkas, der Lentschig hat das Ehrenkreuz für Kunst und Wissenschaft bekommen!«

Farkas lächelte: »Vielleicht hat er's als Wissenschaftler gekriegt – Künstler ist er keiner ...«

Von den Komikern, die bei meinem Vater im Apollo engagiert waren, schätzte ich besonders den Sigi Hofer.
Er war von rundlicher Gestalt, und ich mochte rundliche Menschen schon damals gern, vielleicht als Vorahnung meiner späteren Erscheinung. Hofer hatte ein volles Gesicht, das lebhaft an einen leicht verfetteten Vollmond erinnerte. Er war auch sehr komisch, aber irgendwie gelang ihm nie der Durchbruch in die allererste Kategorie. Aber zu der Zeit gab es ja auch, abgesehen von Grünbaum und Farkas, viele starke Komiker in Wien.
Da war zum Beispiel der derbe Oskar Sachs und der nicht minder hemmungslose, urkomische Josef König.
Josef König lebte jahrzehntelang mit einer Frau zusammen, verweigerte ihr aber energisch die Heirat. Doch wenn eine Frau sich etwas in den Kopf setzt ...
Eines Tages erfuhren die Komödianten Wiens zu ihrem Erstaunen, daß Josef König am nächsten Sonntag seine langjährige Resi in der Karlskirche heiraten wird. Da es auch in der Zeitung stand, war die Karlskirche an dem Tag schon lange vor der Zeit, für die die Trauung angesetzt war, voll.
Auch die Braut war schon da, ebenso ihre Mutter und ihr Vater, man sah auch ihre Schwester und ihre Tante – nur der Bräutigam war noch nicht eingetroffen, und angeblich ging ein gewiefter Buchmacher in der Kirche herum und erklärte sich bereit, Wetten zum Kurs von 10:1 entgegenzunehmen, daß Josef König die Flucht ins ferne Ausland ergriffen habe.
Doch dem war nicht so. Als die Unruhe der Braut und ihrer Familie auf das Höchste gestiegen war, ertönten plötzlich Schritte und alle verstummten. Der Bräutigam erschien, rechts und links flankiert von zwei Brüdern der Braut.

Da sagte Oskar Sachs halblaut: »Sie bringen ihn schon ...«
Und die Miene Josef Königs ließ tatsächlich eher an ein
Begräbnis denken als an eine fröhliche Hochzeit.

Auch über Sigi Hofer gab es lustige Geschichten zu erzählen.
Er stammte aus Brünn und hatte als junger Mann daher seine
Militärzeit in Prag abzudienen, was ihm, obwohl Prag sehr
schön war, dennoch nicht gefiel. Sigi Hofer war durch und
durch Zivilist, und das wiederum machte seinen Vorgesetzten
wenig Freude.
Eines Tages war für das Regiment, das die Ehre hatte, den Sigi
Hofer in seinen Reihen zu haben, ein Marsch von Prag nach
Pilsen angesetzt. Eine Riesenstrecke, die in zwei Tagen durch-
zumarschieren war.
Die Truppe machte sich also auf den Weg, jedoch ohne Sigi
Hofer, was allerdings erst abends beim Appell bemerkt wurde.
Der kommandierende Offizier und selbst der Feldwebel wa-
ren besorgt und machten sich Vorwürfe, daß sie den Hofer
sozusagen verloren hatten.
Doch als das Regiment in Pilsen einmarschierte, kam ihnen
der Vermißte strahlend entgegen und sagte grinsend: »Ich bin
mit der Eisenbahn gefahren ...«
Wer je beim Militär war, kann sich ausmalen, was ihm passierte.
Aber er war sowieso meistens im Arrest.
Er hielt zum Beispiel wenig von militärischen Ehrenbezeu-
gungen, das heißt, er »vergaß« regelmäßig Offiziere, wie es
Vorschrift war, salutierend zu begrüßen.
Einmal kam er an den Falschen. Es war der Major Prohaska, ein
gefürchteter und strenger Offizier.
Als der Sigi ihn nicht beachtete und schon gar nicht vor ihm
salutierte, hielt Prohaska ihn an, brüllte auf offener Straße mit
ihm und verdonnerte ihn zu drei Wochen Arrest.

Nun, der Sigi Hofer saß diese drei Wochen »auf einer Backe« ab und verließ frohgemut den Kerker.

Der erste Mensch, den er traf, war – der Major Prohaska. Und der Sigi grüßte wieder nicht. Er grinste ihn nur an.

Prohaska war so wütend, daß er nicht einmal brüllen konnte, er stieß nur hervor: »Sie! Warum grüßen Sie mich denn schon wieder nicht?«

Darauf der Soldat Hofer freundlich: »Ich hab gedacht, wir sind noch böse miteinander!«

Das gab natürlich weitere Wochen Arrest, doch der einzige Kommentar von Hofer lautete: »Bei einer Privatfirma hätten sie mich schon lange hinausgeschmissen, nur bei der k. u. k. Armee glauben sie, sie kommen ohne mich nicht aus . . .!«

Mit seiner Schauspielerkarriere ging es weitaus besser als beim Barras. Schon sein zweites Engagement war Prag, und das Prager Deutsche Theater galt als ganz erstklassig und war immer wieder Sprungbrett für ganz große Karrieren – denken wir nur, einige Jahre später, an Paula Wessely, Siegfried Breuer, Paul und Attila Hörbiger.

Sigi Hofer spielte alle Komikerrollen, die es nur gab, und war in kurzer Zeit der Liebling des Prager Publikums.

Der damalige Direktor des Prager Deutschen Theaters hieß Angelo Neumann und war ein erstklassiger Fachmann mit einer besonderen Vorliebe für die Oper, die übrigens damals in Prag hervorragend besetzt war.

Da Angelo Neumann, trotz beschränkter Budgetmittel, auch große Oper gab, hatte jeder Schauspieler in seinem Vertrag einen Passus, der ihn in großen Opern zur Komparserie verpflichtete. Und zähneknirschend gingen sie darauf ein, obwohl das Sonderhonorar sehr gering war.

Sigi Hofer aber brauchte nicht mitzumachen. Der Direktor war sich darüber im klaren, daß ein Auftritt seines beliebten Komikers in einer Oper ein nicht zu unterschätzendes Risiko bedeutete. Stillschweigend verzichtete er auf Sigi Hofer in der Oper.

Doch nach und nach machte das böses Blut. Wenn die Schauspieler, der erste Held, der Bonvivant und die Salondame, an so einem Opernabend, in unbequeme Kostüme gekleidet, Komparserie machen mußten, saß Sigi Hofer im »Kelch« wie seinerzeit der brave Soldat Schwejk und genoß ein großes Helles.

Das gab schließlich einen Aufruhr, und dem Direktor blieb nichts anderes übrig, als Hofer doch zur Komparserie zu bitten – anläßlich einer Neuinszenierung des *Tannhäuser*.

Angelo Neumann flehte seinen Komiker an: »Machen Sie eine Maske, daß man Sie nicht erkennt! Und beim Einzug der Gäste auf der Wartburg bleiben Sie um Gottes willen ganz hinten stehen!! Ganz hinten, verstehen Sie?«

Sigi Hofer verstand und war des guten Willens voll.

Er ließ sich einen riesigen Vollbart und buschige Augenbrauen kleben – und muß entsetzlich ausgesehen haben.

Er wäre auch in der letzten Reihe stehengeblieben – wenn die lieben Kollegen nicht beschlossen hätten, ihm und dem Herrn Direktor einen Streich zu spielen.

Sigi Hofer, als Ritter verkleidet, betrat also, begleitet von Richard Wagners Marschmusik, die Wartburghalle und stellte sich vereinbarungsgemäß in der letzten Reihe auf.

Doch schon der als nächster eintretende Ritter stellte sich hinter ihn, gab ihm einen derben Stoß, und so war der Sigi schon nicht mehr in der letzten Reihe.

Aber auch in der vorletzten konnte er nicht bleiben, denn wieder stellte sich einer der verschworenen Komödianten hinter ihm auf, versetzte ihm wieder einen Stoß – und so weiter und so weiter –

Kurz und gut, der Sigi Hofer kam immer weiter nach vorne.

Nach und nach erkannte ihn das Publikum trotz seiner verheerenden Maske, und ein Raunen ging durch die Zuschauerreihen. Bald ging es in ein verhaltenes Lachen über, das glücklicherweise von der nicht gerade leisen Musik Richard Wagners fast übertönt wurde.

Der Direktor war wütend und bedeutete dem Sigi, nach rückwärts zu gehen, ja er riskierte es sogar, dem Komiker zuzuzischen: »Nach hinten – Hofer – nach hinten ...«

Dann brach, laut Partitur, die Musik jäh ab, und man hörte den unglücklichen Hofer sagen: »Is kein Platz, Herr Direktor ...!«

Das ergab eine Lachsalve sondergleichen, die bei Wagner in dieser Oper weiß Gott nicht vorgesehen ist. –

Später kam Hofer nach Wien, aber wie gesagt, er war zwar beliebt, hatte auch immer gute Engagements, doch das ganz große Erfolgserlebnis blieb ihm versagt.

Langsam resignierte er und meinte bei jeder Gelegenheit: »Ich bin halt a Pechvogel!«

Sagte jemand: »Was sagst du, der Grünbaum ist in Berlin ein Star.«

Sagte der Hofer: »Ich bin halt a Pechvogel und komm nie nach Berlin!«

Oder sagte ein anderer: »Der Farkas schreibt jetzt eine neue Revue für das Stadttheater«, seufzte der Sigi: »Ich bin halt ein Pechvogel und kann keine Zeile schreiben ...«

Eines Tages saß der Sigi Hofer mit dem Josef König im Café Dobner, einem bekannten Künstler-Kaffeehaus.

Es war ein heißer Sommertag, und die Frau des Sigi Hofer spielte mit der Gattin des Josef König und einer Frau Glinger Karten.

Die Damen saßen im Garten, unter einer Markise, Sigi und Kollege König im Inneren des Kaffeehauses, angeblich um die Damen nicht zu stören – in Wahrheit wollten sie von den ewig streitenden Kartenspielerinnen nicht gestört werden.

Plötzlich aber wurde der Streit heftig und so laut, daß Hofer und König erstaunt in den Garten blickten.

Was sahen sie? Frau König gab Frau Glinger eine schallende Ohrfeige.

Traurig sagte Sigi Hofer: »Ich bin halt ein Pechvogel – meiner Frau gibt keine eine Ohrfeige...!«

Nicht einmal diese Freude gönnte ihm das Schicksal...

Gegen solche Koryphäen rechnete ich mir in Wien keine Chance aus und ging also ans Stadttheater Reichenberg, um endlich meine Karriere richtig in Schwung zu bringen und mich als neuer Moissi zu etablieren.

Daraus wurde aber nichts, denn zu meinem Mißvergnügen waren sowohl der Direktor als auch der Oberregisseur überzeugt, daß in mir ein guter jugendlicher Komiker steckte, und beschäftigten mich danach.

So mußte ich, der ich so gerne den Prinz von Homburg und den Don Carlos gespielt hätte, leicht vertrottelte Aristokratenjünglinge und ungeschickte Friseurgehilfen spielen.

Doch nach und nach gefiel mir das.

Es ist etwas Seltsames um das Lachen des Publikums, es erfreut einen Schauspieler mehr als der donnernde Applaus für eine Sterbeszene und machte letzten Endes auch mich glücklich und zufrieden.

Mein Gott, ich war jung – neunzehn Jahre –, gesund und liebte meinen Beruf.

Reichenberg war eine hübsche, geschäftige Stadt, und die Leute waren nett, liebten ihre Stadt und sogar ihre Schauspieler.

Ich hatte 1450 (tschechische) Kronen Gehalt, zahlte für ein sehr nettes Zimmer mit Halbpension 600 Kronen monatlich, und die Abzüge, also Steuer und Krankenkasse, betrugen 5 (in Worten fünf) Kronen!

Das waren Zeiten!

Mit der Liebe tat ich mich noch schwer.

Den jungen Mädels war ich noch zu jung, und die hübschen, reifen Frauen waren meist verheiratet. Und wenn sie nicht verheiratet waren, waren sie nicht hübsch oder zu reif. So verbrachte ich die Abende, an denen ich nicht selbst spielte, in unseren ganz ausgezeichneten Opernvorstellungen.

Ich war schon immer ein Opernfan gewesen und ich bin es auch heute noch.

Ich war kein sehr guter Schüler – um die Wahrheit zu sagen, ich war ein sehr schlechter Schüler!

Mein Vater versuchte es mit mir in immer neuen Schulen.

In der Volksschule ging es ja noch, da habe ich nur einmal gewechselt, aber dann ging's los: Elisabethgymnasium in Wien, Bundesgymnasium Horn, Privatschule in Stuttgart und Realschule in Hannover.

Ich kann also mit Fug und Recht sagen, daß ich viele Schulen besucht habe.

Warum ich das erzähle?

Nun, weil in dieser ganzen unglücklichen Schulzeit ein Sonntag war, an dem ich etwas erlebte, das mich in höchstem Maße beglückt hat.

Es war in Stuttgart, und ich sah und hörte meine erste Oper: *Lohengrin*.

Als die ersten wunderbaren Geigenklänge des Vorspieles durch den Raum schwebten, erfüllte mich ein unsagbares Glücksgefühl. Und das blieb die ganze Oper über so.

Seit damals bin ich der Oper verfallen – bis heute ...

In Reichenberg hatte ich nun die Möglichkeit, immer wieder in die Oper zu gehen, und daß es oft dieselbe Oper war, störte mich keineswegs.

Wir hatten einen hervorragenden Dirigenten, der später sogar an die Londoner Covent Garden Opera als Chef kam, wir hatten junge, talentierte Sänger – aber auch Routiniers wie den Heldentenor, dessen Namen ich vergessen habe und der – einstmals sogar in Bayreuth gefeiert – in reifen Jahren eine Reichenberger Witwe aus der Textilbranche geheiratet hatte. Er hatte noch immer viel Stimme und sang bei uns den Siegfried. Musikalisch einwandfrei und nicht übel anzuhören, aber was er sich als sogenannter Darsteller leistete, war unglaublich. So hatte er zum Beispiel bei den Schmiedeliedern die ganze Zeit die rechte Hand im Feuer der Schmiede, und das bei jeder Vorstellung, obwohl ihn der Regisseur immer wieder bat, das nicht zu tun. So schön kann einer ja gar nicht singen, daß das Publikum glaubt, er spürt keinen Schmerz, wenn er seine Hand, im wahrsten Sinne des Wortes, ins Feuer legt.

Im großen Duett mit Brünnhilde, in dem jeder der beiden Partner endlos lange Solo-Passagen zu singen hat, ging er einfach immer ab, wenn sie sang. Hinter der Wald- und Felsendekoration räusperte und schneuzte er sich, und wenn er letztendlich pünktlich zu seinem Einsatz hinter irgendeinem Versatzstück hervorkam, sah es aus, als wäre er von einem – na ja, einem stillen Örtchen gekommen.

Wir hatten aber auch einen jungen, wunderbaren Tenor: Julius Patzak, der in der Folge an allen großen Opernhäusern der Welt ein gefeierter Star war.

Ich kannte den »Jussi« schon von früher, und zwar durch seine spätere Frau, die bezaubernde Opernsoubrette Hedi Steiner. Ich war richtig in sie verknallt, und er hat sie mir vor der Nase weggeschnappt, was uns aber nicht hinderte, gute Freunde zu bleiben. Das spricht zwar für ihn, aber wohl ganz besonders für mich, wie ich ohne zu erröten feststellen muß.

Jahrzehnte nach dieser Liebesniederlage traf ich die Tochter der beiden, die Eva, bei der Bavaria in München und erzählte ihr von meiner Liebe zu ihrer Mutter.

Am Ende sagte ich ihr: »Es hätte also nicht viel gefehlt und du wärst mein *Sohn* geworden...!« –

Julius Patzak besaß eine herrliche Naturstimme, er mußte sich aber zunächst als Kapellmeister des Volksbildungshauses Urania in Wien durchbringen. Er hatte nämlich von Geburt an einen körperlichen Fehler. Seine rechte Hand war im Gelenk abgebogen, was nicht zu übersehen war, denn Hand und Arm bildeten einen rechten Winkel – und ein Opernsänger, der derart mißgestaltet war, der war für keinen Theaterdirektor akzeptabel.

Hedi Steiner wurde, wie ich, für die Saison 1926/27 nach Reichenberg engagiert. Unser Direktor war selbst ein ehemaliger Opernsänger und nannte sich Pennarini, aber natürlich war das nicht sein richtiger Name. Er war ein biederer Grazer und hieß in Wirklichkeit Federl.

Schon damals waren Tenöre rar, und Pennarini hatte, ohne große Begeisterung, einen lyrischen Tenor engagiert, der zu Saisonbeginn einfach nicht kam. Er folgte einer Berufung nach Breslau – und man hat nie wieder etwas von ihm gehört. Pennarini und das Reichenberger Stadttheater standen also ohne lyrischen Tenor da.

Und hier griff Hedi Steiner ein. Als Pennarini im Begriff war, nach Wien zu fahren, um einen anderen Tenor bei Theateragenten zu suchen, erzählte sie ihm von Julius Patzak: was der für eine wunderbare Stimme habe und wie ungeheuer musikalisch er sei.

Pennarini notierte sich Namen und Adresse – ohne so recht an die Elogen seiner Opernsoubrette zu glauben.

Nichtsdestoweniger bestellte er Patzak zum Agenten Starka, nachdem er bei einem anderen einen Tenor angeboten bekommen hatte, der normalerweise nur bei Begräbnissen sang, was nach Ansicht Pennarinis ein Affront gegen jeden Toten war.

Patzak kam. Er sah blendend aus und sang herrlich. Die verkrüppelte Hand hielt er, durch Erfahrung gewitzt, auf dem Rücken.

Als er geendet hatte, sagte Pennarini: »Was haben Sie angestellt? Haben Sie etwas verbrochen oder einen Direktor geohrfeigt? Ein Tenor, der so aussieht wie Sie und so eine Stimme hat, der kann einfach nicht ohne Engagement sein...!«

Da zeigte ihm Jussi seine mißgestaltete Hand – und Pennarini verhielt sich wie alle Direktoren, denen der unglückliche Patzak bisher vorgesungen hatte. Er sprach sein Bedauern aus und dankte Patzak für sein Kommen – von einem Engagement sprach er kein Wort mehr.

Pennarini setzte seinen Weg zu den Theateragenten, die damals in Wien recht zahlreich waren, fort und hörte sich unzählige Tenöre an. Das Ergebnis war niederschmetternd. Jetzt, am Beginn der Spielzeit, war kein geeigneter mehr zu finden. So sah sich Pennarini zu einem mutigen Schritt gezwungen – er engagierte Julius Patzak und gab ihm den guten Rat: »Verstecken Sie die Hand nicht, zeigen Sie sie her! Die Leute sollen sich sagen: So ein schöner Mensch, so eine herrliche Stimme – und so ein Pech mit der Hand... bravo!«

Und genauso kam es.

Jussi debütierte als Richard im *Maskenball*, und ich war mindestens so aufgeregt wie die Hedi und er.

Es war ein unbeschreiblicher Erfolg, das Publikum applaudierte, schrie und trampelte, die Hedi und ich fielen uns in die Arme – von meinem Standpunkt bedauerlicherweise sehr platonisch...

Pennarini war nicht so glücklich wie er, der große Entdecker, eigentlich hätte sein sollen. Es war ihm klar, daß er diesen

Tenor nur die eine Saison in Reichenberg haben würde. Und Pennarini wußte ja aus frischer Erfahrung, wie schwer es war einen guten Tenor zu finden, der den Julius Patzak ersetzen könnte.

Da gibt es die angeblich wahre Geschichte von einem Tenor, der damals die Provinz unsicher machte. Er hieß mit Künstlernamen Sigismondo Grande – in Wirklichkeit Sigmund Groß – und gastierte der Reihe nach an verschiedenen Theatern. Er sang immer den Manrico im *Troubadour*, und zwar so gräßlich, daß das Publikum schon nach dem ersten Akt einen Skandal machte und den Gasttenor zum Aufhören zwang. Und dann sang der »Haustenor« unter begeisterter Zustimmung des Publikums weiter.

Obwohl das schon einige Male geschehen war, wagte der Direktor von Brünn in seiner Tenor-Not es noch einmal und engagierte Grande zu einem Gastspiel auf Engagement. Gleichzeitig aber alarmierte er seinen Tenor, der in der nächsten Saison weggehen wollte, sich bereit zu halten, den Manrico weiterzusingen, wenn das Gewohnte passieren sollte.

Doch diesmal war alles ganz anders.

Sei es, daß Grande an diesem Abend besonders gut disponiert war, sei es, daß das Publikum in Brünn außergewöhnlich freundlich gestimmt war, der erste Akt endete mit einem vollen Erfolg, und Grande wurde begeistert bejubelt.

Glückstrahlend eilte der Direktor in die Garderobe des Künstlers, um ihm zu gratulieren und ihn womöglich zu engagieren.

Doch zu seinem Erstaunen hatte der Tenor bereits seine Zivilkleidung an und schminkte sich ab.

»Was ist los, Grande, wieso schminken Sie sich ab? Es war doch ein ganz großer Erfolg!« stieß der Direktor hervor. »In fünf Minuten beginnt der zweite Akt!«

Doch Grande sagte entschuldigend: »Den zweiten Akt kann ich gar nicht – zu dem ist es ja noch nie gekommen!«
So mußte auch dieses Mal der Haustenor weitersingen ...

Es sind aber nicht nur die Protagonisten, die das Niveau eines Theaters ausmachen, auch Orchester und Chor gehören dazu, und auch die waren in Reichenberg von ganz ausgezeichneter Qualität.

Gefährdet wurde das Niveau nur durch die Komparserie, denn Statisten waren, anders als in der Großstadt, sehr schwer zu finden. Daher bemühte sich die Direktion, geeignete Statisten möglichst fest an das Haus zu binden.

Einer dieser »Edelkomparsen« war der alte Fallik, ein pensionierter Kellner, der mit der deutschen Sprache in einen aussichtslosen Kampf verwickelt war, was an sich keine Rolle gespielt hätte, da ja Komparsen normalerweise im äußersten Fall nur Volksgemurmel von sich zu geben haben.

Doch der Theaterteufel schläft nie.

Salome von Oscar Wilde stand auf dem Spielplan. Fallik mimte mit einigen anderen Komparsen einen der Juden, die in einer Gruppe beisammenstehen und keine andere dramatische Tätigkeit auszuüben haben, als dazusein und im Hintergrund aufgeregt zu murmeln, während im Vordergrund die Hauptdarsteller agieren. In einem Moment der Stille hörte man den Fallik ganz deutlich zu den anderen Hebräern sagen: »Also, das brauchen wir sich nicht zu gefallen zu gelassen ...«

Wieder einmal gab's im Publikum einen nicht vorgesehenen Lachsturm bei einem ernsten Stück. – Komparsen erhielten ein sogenanntes Sprechhonorar, wenn einer etwas zu reden hatte, was sich ja meistens sowieso nur auf einen, höchstens zwei Sätze beschränkte. Und natürlich bekam Fallik nie irgend etwas zu reden, da man ja seine Sprachschwierigkeiten kannte.

Das kränkte ihn natürlich. Und um zu beweisen, daß er doch etwas sprechen könne, suchte er sich ausgerechnet die *Maria Stuart* aus.

Er war einer der Hellebardiere, die den Weg der unglücklichen Königin säumen, wenn sie zum Schafott geführt wird. Und als die Todeskandidatin knapp vor der Türe zur Hinrichtungskammer war, trat Fallik energisch vor und schrie Maria Stuart an: »Marsch haraus auf der Polizei!«

Daraufhin wurde er endgültig in Pension geschickt.

Meine Anfänge in Reichenberg waren nicht gerade berauschend, wenn auch durchaus nicht ohne Erfolg. Aber der jugendliche Komiker steht bei Schwänken immer im Schatten des »großen« Komikers, und bei Lustspielen spielt ihn der sogenannte Bonvivant an die Wand.

Ich war also bei weitem nicht der Publikumsliebling, als den ich mich gerne gesehen hätte.

Das änderte sich aber durch einen Vorfall, dessen Zeuge ich wurde.

Man gab Lehárs Operette *Der Graf von Luxemburg*. Die Komikerrolle des Fürsten Basil Basilowitsch, die in Wien Max Pallenberg kreiert hatte, spielte ein gewisser Weber, ein routinierter Provinzkomiker, der in Reichenberg sehr beliebt war.

Im letzten Akt hat der Fürst mit der Sängerin ein Tanzduett, »Polka tanzen, Polka tanzen...«, ein richtiger Schlager. Und in dieser, auch für mich schicksalhaften Vorstellung war dieses Duett mit der anschließenden Polka ein Riesenerfolg und mußte wiederholt werden. Weber war besonders komisch. Und als er am Schluß des Tanzes niederfiel, jauchzte das Publikum und applaudierte wie wild.

Doch Weber stand nicht auf, um sich für den Applaus zu bedanken. Er war tot.

Vielleicht war es ein Ende, wie er sich's gewünscht hatte, denn er war schon längere Zeit schwer krank und hatte dennoch weiter den Komiker gespielt. –

Am Morgen nach diesem erschütternden Vorfall ließ mich der Direktor zu sich kommen. Um es kurz zu machen, er ernannte mich zum Komiker!

So spielte ich dann auch in der nächsten Operettenpremiere den alten, komischen Fürsten Populescu in Kálmáns *Gräfin Mariza*.

Man hatte mir eine Glatzenperücke aufgesetzt und einen martialischen Schnurrbart geklebt, meine Wangen mit Altrot geschminkt und unter die Augen große Schatten gemalt. Ich sah verblüffend alt aus.

Ich muß auch recht komisch gewesen sein, denn das Publikum lachte und applaudierte, es war ein voller Erfolg.

Natürlich war ich glücklich und zufrieden. Und da ich nicht für die Operette verpflichtet war, erhielt ich ein abendliches Zusatzhonorar von fünfzig Kronen. Das machte das Glück komplett.

Die nächste Operettenpremiere war Lehárs *Paganini*. Und wieder hatte Direktor Pennarini eine Glanzidee: Er bot die Titelrolle, die in Berlin Richard Tauber gesungen hatte, Julius Patzak an.

Der kam ganz glücklich zu mir: »Stell dir vor, ich darf den Paganini singen!«

»Was heißt, du darfst? Das wird doch ein ungeheures Geschäft für das Theater! Was kriegst du denn für ein Zusatzhonorar?«

Patzak war verblüfft. Von einem Zusatzhonorar war nicht die Rede gewesen.

Da drängte ich den Freund: »Sofort gehst du hinauf zum Direktor und verlangst hundert Kronen Sonderhonorar pro Vorstellung. Denn laut Vertrag bist du nicht verpflichtet, Operette zu singen!«

Das sah der Jussi ein und ging hinauf in die Direktion, nachdem ich ihm nochmals eingeschärft hatte, ja nicht unter hundert Kronen pro Abend abzuschließen.

Schon nach kurzer Zeit war er wieder da, strahlend: »Alles in Ordnung – ich krieg das Zusatzhonorar!«

Ich war skeptisch: »Hundert Kronen?«

»Zweihundert! Ich hab mir gedacht, wenn schon, denn schon und habe zweihundert verlangt. Er hat sie mir anstandslos zugesagt…«

Der Schlager der Saison war *Gräfin Mariza*, und ich war natürlich davon überzeugt, daß ich derjenige war, der die *Mariza* zum Hit gemacht hatte…

Mein Gott, ich war neunzehn Jahre alt!

Diese Operette sollte überhaupt in meinem Leben eine gewisse Rolle spielen.

Ich spielte den Fürsten Populescu auch in Holland, wo mein Vater in Den Haag das Deutsche Operettentheater – so was gab es 1932 – führte und mich als schon etablierten Komiker engagiert hatte. Um diese Rolle wurde ich heiß von einem gewissen Stenger beneidet, einem nicht nur körperlich kleinen Komiker, der den Populescu auch schon gespielt hatte. Den Kammerdiener Penizek, den von Hans Moser bei der Uraufführung 1924 im Theater an der Wien kreierten Dritten-Akt-Komiker, spielte mein Freund Alfred Frank, von dem noch viel zu erzählen sein wird.

Auch in Den Haag war die *Mariza* der übliche Erfolg, und wir hatten schon viele Vorstellungen gespielt, als folgendes passierte.

Alfred Frank trat im dritten Akt als Penizek auf und – hatte keinen Ton in der Kehle. Er brachte beim besten Willen kein Wort heraus und ging ab, während sein Partner brav extemporierte.

Hinter der Szene stand ich als Populescu, wie vorgesehen schon im Frack.

Da raste der Fredi Frank auf mich zu und flüsterte: »Ich kann nicht reden, du mußt den Penizek spielen und der Stenger den Populescu!«

Damit gab er mir seine Serverserviette in die Hand, riß mir den Schnurrbart ab und stupste mich auf die Bühne.

Ich hatte diese Rolle schon öfters an anderen Theatern gespielt, so war es textlich kein Problem, und das Publikum hat möglicherweise angenommen, daß dieser Kellner ein bartloser, unehelicher Bruder des Fürsten Populescu sei.

Nun hatten Frank und ich ungefähr die gleiche Größe, doch der Stenger, der inzwischen als Populescu maskiert und gekleidet wurde, war um einen guten halben Meter kleiner als ich, der diese Rolle schon durch zwei Akte gespielt hatte. Als er nun an der Seite der schönen Mariza auftrat, ging ein leises Lachen durchs Haus, das zum Lachorkan wurde, als einer rief: »Der Fürst ist in der Wäsche eingegangen!«

Fast dreißig Jahre später, im Jahre 1959, spielte die *Mariza* erneut eine wichtige Rolle in meinem Leben.

Direktor Hofrat Franz Salmhofer beauftragte mich, für die Wiener Volksoper eine textlich vollständige Neufassung der *Mariza* herzustellen.

Franz Salmhofer war ein hervorragender Komponist, ein erstklassiger Musiker. Er war musikalischer Leiter am Burgtheater gewesen, ferner Übergangsdirektor der Staatsoper und jetzt Leiter der Volksoper, die auch und sehr viel Operette spielte.

Er war außerdem ein liebenswerter Mensch von unendlichem Humor, der allerdings nicht immer harmlos war. Von ihm stammt die Aussage über eine Opernsängerin, nach deren Qualität er gefragt wurde: »Na ja, sie ist keine gute Schauspielerin, sie ist keine gute Sängerin – aber sie ist eine gute Vierzigerin.«

In der Volksoper gab es ständig Vorsingen, um Nachwuchssängern Gelegenheit zu geben, vor dem Direktor, seinen Kapellmeistern und Regisseuren zu zeigen, ob sie talentiert seien.

Bei einem solchen Vorsingen geschah es, daß sich eine junge, bildhübsche Sängerin präsentierte. Nachdem sie gesungen hatte, wartete alles gespannt auf Salmhofers Urteil. Und der sagte in seinem unnachahmlichen Hofrats-Wienerisch: »Na ja, das G'sichterl is entzückend – das Figürchen is reizend – aber das Stimmerl is ein Schmarrn!«

In meiner langen Theaterkarriere habe ich oft die Erfahrung gemacht, daß Theaterdirektoren immer wieder ein und dieselbe Rolle zwei – manchesmal sogar mehreren – Schauspielern versprechen. Und natürlich kann dann nur einer die Rolle spielen, und das gibt dann (unnötige) Probleme.

Auch Salmhofer versprach den verschiedenen Sängern dieselbe Rolle und vor allem den stets ehrgeizigen Kapellmeistern dieselbe Premiere.

Der Opernkapellmeister Berger wußte das, und als ihm Salmhofer versprach, er werde die Premiere der *Bohème* dirigieren, sagte er skeptisch: »Ist das auch sicher, Herr Hofrat?«

Salmhofer mit unbewegter Miene: »Na, hören Sie, wenn ich was verspreche...?«

Einige Wochen später las Berger in der Mittagszeitung, daß nicht er, sondern ein Kapellmeister Brioni aus Mailand die *Bohème* dirigieren werde.

Wütend stürzt er zu Salmhofer: »So halten Sie Ihr Wort? Der Brioni dirigiert die *Bohème*!«

Salmhofer war verblüfft: »Wieso, woher wissen Sie das?«

»Ich hab's in der Zeitung gelesen!«

Darauf Salmhofer mit leisem Vorwurf: »Na ja, wenn Sie Zeitung lesen...!«

Anton Paulik war damals erster Operettenkapellmeister an der Volksoper. Daß er, und nur er die Neubearbeitung der *Mariza* dirigieren würde, darüber gab es weder Zweifel noch Disput – Paulik war *der* Operettenkapellmeister seiner Zeit. Er hat seit der *Mariza* 1924 sämtliche Kálmán-Operetten im Theater an der Wien mit aus der Taufe gehoben. Darüber hinaus war er ein angenehmer und lustiger Mitarbeiter.

Als ich ihm bei unserer ersten Besprechung den Plan mitteilte, die Operette nicht wie im Original am Land, sondern in einer großen Bar beginnen zu lassen, war er begeistert: »Glänzende Idee! Wir beginnen mit dem Auftritt der Mariza und dem anschließenden Tanz. Und dann tanzt die ganze Bar mit. Auch unsere Chordamen tanzen den Csárdás!«

Ich war skeptisch: »Die Chordamen? Wie tanzen die denn?«

»Grauenhaft!« war seine Antwort. –

Die *Mariza* war nicht zuletzt durch Anton Paulik ein ganz großer Erfolg und wurde in der Volksoper bis 1984, also volle fünfundzwanzig Jahre, in dieser Bearbeitung immer wieder gespielt.

Paulik und ich wurden gute Freunde und haben uns gegenseitig viele lustige Geschichten aus unserer Laufbahn erzählt. Eine seiner schönsten war folgende.

Die *Mariza* war 1924/25 im Theater an der Wien ein Dauerbrenner. Aber einmal ist jeder Run zu Ende, und es wurde eine neue Operette, es war Bruno Granichstaedtens *Orlow*, einstudiert.

In den letzten Probentagen mußte das Theater wegen der Aufstellung der neuen Dekorationsstücke geschlossen werden, so daß keine Vorstellung stattfinden konnte. Aber, wie schon erwähnt, damals mußten die Direktoren Geld für ihren Betrieb verdienen, und so wollte der damalige Direktor, Hubert Marischka, der auch sein eigener Star war, zusammen mit seiner Partnerin, der wunderbaren Betty Fischer, die Gelegenheit nützen und mit ihr im Stadttheater der kleinen Provinzstadt St. Pölten einen Lieder- und Arienabend geben. Paulik sollte das dortige Orchester leiten. Dazu mußte er natürlich Vorproben abhalten.

Und so sagte eines Tages der Manager dieser Veranstaltung zu ihm: »Lieber Paulik, Sie fahren morgen vormittag nach St. Pölten und probieren ab 10 Uhr mit dem dortigen Orchester. Die Probe findet aber nicht im Theater, sondern im Gasthof Kübler statt!«

Pünktlich um 10 Uhr fand sich Paulik am nächsten Tag in St. Pölten im netten Gasthof Kübler ein, wo das Orchester das Varasdin-Duett aus der *Mariza* probte.

Paulik war über diesen ungewohnten Fleiß der Musiker zwar erstaunt, aber keineswegs entzückt. Denn das Orchester war zwar erstaunlich groß, aber nicht sehr gut – um die Wahrheit zu sagen, es spielte geradezu jämmerlich.

Paulik stürmte ans Dirigentenpult, unterbrach die dilettantische Proberei und nahm das Orchester richtig her, so wie nur er es konnte: konzentriert, professionell und gelegentlich auch sehr rücksichtslos.

Er probierte eine volle Stunde, ehe er eine Pause machte.

Kaum hatte er die Pause angesagt, trat der erste Geiger auf ihn zu: »Bitte, sagen Sie uns endlich – wer sind Sie eigentlich?«

»Was ist das für eine Frage? Ich bin der Kapellmeister Paulik aus Wien, der heute abend mit euch den Lieder- und Arienabend von Betty Fischer und Hubert Marischka im Stadttheater gestalten wird!«

Darauf der Geiger: »Mit uns nicht, Herr Paulik! Wir sind nämlich das Orchester des hiesigen Eisenbahnervereins – das Theater-Orchester probt im Gasthof Strahler. Gleich um die Ecke...!«

Und so war es auch.

Der Manager hatte einen Fehler begangen. Das Orchester des Stadttheaters wartete im Gasthof Strahler geduldig auf den Kapellmeister aus Wien, während dieser sich mit dem Laienorchester im Schweiße seines Angesichtes abmühte.

Später war ganz St. Pölten erstaunt, wie gut sein Eisenbahnerorchester plötzlich spielte.

Als mir Paulik die Geschichte erzählt und ich mein haltloses Lachen beendet hatte, fragte ich ihn natürlich, wieso ihn jemand aus dem Eisenbahnerorchester erst nach einer Stunde nach seiner Identität gefragt hatte.

Darauf sagte er: »Du kennst mich doch! Sicher wird das irgendwer, irgendwann probiert haben. Aber wenn ich einmal beim Arbeiten bin, kann mich keine Macht der Welt unterbrechen, und ich hab sicher nur gesagt: ›Setzen Sie sich, alle Fragen später.‹«

Ja, so war er, der Toni Paulik, fleißig, genau und durchschlagskräftig. Eine kleine Schwäche aber hatte er, wie jeder Mensch und vor allem jeder Künstler eine hat: Er war sicher der weltbeste Operettenkapellmeister seiner Zeit, aber er hätte zu gerne auch einmal eine Oper dirigiert, denn die Oper war seine große Liebe.

Spät, aber doch, wurde ihm dann auch diese Freude zuteil. Er durfte mit den Wiener Philharmonikern die Oper *Martha* des sträflich unterschätzten deutschen Komponisten Friedrich von Flotow dirigieren. Und zwar im Redoutensaal der Wiener Hofburg, der zu einem ganz entzückenden Rokokotheater umgebaut ist.

Ich war natürlich neugierig, wie mein Freund Toni mit den Wiener Philharmonikern und vor allem, wie er mit der Musik Friedrich von Flotows fertig werden würde.

Ich begab mich also auf eine Probe in die Hofburg und wollte gerade den Redoutensaal betreten, als mir ein Hofburgzerbe-

rus in der Gestalt eines Bundesbeamten den Weg vertrat. »Wo
wollen Sie denn hin?«

»In den Redoutensaal, ich will bei der Probe zuhören!«

»Das dürfen Sie nicht! Wer sind Sie überhaupt?«

Ich zögerte keine Sekunde. »Ich bin Friedrich von Flotow, der
Komponist der Oper, die da drin probiert wird!«

Nach kurzer Verblüffung wurde er servil: »Ah, so? Dann entschuldigen, Herr von Flotow, daß ich Sie nicht erkannt habe –
bitte ergebenst einzutreten!«

Und drin war ich.

Na ja, in den Fünfzigerjahren kannte man mich noch nicht so
weitverbreitet wie heutzutage. Heute könnte ich nur dann
unbefugt einer Probe beiwohnen, wenn ich mich für Fritz
Eckhardt ausgeben würde . . .

»Für den Faust kriegen Sie mindestens drei Proben«

Sommerengagement in Karlsbad und Schmieren-Erfahrungen
in Schneidemühl – Leo Blech, Gisela Werbezirk,
Leo Slezak und Paul Morgan

Die Theatersaison in Reichenberg endete jährlich am letzten Apriltag, und für viele Schauspieler begann eine lange, engagementlose Zeit bis zum Herbst, wenn die neue Spielzeit anfing.

Solche Sorgen drückten mich nicht. Ich hatte ein wunderbares Sommerengagement nach Karlsbad geschafft, wie, weiß ich heute nicht mehr.

Karlsbad war und ist ein entzückendes Städtchen, hat eines der besten und kräftigsten Heilwässer der Erde und wurde immer schon von den Großen der Zeit besucht – zum Beispiel von Johann Wolfgang von Goethe.

Goethe war für mich seit frühester Jugend ein Idol. Aus irgendeinem unerforschlichen Grund habe ich als Neunjähriger zuerst seine »Farbenlehre« gelesen – und bis heute nicht verstanden. Als ich bald danach seine Theaterstücke las, stieg meine Verehrung ins Grenzenlose und ist bis heute dort geblieben.

Goethe hatte natürlich wie alle Menschen seine kleinen Schwächen, so kam er zum Beispiel nie über seine hessische Herkunft und deren merkwürdige deutsche Aussprache hinweg.

So betet zum Beispiel Gretchen im *Faust*:

>Ach neige, du Schmerzenreiche ...«

Und »neige« reimt sich nun einmal nicht auf »reiche« – nur im Hessischen, denn das hatte Goethe im Ohr:

>Ach neiche, du Schmerzenreiche ...«

Auch sein bekanntestes Zitat, nämlich das »Mehr Licht!« anläßlich seines Todes soll nur ein Irrtum der anwesenden Verwandten gewesen sein.

Es heißt, daß das Bett, in dem der Dichterfürst seine letzten Stunden verbrachte, sehr hart gewesen sein soll. Goethe wollte sich darüber beklagen und sagen: »Man liegt hier so schlecht!« Ins Hessische übertragen: »Mer liecht hier so schlecht!«

Und er begann: »Mer liecht –«, weiter kam er nicht, er starb.

Und aus dem Satzbeginn »Mer liecht –« wurde dann das noch heute gültige »Mehr Licht!« –

Zehn Jahre nach Goethes Tod wollte der preußische Studienrat Horst Humke eine Biographie über den »Olympier« schreiben und bereiste zu diesem Zweck alle Orte in Deutschland, die Goethe je besucht hatte, und deren waren nicht wenige.

Schon damals rankte sich eine Legende um das Städtchen Sesenheim, in dem Goethe als Student längere Zeit geweilt hatte. Auch seine Liebesgeschichte mit der Pastorentochter Friederike Brion war bekannt und ist es bis heute geblieben, nicht zuletzt durch Lehárs Operette *Friederike*.

Natürlich hatte auch Studienrat Humke davon gehört und reiste nach Sesenheim, um dort auf Goethes Spuren zu wandeln und zu forschen. Zu seinem Entzücken erfuhr er, daß am Stadtrand ein uraltes Weiblein wohnte, das Goethe noch gekannt hatte.

Er suchte die Frau auf. Als er sie, die schon ein bißchen altersbehindert war, nach Goethe befragte, dachte sie lange nach: »Goethe, warten Sie mal – Goethe ...« Dann aber kehrte die Erinnerung zurück, und sie sagte strahlend: »Natürlich, Goethe, das war doch der Studiosus, der eine Poussage mit der Tochter unseres Pastors hatte! Ja, ja, der war das. Na und dann ging er fort – und man hat nie mehr was von ihm gehört...!«

Sicherlich hatte sich Karlsbad im Sommer 1927 gegenüber der Zeit, als Goethe dort war, verändert, doch das fiel mir weder auf, noch interessierte es mich. Das einzige, was mich an Karlsbad interessierte, war das Theater.

Das Karlsbader Theater war ebenfalls von Helmer und Fellner erbaut worden und fast so groß wie das Stadttheater in Reichenberg. Der Kurtheaterbetrieb war für uns alle äußerst anstrengend. In Karlsbad ging es im Sommer noch geschäftiger zu als in Reichenberg, wo ich monatlich ja schon drei bis vier Premieren zu spielen hatte.

Da das Kur-Publikum, das auch das unsere war, teils rasch wechselte, teils über lange Zeit in Karlsbad blieb, mußten wir immer neue Stücke herausbringen. Und von einer Spezialisierung war keine Rede. Jeder Engagierte mußte sowohl im Schauspiel als auch in der Operette mitmachen, und sogar in der Oper habe ich gesungen – doch davon später.

Der Direktor dieses Schnellkunst-Unternehmens hieß Basch und war einst Kassier im Sommertheater Bad Ischl gewesen – eines Theaters, das, wie die meisten Sommertheater damals, recht und schlecht dahindämmerte. Nur einmal im Jahr hatte das Bad Ischler Theater seinen großen Tag, und das war der 18. August – Kaisers Geburtstag.

Kaiser Franz Joseph, der zwar durch seine Geliebte, die Burgschauspielerin Katharina Schratt, eine gewisse Beziehung zum Theater hatte, ging aber sehr selten in eine Vorstellung. Da er jedoch in Bad Ischl sein ständiges Sommerquartier hatte, war es unabdingbarer Brauch geworden, daß er an diesem Tag das Theater dortselbst und höchstselbst besuchte.

Und das war die große Gelegenheit für den Kassier Basch. Er riß sämtliche Karten aus der Mazzette, legte den dafür notwendigen Gesamtbetrag in die Kasse – und die Theaterkarten verschwanden...

Natürlich wollten ganz Ischl und vor allem seine Kurgäste an dem Tag im Kurtheater sein, an dem es seine Majestät besuchte. Und dann spielte sich zum Beispiel folgende Szene ab.

Der Herr Kommerzialrat Glücker, seines Zeichens Holz-Großhändler, betrat den Kassenraum und begrüßte den ihm natürlich bekannten Kassier. »Grüß Sie, Herr Basch, wie geht's?«

»Danke ergebenst der Nachfrage, Herr Kommerzialrat – bißchen abgekämpft halt...!«

»Wie das, Herr Basch?«

»Na ja, der Kartenverkauf für Kaisers Geburtstag war sehr anstrengend, und ich –«

Ängstlich unterbrach Glücker: »Sie wollen doch damit nicht sagen, daß Sie –«

Basch, sofort: »Ausverkauft, Herr Kommerzialrat – wir sind gänzlich ausverkauft!«

Flehend darauf der Holz-Großhändler: »Aber für mich werden Sie doch noch eine Loge haben?!«

Das entlockte Basch nur ein mühsames Lächeln: »Eine Loge? Nicht einmal einen Stehplatz habe ich mehr – schau'n Sie her!« Und er enthüllte die leere Mazzette.

Der Kommerzialrat beschwor eine Schreckensvision: »Herr Basch, wenn ich keine Loge zu Kaisers Geburtstag im Theater habe, läßt sich meine Frau scheiden, und meine Kinder reden nie mehr ein Wort mit mir! Ich werde zum Gelächter meiner Branche und verliere jeden Kredit! Ich muß einfach eine Loge zu Kaisers Geburtstag haben!«

Basch war gerührt und mitleidsvoll. Mit leiser Stimme, obwohl außer ihm und Glücker niemand im Kassenraum war, verriet er: »Herr Kommerzialrat, ich habe gehört, daß der Oberkellner im Café Ramsauer Karten hat – wenn Sie vielleicht…«

Doch Glücker war schon auf dem Weg ins Café Ramsauer. Der dortige Oberkellner hatte natürlich von Basch sämtliche Karten für Kaisers Geburtstag »zum Vertrieb« übernommen und verkaufte diese zu gemeinsamem Profit um das Fünffache – Logen um das Zehnfache.

So kam Basch zu einem nicht unbeträchtlichen Vermögen, mit dem er dann das Karlsbader Kurtheater übernahm. –

Als mitten in der Sommerspielzeit 1927 infolge einer sensationellen Opern-Gala auch in Karlsbad ein wahrer Ansturm auf die Theaterkasse einsetzte, sah Basch, in meiner Gegenwart, mit einer durch gelinde Verachtung geprägten Verwunderung zu, wie der Kassier die Karten verkaufte. »Schaun S' Ihnen den Idioten an«, sagte er zu mir, »der verkauft die Karten zum Originalpreis! Alle!!« Und mit einer gewissen Resignation setzte er hinzu: »Na ja, *ich* kann dem Trottel ja nicht sagen, wie man so was macht!«

Weil wir gerade bei der Opern-Gala sind, will ich mit meinen Karlsbader Erlebnissen beginnen.

Zweimal gab's in dieser wie in jeder anderen Basch-Saison ganz außergewöhnlich besetzte Opernvorstellungen. Zunächst den *Rigoletto* mit der international bekannten Selma Kurz als Gilda und dem damals weltberühmten russischen Bariton Georges Baklanow als Rigoletto.

Ich selbst wirkte im Chor mit, und es gelang mir – im Gegensatz zum Sigi Hofer –, mich im Hintergrund zu halten und nur meinen gepflegten Bariton miterklingen zu lassen.

Dirigent war Leo Blech, seines Zeichens Generalmusikdirektor an der Berliner Staatsoper – auch ein Star, der zum

Leidwesen des Direktors genauso teuer war wie die Kurz und der Baklanow.

Natürlich hatte Blech mit dem Chor und dem Orchester des Karlsbader Kurtheaters große Mühe. Am meisten aber mußte er sich mit den Sängern der kleinen Rollen plagen, die alle aus dem Operettenchor unseres Etablissements stammten. Vor allem der Sänger des Marullo, ein relativ junger Mann namens Heger, bereitete dem Herrn Generalmusikdirektor viel Mühe.

Heger hatte zwar eine recht schöne Stimme, war aber völlig unmusikalisch und gewohnt, sich an den Rhythmus seiner Chorkollegen »anzulehnen«. Auf sich allein gestellt, verhaute er jeden Einsatz und sang, na sagen wir, etwas eigenwillige Tempi. Außerdem hatte er vor dem berühmten Dirigenten eine Heidenangst, und als dieser ihn einmal richtig anbrüllte, sagte der Heger zum Generalmusikdirektor Blech total verdattert: »Entschuldigen Sie, Herr Blechmusikdirektor...«

Dem allgemeinen Gelächter schloß sich auch Leo Blech an. –

Wir hatten auch einen Operettenkapellmeister, der von der Genialität des Berliner Generalmusikdirektors weiter entfernt war als die Erde vom Mond. Er gab ständig falsche Einsätze, und es gab immer wieder kleine und größere Katastrophen, die man im Bühnenjargon einen Schmiß nennt.

Sinngemäß lautete auch eine Kritik im »Karlsbader Boten«: »Kapellmeister X. leitete die Vorstellung mit viel Schmiß.«

Das traf den Taktstockschwinger zutiefst, und er beschwerte sich beim Chefredakteur des Blattes über diese »Verhöhnung« und ersuchte ihn zu veranlassen, daß er in Zukunft freundlicher kritisiert werde.

Aber Kritiker soll man nicht herausfordern, und bei der nächsten Premiere stand in der Kritik zu lesen: »Kapellmeister X. war mit Feuereifer hinter dem Orchester her.«

Ich dürfte mich über die Kritiken anderer eigentlich nicht

lustig machen, denn ich habe weiß Gott in meiner Laufbahn viele schlechte Kritiken gehabt, und wenn sie so lustig boshaft waren wie die oben zitierte, konnte ich mich sogar darüber amüsieren.

Einmal wurde ein Stück von mir in Wien, im Theater in der Josefstadt, aufgeführt. Es fand nicht allgemeine Zustimmung, obwohl es mit Christl Mardayn, Willy Birgel und mir selbst sehr gut besetzt war.

Am nächsten Morgen las ich in einer Kritik:

»Der Autor Fritz Eckhardt, spielte selbst mit, und zwar einen Gauner, der zum Schluß zu drei Jahren Kerker verurteilt wird. Hoffentlich nutzt er diese Zeit, um ein besseres Stück zu schreiben!«

Ich mußte widerwillig lachen. –

In Karlsbad hatte ich fast nur gute Kritiken und spielte, wie man so sagt, alles quer durch die Landschaft, komische und ernste Liebhaber, Tanz-Buffos und Komiker à la Populesco.

Wir hatten auch sehr viele Gäste: Max Pallenberg, den ich schon kannte, oder die komische Gisela Werbezirk, die später einen unsterblichen Ausspruch getan hat. Als sie emigriert war und man sie fragte, wie ihr Hollywood gefalle, sagte sie: »Was Hollywood is? Hollywood is Purkersdorf mit Palmen!« –

Auch Moissi gastierte in Karlsbad und hat mir – möglicherweise als Revanche für die seinerzeitige »Prügelszene« – ein von mir sehr verehrtes Mädchen vor der Nase weggeschnappt.

Unvergeßlich ist mir das Gastspiel des weltberühmten Leo Slezak, sicher einer der größten Tenöre seiner Zeit.

Er sang den Alfred in der *Fledermaus*, und es gelang ihm, in dieser Rolle so komisch zu sein, wie nur je ein Komiker war.

Lustig war er auch als Kollege. Im Chor des dritten Aktes sang er bei der Premiere, im Gegensatz zum gültigen Text, an den wir uns hielten:

»O Fledermaus, o Fledermaus, du wachst mir schon beim Hals heraus...«

Bei der dritten und letzten Vorstellung seines Gastspiels heckte ich Lausbub eine kleine Intrige gegen ihn aus: »Lassen wir den Slezak bei der Stelle, die er so lustig verändert, allein singen, damit das Publikum hört, daß ihm die *Fledermaus* beim Hals heraus wächst.«

Als die Stelle kam, sangen wir alle mit ihm:

»O Fledermaus, o Fledermaus...«

Und verstummten. Slezak sang weiter:

»Du wachst mir schon –«

Dann brach er ab und sagte, ohne Rücksicht auf das Publikum zu uns: »Ihr seid's a G'sindel, a niederträchtiges!«

Und alles lachte.

Bei all den Proben, Premieren, Umbesetzungen und Gastspielen war es beim besten Willen nicht möglich, Rollen wirklich richtig zu lernen. Man überflog die Rolle, wenn man sie bekam, und – legte sie beiseite. Bei den Proben las man meistens ab, und bei der Vorstellung verließ man sich auf den Souffleur.

Das war in Karlsbad, im Gegensatz zur weitverbreiteten Gepflogenheit, keine Frau, sondern ein Mann namens Karl Michel. Er war ein großartiger Souffleur, und ich wäre jede Wette eingegangen, daß ich, wenn er soufflierte, jede Rolle, auch die größte, spielen könnte, ohne sie auch nur gelesen zu haben. Nun, gelesen habe ich die Rollen schon, aber – siehe oben.

Wir hatten auch eine Souffleuse, die aber glücklicherweise nur sehr selten eingesetzt wurde. Sie galt als »anständige Frau« – man konnte ihr nichts »nachsagen« ... –

Eines Abends war Lehárs *Zarewitsch* angesetzt, den wir schon einige Wochen nicht gespielt hatten. Das kaum Gelernte war vergessen. Ich hatte eine Sprechrolle, den Ministerpräsidenten, und ein älterer Kollege, Paul Ohlmühl, den Onkel des Zarewitsch, eine kaiserliche Hoheit. Und beide hatten wir keine Ahnung vom Text.

Wir stotterten und redeten solchen Blödsinn, daß Kollege Michel im Souffleurkasten nicht anders konnte als zu lachen. Dadurch war er natürlich außerstande zu soufflieren.

Ohlmühl, routinierter als ich, wollte das Lachen Michels überbrücken, hob das auf dem Tisch stehende Glas und betrachtete den darin befindlichen Inhalt, der trübbraun blinkte. Dann sagte er, ganz kaiserliche Hoheit: »Dieser Cognac ist dreißig Jahre alt – dafür ist er aber sehr klein!«

Großes Gelächter beim Publikum – aber leider auch bei Herrn Michel, der einfach nicht soufflieren konnte.

Nach einer langen, langen Pause sagte seine kaiserliche Hoheit, der Großfürst, zu mir: »Sagen Sie, Exzellenz, wie geht es eigentlich dem Herrn Michel? Von dem höre ich schon die längste Zeit nichts!«

Ein gnädiger Inspizient ließ den Vorhang »aus Irrtum« fallen. Als sich Michel erholt hatte, ging's weiter.

Unter den geschilderten Umständen traf es mich nicht allzu hart, wenn ich auch einmal eine kleine Rolle übernehmen mußte, spielte ich doch meistens sehr schöne, große Rollen und hatte auch recht viel Erfolg.

Anders war es bei meinem Kollegen Hans Seidel, der nur kleine und kleinste Rollen bekam. Er war einige Jahre älter als ich, sah recht nett und sympathisch aus – was er auch war – und war leider von einem profunden Untalent.

Er stammte aus der Gegend um Karlsbad, und Basch hatte ihn um die kleinste Gage, die es je gegeben hat, engagiert, da er ja jemanden brauchte, der diese kleinen Rollen spielen mußte.

Eines Tages kam Seidels Mama nach Karlsbad, um ihren Sohn zu besuchen und ihn – was noch nie geschehen war – auf der

Bühne zu bewundern. Sie sah ihn als anmeldenden Diener, am nächsten Tag als eiligen Reisenden, der nach zwei Sätzen in Richtung Bahnhof eilte, sie sah ihren Sprößling als Kutscher, der sich für das Trinkgeld bedankte, das ihm der Fahrgast offenbar hinter der Szene gegeben hatte, und schließlich als erschütterten Trauergast, der in kurzen Worten sein Beileid auszudrücken hatte, ehe er auf ewig verschwand.

Nach jeder dieser vier Darbietungen saßen Mutter und Sohn bei einem frugalen Abendessen und sprachen über das und jenes – nur über die künstlerische Leistung ihres Sprößlings sprach die weißhaarige Dame kein einziges Wort.

In der fünften Vorstellung verkörperte Seidel einen Kriminalbeamten, der nichts zu sagen hatte als: »Folgen Sie mir unauffällig!« Als die Mama danach noch immer nichts zur theatralischen Tätigkeit ihres Sohnes zu sagen hatte, entspann sich folgender Dialog.

»Du hast mich jetzt fünfmal nacheinander auf der Bühne gesehen und darüber nicht ein Wort verloren, Mama. Habe ich dir vielleicht nicht gefallen?«

»O ja, Hansi, sehr gut hast du mir gefallen. Nur eines verstehe ich nicht: Warum nimmst du dir immer so kleine Rollen?«

Vielleicht hat Seidel seiner Mama erklärt, daß er »durch unendliche Intrigen seiner Kollegen« vom Direktor größere Rollen einfach nicht bekomme…

Anders verhielt es sich bei Rolf Sladek, einem sehr begabten Chargenspieler, der durch sein unscheinbares Äußeres einfach nur für mittlere und kleinere Rollen, eben für Chargen, zu gebrauchen war und die glänzend spielte.

Sladek kam von einer »Schmiere«, einer wandernden Theatertruppe, die in kleinen Orten, ja sogar in Dörfern spielte und meist ein jämmerliches Dasein führte.

Mit der berühmten Rolle des Theaterdirektors Striese wurde

diesem Genre und diesem Typus ein wunderbares Denkmal gesetzt, und wer die Posse *Der Raub der Sabinerinnen* der Gebrüder Schönthan je gesehen hat, wird die Worte des Emanuel Striese nie vergessen, der dem ahnungslosen Gymnasialprofessor das Leben an einer solchen kleinen Bühne in erregten Worten schildert. Die Suada endet mit einem Lob des Direktors auf seine Frau, die nicht nur die Buchhaltung führt, an der Kasse sitzt und die Kostüme in Ordnung hält, die jugendliche Liebhaberinnen ebenso gut spielt, wie sie für das ganze Ensemble kocht, und die trotz aller dieser Tätigkeiten noch die Zeit gefunden hat, ihn, den Direktor Striese, mit vier wohlgeratenen Kindern zu beschenken. Und er schließt: »Sehen Sie, Herr Professor, das wird an einer Schmiere geleistet, und ich bin der Direktor!«

Die Schmiere, die sich »Theater auf dem Land« nannte und deren Direktor Sladeks Vater war, gastierte zu der Zeit, da ich in Karlsbad war, in der kleinen pommerschen Stadt Schneidemühl – und es ging ihnen sehr schlecht.

Eines Tages schilderte Sladek mir und anderen Kollegen ganz offen, wie mühsam sich seine Familie und die übrigen Mitglieder des »Theaters auf dem Land« durchzubringen hatten, und sagte dann, nicht ohne Absicht: »Ja, wenn einer von euch in Schneidemühl gastieren würde – das brächte denen ein volles Haus, denn ein Schauspieler aus Karlsbad macht in Schneidemühl sicher ein großes Geschäft!«

Nun, wir waren uns alle einig, daß dem Kollegen und seiner armen Verwandtschaft geholfen werden müsse, doch leider waren die lieben Kollegen derzeit so mit Proben für das nächste Gastspiel beschäftigt – kurz und gut, ich war der einzige, der sich bereit erklärte, in Schneidemühl im »Theater auf dem Land« zu gastieren.

Und so begab ich mich zwei Tage später nach Schneidemühl. Zu Fuß. Von einem Auto hat unsereiner damals nicht einmal geträumt. Eine Zugverbindung von Karlsbad nach Schneidemühl gab es nicht, und der Bus verkehrte dorthin nur an Sonn- und Feiertagen, allerdings im Winter auch montags. –

Sladeks Vater war ein reizender Mensch, genau der Typ, den man sich als Striese vorstellt. Als ich ihn fragte, in welcher Rolle ich eigentlich an seinem Theater gastieren sollte, kam es wie aus der Pistole geschossen: »Als Faust! Der *Faust* ist in Schneidemühl immer ein Geschäft!«

Ich war ein wenig schockiert. Natürlich war der Faust eine große und reizvolle Aufgabe, aber mit neunzehn Jahren? Ich wäre vermutlich der jüngste Faust gewesen, der je auf einer Bühne stand, aber sicher auch der schlechteste, und ich war klug genug, das zu wissen.

Selbstverständlich wollte ich das dem Direktor nicht so direkt sagen und meinte, daß für ein so gigantisches Unternehmen, wie der *Faust* es ist, an seiner Bühne wohl zu wenig Probenzeit möglich wäre.

Doch er ließ den Einwand nicht gelten: »Herr Eckhardt, wenn Sie bei uns den Faust spielen, da kriegen Sie mindestens, aber mindestens...«, er machte eine spannende Pause und vollendete: »...drei Proben!«

Wir einigten uns dann auf Ludwig Anzengrubers Volksstück *Das vierte Gebot,* in dem ich auch dann in Schneidemühl gastierte – ohne eine einzige Probe.

Das Jahr 1927 war nämlich ein gesegnetes Pilzjahr. Das gesamte Ensemble des »Theaters auf dem Land« war gemeinsam mit der Direktion Pilze suchen und hatte keine Zeit zu probieren.

Alles, was ich in der kurzen Zeit meiner Bühnentätigkeit an Textunsicherheit, Extemporieren und, wie man so schön sagt, »schwimmen« gelernt hatte, kam mir bei meinem Gastspiel an dieser echten Schmiere zugute.

Mit der größten Selbstverständlichkeit und Ungeniertheit jonglierten die Kollegen in der Nähe des Textes herum und brachten meistens das zum Ausdruck, was ihnen gerade einfiel – und das in einem oft jämmerlichen Deutsch. Das spielte insofern keine Rolle, als das Stück sowieso im Wiener Dialekt geschrieben ist.

Ich verkörperte den jugendlichen Tunichtgut, Martin Schalanter, der Herr Direktor meinen Vater (mit immer vergnügtem Gesicht), eine seiner Töchter war meine geliebte Braut und sein Schwiegersohn der reiche Stolzenthaler.

Es war alles genauso wie es die folgende kleine Anekdote erzählt.

Kurz nach Eröffnung der Saison kommt der Schmierendirektor zu dem neuengagierten Schauspieler: »Haben Sie eine Pepitahose?«

»Ja, Herr Direktor.«

»Gut, dann spielen Sie den Stolzenthaler.«

Irgendwie gelangten wir aber damals in Schneidemühl zum letzten Akt. Er spielte im Gefängnis, wo Martin Schalanter seiner Exekution entgegensieht.

Vorher hatte noch der Direktor als alter Schalanter, vom Schlag getroffen, belehrende Sentenzen über das vierte Gebot zum Besten gegeben, besser gesagt, irgendwie hingekriegt. Darauf war er hinkend und weinend abgegangen.

Ich hatte den Martin Schalanter schon in Wien gespielt, wo ein hinreißender Schauspieler namens Cornelius Kirschner meinen Vater gegeben hatte. Erschütternd sprach er die entscheidenden Worte:

»Wir haben schon Unglück mit unseren Kindern – aber vielleicht haben sie Unglück mit uns...«

Dann war er abgegangen und hatte irgendwelche undefinierbaren Töne ausgestoßen. Es klang wie:

»Ohinken, ohinken...!«

Ich hatte hinter der Bühne gestanden und hemmungslos

gelacht. Was Kirschner da als Unglücksruf ausgestoßen hatte, war nichts anderes als der Erlösungsschrei, daß seine Rolle beendet war:

»Oschminken, oschminken...!«

Auf deutsch:

»Abschminken, abschminken...!«

Bevor nun in Schneidemühl der letzte Akt begann, sah ich mir zur Orientierung die Kerkerzelle an, von der aus ich den schweren letzten Gang antreten sollte.

Da fiel mein Blick auf zwei Bewaffnete mit Stahlhelmen, aber in Feuerwehruniform. Mir schwante nichts Gutes, und ich eilte zum alten Sladek: »Herr Direktor, was sollen die zwei Feuerwehrleute mit den riesigen Gewehren?«

»Das sind keine Feuerwehrleute, das sind Soldaten, die Sie erschießen!«

Ich war entsetzt: »Aber, Herr Direktor, die Erschießung findet doch, laut Dichter, hinter der Bühne im Gefängnishof statt!«

Darauf sorgenvoll der Direktor: »Ein Dichter hat leicht schreiben – aber das Publikum von Schneidemühl will Sie sterben sehen!«

Nun war die dortige Bühne so klein, daß ich im wahrsten Sinne des Wortes in die Gewehrmündungen blicken mußte, wenn die Exekution auf der Bühne stattfinden sollte. Ich weigerte mich also mit Händen und Füßen, das zuzulassen, und drohte dem Direktor einfach, den letzten Akt nicht zu spielen, wenn er auf meiner Hinrichtung coram publico bestünde.

Wir einigten uns dann auf folgenden Kompromiß: Die Schüsse werden hinter der Szene abgefeuert, wo sie meine Augen nicht gefährden können. Dann taumle ich auf die Bühne und sterbe vor den ergriffenen Schneidemühlern.

Und so geschah es.

Im letzten Akt ereignete sich eines der Wunder, wie sie sich immer wieder am Theater zutragen, und sei es noch so klein und verschmiert.

Meine Großmutter, die mich zum Abschied im Kerker besuchen kommt, spielte die Mutter des Direktors, eine Frau hoch in den Achtzigern. Abgesehen davon, daß sie den Text richtig konnte, wohl weil sie mehr Zeit zum Lernen hatte als die anderen, war sie von einer Einfachheit und einer künstlerischen Kraft, die ich in dieser Umgebung nie und nimmer erwartet hätte.

So wurde es für mich und das Publikum dann doch noch ein echter und großer Theaterabend. Die alte Dame und ich spielten diese ergreifende Abschiedsszene so, wie sie gespielt gehört, und waren beide so hingegeben, daß wir vor Rührung kaum weiterreden konnten. Dann traten die zwei Feuerwehr-Soldaten ein und holten mich zur Hinrichtung ab.

Hinter der Szene schossen sie in die Luft, ich taumelte auf die Bühne und starb vereinbarungsgemäß.

Doch der Vorhang fiel nicht. Nur ein leises Zischen ertönte. Und die Bühne erstrahlte in verschiedenen Farben.

Der Direktor hatte ein bengalisches Feuer entzündet, eine Art kleines Feuerwerk, um seinem Publikum zum traurigen Schluß noch eine kleine Freude zu bereiten.

Langsam, aber sicher ging die Saison in Karlsbad zu Ende, und ich hatte kein Winter-Engagement. Manchmal erfaßte mich nun schon ein Gefühl, das ich in den folgenden Jahren noch öfters kennenlernen sollte: Existenzangst.

Ich hatte kein Elternhaus, denn meine Eltern waren in Zürich, wo mein Vater ein Theater leitete, hatte keinerlei Ersparnisse und keine Aussicht, ein Engagement zu bekommen. Das einzige was ich hatte, war ein Verhältnis mit einer verheirateten Frau.

Sie hieß Selma und wir liebten uns heiß. Ihr Mann wußte offenbar und offensichtlich um unsere Beziehung, kümmerte sich aber weiter nicht darum, und wenn wir uns trafen, war er eigentlich immer sehr freundlich zu mir. Es war wie in dem Sketch, den ich später einmal mit dem schon erwähnten Armin Berg in einem Wiener Kabarett spielte.

Er war der Ehemann und sagte zu mir, dem Liebhaber:
»Wollen Sie meine Frau haben?«
»Ja.«
»Was geben Sie mir für sie?«
»Nichts!«
»Gehört schon Ihnen!«

Der allerletzte Gast, den ich in Karlsbad erlebte, hieß Paul Morgan, ein Name, der heutzutage nur ganz wenigen etwas sagen wird.

Er war eigentlich auch ein Kabarettist, ein kluger, gebildeter und witziger Mann, der im Berliner Kabarett der Komiker als Autor und Conférencier eine große Rolle spielte.

Sein größter Wunsch aber war es, als Schauspieler anerkannt zu werden. Immer wieder schrieb er sich Stücke auf den Leib, Stücke die sehr gefallen hätten, wenn nicht er, sondern ein anderer sie gespielt hätte.

Zu dieser Zeit hatte Fritz Kortner in Berlin wieder einen enormen Erfolg, diesmal als Shylock, schon damals eine Glanzrolle von ihm

Paul Morgan, der wieder einmal eine kurzlebige Serie eines Stückes mit sich selbst in der Hauptrolle glücklos hinter sich gebracht hatte, ging in eine Vorstellung des *Kaufmann von Venedig* im Berliner Staatstheater und – war hingerissen von Kortner. Da er ihn persönlich nicht kannte, schrieb er ihm nur ein Billett:

»Verehrter Herr Kortner! Ich habe Sie heute als Shylock

gesehen und muß gestehen, daß ich mich schäme, daß hinter meinem Namen im Telefonbuch als Beruf Schauspieler steht.«
Das sprach sich in Berlin herum, und man bewunderte die kluge Selbsterkenntnis des Paul Morgan.
An einem der nächsten Abende ging der, damals noch recht junge, aber schon sehr bekannte Hans Albers in die Vorstellung und bewunderte ebenfalls Fritz Kortner. Albers schrieb ebenfalls ein Billett:
»Verehrter Herr Kortner! Auch ich habe Sie heute als Shylock gesehen, und auch ich schäme mich, daß im Telefonbuch hinter dem Namen von Paul Morgan als Beruf Schauspieler steht.«

Nach Abschluß der Saison in Karlsbad fuhr ich nach Wien. Leichten Herzens.
Geld hatte ich zwar keines, aber ich war sicher, daß ich eine große Zukunft hatte – als der größte Schauspieler deutscher Zunge…

Der Kurgast im Porzellananzug

Bei Josef Jarno in Bad Ischl und eine Tournee mit
Max Pallenberg – Paul und Attila Hörbiger, Hans Moser
und Hansi Niese, Liesl Karlstadt und Karl Valentin

Der Winter 1927/28 war hart.

Nun stand ich also da ohne Engagement. Bei den Eltern konnte oder wollte ich nicht wohnen, mußte also von Zimmer zu Zimmer ziehen. Ich muß ehrlich gestehen, daß ich manchmal heimlich in der Nacht ausgezogen bin, weil ich die Miete nicht zahlen konnte. Hiermit bitte ich alle meine Vermieterinnen, die ich damals um ihr Geld gebracht habe, im nachhinein um Entschuldigung.

Im Laufe der fortschreitenden Arbeitslosigkeit wäre so mancher Schauspieler, so auch ich, bereit gewesen, jede andere Beschäftigung anzunehmen, nur um sich einigermaßen fortbringen zu können. Aber bald gab es Zeiten, wo man nicht einmal als Zeitungsausträger unterkommen konnte, da schon Universitätsprofessoren auf diesem Gebiet tätig waren.

Nur gelegentlich fand ich in meinem eigentlichen Beruf Arbeit. Da gab es zum Beispiel einen ehemals zweitrangigen Tenor, der sich jetzt als Direktor, sagen wir lieber als Veranstalter, durchbrachte.

Er veranstaltete, meist nur am Samstag und Sonntag, irgendwelche Vorstellungen in irgendwelchen kleinen Theatern. Zum Beispiel in Krems.

Dort spielte ich das schon erwähnte Stück *Arm wie eine*

Kirchenmaus, natürlich mit nur einer Probe. Das wäre an sich kein Malheur gewesen, denn ich hatte dieses Stück schon in Karlsbad gespielt, aber dort war ich noch der stolze Besitzer eines Smokings. Der war inzwischen im Leihhaus gelandet und dort verfallen. So mußte ich mir von einem Freund – ich werd's ihm nie vergessen, es war der Sohn vom Sigi Hofer – einen Smoking ausborgen.

Nun war ich damals, ob Sie's glauben oder nicht, ein schlankes Bürschchen, aber der Hofer war noch viel schlanker als ich, was ich nicht bedachte. Ich nahm einfach den Smoking und fuhr mit dem Anzug, den ich im ersten Akt trug, nach Krems.

Der erste Akt ging tadellos vorbei, dann aber mußte ich mich rasch in den Smoking umziehen. Die Jacke paßte halbwegs, aber die Hose war mir viel zu eng, ich mußte sie mit aller Gewalt zumachen. Und just als ich die Szene betrat, sprangen sämtliche Knöpfe des – na ja, sämtliche Knöpfe des Hosentürls rissen ab.

Das war keine kleine Katastrophe, denn selbstverständlich war jederzeit die Gefahr gegeben, daß bei der folgenden Liebesszene meine Unterhose zum Vorschein kommen könnte, was das Publikum zu voreiligen Schlüssen über den Inhalt des Stückes und die Art des Dargebotenen bringen würde.

Mir blieb also nichts anderes übrig, als hinter einem Fauteuil zu verschwinden und dort Deckung zu nehmen. Ich lehnte mich leicht nach vorne an diesem Fauteuil an und verbarg so meine »Blöße«. Sie können mir glauben, es ist nicht leicht, hinter einem Fauteuil eine Liebesszene zu spielen, noch dazu mit einer ratlosen Partnerin, die sich mein Verhalten, zum Glück, nicht erklären konnte.

Aber auch das ging vorbei. –

Ein anderes Etablissement, an dem ich gelegentlich zu tun hatte, war das Varieté »Leicht«.

Der Inhaber, Direktor und Conférencier war ein ehemaliger

Burgschauspieler, und aus dieser Zeit hatte er sich auch sein großartiges Pathos bewahrt.

Durch seine Verbindungen gelang es ihm, die größten Künstler in sein holzgebautes Pratervarieté zu bringen. Und die kündigte er – der natürlich auch der Gastronom des Hauses war – folgendermaßen an:

»Hochgeehrtes, geschätztes Publikum! Nun kommen Sie in den Genuß eines Sketches, der von zwei Burgschauspielern dargestellt wird. Es ist unsere allseits beliebte, großartige Alma Seidler und ein Mann, der in die Annalen des Burgtheaters als der beliebteste Bonvivant eingehen wird, Ferdinand Bonn.

Ich bin glücklich, Ihnen diesen Kunstgenuß bieten zu dürfen, aber vergessen Sie nicht auf unsere wunderbaren Krainer Würstel, die mit Saft nur fünfzig Groschen kosten!«

Theaterengagements dieser Art wurden damals im Kaffeehaus getätigt. So spielte das Kaffeehaus im Leben der Schauspieler eine große Rolle.

Man konnte dort bei einem Kaffee womöglich den ganzen Tag sitzen. Gelegentlich hat man es auch versucht, den Kaffee von gestern auf heute zu verschieben. Das heißt, man bestellte nichts.

Schuldig blieb man dem Kellner sowieso. Wieso man Kredit hatte, weiß ich nicht, aber es war damals überhaupt eine Zeit, in der die Leute vielfach auf Pump lebten.

Die, die sich's einigermaßen leisten konnten, lebten nach dem Prinzip: Der Zahnarzt zahlt den Schneider.

Zahnarzt und Schneider waren die, bei denen man am leichtesten schuldig bleiben konnte. –

Im Kaffeehaus spielten sich daher entsprechende Szenen ab. Ich erinnere mich an eine ganz besonders. Da saßen wir beieinander und sprachen über das und jenes, waren aber äußerst sparsam im Konsum, und das machte sich auch bemerkbar, als es zum Zahlen kam. Mürrisch nahm der Ober, sonst ein ganz guter Kumpan, zur Kenntnis, daß sehr wenig konsumiert worden war. Karl hatte einen Kaffee, Alfred ein Glas Mineralwasser, ich hatte, wie so oft, gepaßt, was mir einen strafenden Blick des Obers einbrachte.

Dann kam Robert dran. Langsam sagte er: »Einen kleinen Braunen hab ich gehabt.«

Darauf der Ober: »Sonst nichts?«

Robert, unschuldig: »Nein, sonst nichts!«

Der Ober, aggressiv: »Wirklich, haben Sie sonst nichts gehabt?«

Robert, womöglich noch unschuldiger: »Ganz bestimmt nicht, Herr Ober!«

Darauf der Ober wütend, indem er dem Robert auf den Revers des Anzugs klopfte: »Und wovon sind denn dann diese Brösel da?!«

»Ah ja«, erinnerte sich Robert, »drei Semmeln hatte ich auch!« Für Nicht-Wiener möchte ich erklären, daß Brösel Krümel sind. –

Ich habe durch mein vielseitiges Kaffeehausleben alle möglichen Kellner kennengelernt, nette und weniger nette, es gab welche, das waren richtige Kunstverehrer, und andere wieder verehrten ihr Geld mehr als die Kunst. Seine Schulden mußte man früher oder später bezahlen oder – man mußte das Kaffeehaus wechseln, und das tat keiner gern. Besonders erinnere ich mich an eine Geschichte mit dem Frühstücks-Leo im Café Arkaden, wo ich Stammgast war, da dort die Kleinkunstbühne ABC – auf die ich noch zu sprechen kommen werde – logierte.

Der Frühstücks-Leo war mir sehr zugetan, was sich bis in die allerletzte Zeit erstreckte. Hie und da sehe ich ihn nämlich noch, und er grüßt mich mit Begeisterung, vor allem deshalb, weil er seinen Freunden zeigen kann, wie gut er mit mir ist.

Er schreit mir also über die Straße zu: »Servus, Fritz!«

Natürlich bin ich nicht humorlos genug, ihm den Spaß zu verderben, und sage in gewohnter Jovialität: »Servus, Frühstücks-Leo!«

Ich weiß nicht, ob wir wirklich damals per du waren, es ist auch egal, er hat mir vielfach geholfen. Er hat mir kreditiert und kreditiert, bis es eines Tages beim besten Willen nicht weiterging. Er sagte mir, daß er mir keinen Kredit mehr geben könnte, was angesichts meines knurrenden Magens eine Katastrophe war. Doch diesmal blieb der Frühstücks-Leo unerbittlich. »Wenn du mir kein Pfand geben kannst – dann kann ich dir nichts servieren!«

Natürlich hatte ich kein Pfand bei mir, meine Uhr war längst im Versatzamt gelandet nebst meinen Anzügen, außer dem, den ich trug.

Da hatte ich eine Idee: »Leo, ich gebe dir meine Wohnungsschlüssel als Pfand! Ohne die Schlüssel kann ich nicht in die Wohnung, und auf der Straße kann ich doch nicht schlafen. Da *muß* ich ja das Geld für dich auftreiben!«

Leo sah das ein und kreditierte mir Kaffee, Butter und Semmeln. Er konnte ja nicht wissen, daß das Fenster meines Untermietzimmers im Hochparterre lag und jetzt, im Hochsommer, Tag und Nacht geöffnet war, so daß es mir ein leichtes war einzusteigen.

Irgendwann habe ich wahrscheinlich dem Leo meine Schulden bezahlt, sonst würde er nicht heute noch per du mit mir sein. –

Eine der originellsten Kellnertypen, die ich kennenlernte, war der alte Lehner im »Lindenkeller« in der Rotenturmstraße.

Lehner war als Original bekannt, aber die Zeiten waren 1960 ganz anders, man brauchte weniger Kredit, dafür war man anspruchsvoller geworden.

Damals war der Lindenkeller hauptsächlich von Schauspielern, Schriftstellern und ähnlichen Leuten frequentiert – darunter auch mein Freund Fritz Torberg, mit dem ich dort in entsprechender Gesellschaft manch lustigen Abend verbrachte.

Eines Tages bestellte Torberg irgend etwas zu essen, von dem ich nicht mehr weiß, was es war. Jedenfalls war es schlecht.

Fritz rief den Herrn Lehner heran und sagte: »Herr Lehner, das ist nicht zu fressen, was Sie mir da serviert haben!«

Lehner, entsetzt: »Aber, Herr Torberg, so was gibt's doch bei uns nicht!«

Torberg: »Es ist aber so. Das Essen hier ist schon öfters schlecht gewesen, aber so schlecht wie dieser Fraß war noch nie einer!«

Lehner hatte für diese Aussage nur ein müdes Lächeln übrig: »Herr Torberg, jetzt übertreiben Sie aber, das ist sicherlich nicht so schlecht, wie Sie tun!«

Darauf wurde Torberg wütend und sagte: »Also bitte, Herr Lehner, dann kosten Sie den Dreck!«

Lehner blieb ruhig: »Merkwürdig, jetzt bin ich schon vierzig Jahre bei dem Geschäft, und noch nie hat mich ein Gast aufgefordert eine Speise zu kosten, weil sie gut ist, nur immer wenn's schlecht ist, soll ich kosten ...!«

Aber zurück zu dem grauslichen Jahr '28 und nach Wien.

Ich bekam auch eine kleine Rolle in der Renaissance-Bühne, die damals der berühmte Direktor Josef Jarno leitete.

Jarno war ein glänzender Schauspieler und auch ein sehr guter Direktor, wenngleich er mit dem Theater in der Josefstadt zugrunde gegangen war. Vor allem weil er Stücke spielte, die in diesem Theater kein Geschäft werden konnten, und das in einer Zeit, wo man unbedingt ein Geschäft machen mußte. So hat er Strindberg und Wedekind für

Wien entdeckt und immer wieder literarische Versuche unternommen, die ihn schließlich seine Direktion kosteten.

Jetzt war er Direktor im Theater Renaissance-Bühne und mußte noch mehr sparen als jeder andere Direktor in Wien. Offenbar hatte er bei mir am meisten gespart, denn von meiner Gage konnte ich kaum leben, aber irgendwie gelang es mir trotzdem.

Jarno war ein Kauz, ein Mensch voll charmanter Inkonsequenz. Aber nicht immer liebenswert. So gab es einen Schauspieler namens Brecher, den piesackte er so sehr, daß der seinen Beruf aufgegeben hat und nach Amerika ausgewandert ist.

Brecher hinterließ keine große Lücke, aber die Kollegen waren enttäuscht, daß sie nicht mehr erleben konnten, wie Jarno Brecher künstlerisch einer echten Tortur unterzog.

Als Nachfolger von Brecher engagierte Jarno einen damals noch jungen Schauspieler – Paul Hörbiger. Hörbiger kam und trat als erstes in einer Rolle auf, die Brecher – unter hämischen Kommentaren seines Direktors – öfters gespielt hatte: den Ficsur in Molnárs *Liliom*.

Mit Paul Hörbiger ging es auf der Probe recht gut, doch dann sagte Jarno ganz nebenbei: »Und an dieser Stelle nehmen Sie Ihre Ziehharmonika und spielen, Herr Hörbiger.«

Hörbiger schüttelte den Kopf: »Tut mir leid, Herr Direktor, Ziehharmonikaspielen kann ich nicht!«

Jarno tat entsetzt: »Sie können nicht Ziehharmonika spielen?«

»Nein, Herr Direktor, ich kann nicht Ziehharmonika spielen.«

Darauf Jarno, kopfschüttelnd: »Komisch der Brecher hat alles können…!« –

Die Gattin von Josef Jarno war die große Volksschauspielerin Hansi Niese.

Einmal fragte sie jemand, ob sie es nicht sehr bedauere, nicht am Burgtheater engagiert zu sein.

Darauf sagte Hansi Niese einen Satz, den ich mir das ganze Leben gemerkt habe: »Schauen Sie, lieber Freund, es ist doch viel besser, wenn die Leute sagen, schade, daß die Niese nicht am Burgtheater ist, als wenn sie sagen, schrecklich, jetzt ist sogar die Niese am Burgtheater!« –

Josef Jarno war ja auch Direktor des Sommertheaters in Bad Ischl. Und dorthin hat er mich dann im nächsten Sommer engagiert.

Nicht weil er so begeistert von meinem Talent gewesen wäre, sondern sicherlich nur deshalb, weil es weit und breit keinen gab, den er billiger bekommen hätte können.

Es war ihm nämlich ein Schauspieler einfach ausgesprungen, der sagte, er könnte um so einen Hungerlohn nicht nach Bad Ischl gehen, das ja bekanntlich nicht zu den billigsten Orten gehörte. Dieser Schauspieler ging anstatt nach Ischl in den Wiener Wurstelprater, und zwar als Ausrufer einer Bude mit einer Wahrsagerin und einem Säbelschlucker.

So kam ich zu dem Engagement nach Bad Ischl. Nun war es so, daß Josef Jarno dort sämtliche Stücke wiederholte, die er im Winter an der Renaissance-Bühne gespielt hatte. Der Schauspieler aber, der sich in den Wurstelprater »verbesserte«, hatte nur in einigen wenigen Stücken, und da nur kleinere Rollen gespielt, die jetzt mir zufielen. Ich war über diese Entwicklung nicht sehr glücklich, aber immerhin konnte ich den Ischler Sommer mit seinen vielen Berühmtheiten und den schönen Frauen, die ja dort sozusagen das Markenzeichen des Ortes waren, genießen.

Ich ließ mir einen schneeweißen Anzug machen, der sehr auffallend war. Aber in dem Alter kann man sich ja so etwas leisten.

Josef Jarno, wie jeder Direktor entsetzt darüber, daß er einen Schauspieler bezahlen muß, der nichts oder nur sehr wenig spielt, sah mich immer scheel an, wenn ich einmal die probierenden Kollegen besuchte und in meinem weißen Anzug glänzte.

Einmal sagte er zu seinem Sekretär: »Da hab ich mir was eingebrockt! Der Eckhardt ist der reinste Kurgast hier – in seinem Porzellananzug...!«

Lange blieb mir der Spitzname »Der Kurgast im Porzellananzug«. –

Wie auch in Wien ging das Bad Ischler Theater einmal ganz gut, einmal etwas schlechter, und gelegentlich – besonders wenn Hansi Niese einen gelungenen Schwank spielte – ging das Theater sogar glänzend.

So war es, wie in Wien, auch üblich, daß man um verbilligte Karten einreichte. Man bekam am Vormittag vom Sekretär einen Zettel und hinterließ den Wunsch nach einer, zwei oder auch mehr Karten, je nachdem wie man das Gefühl hatte, daß das Theater besucht sein würde, denn davon hing es ab, ob der Wunsch nach Frei- oder ermäßigten Karten vom Direktor erfüllt wurde. Manchmal waren mehr Leute mit solchen Ermäßigungskarten im Theater als solche, die die Karten bar bezahlten. Wenn es einen Ansturm auf ein Stück gab, wurde dem Ersuchen der Freikartenansucher klarerweise nicht stattgegeben.

Um die Sache zu vereinfachen, hatte sich Jarno einen Stempel machen lassen, auf dem stand: »Die Direktion bedauert, Ihrem Ansuchen nicht Folge leisten zu können.«

Eines Tages schrieb ein erboster Schauspieler an Jarno einen Brief, der nur aus vier Worten bestand – dem *Götz*-Zitat.

Ungerührt schickte Jarno dem Schauspieler seinen Brief zurück, versehen mit dem Stempel: »Die Direktion bedauert, Ihrem Ansuchen nicht Folge leisten zu können.« –

In diesem Sommer lernte ich einen Kollegen kennen, der mir ein wirklicher Freund wurde, und das ein Leben lang – Attila Hörbiger.

Er war schon wesentlich weiter als ich, war auch älter, aber wir freundeten uns sehr an und haben viele nette Abende miteinander verlebt.

Fast auf den Tag genau zwanzig Jahre später sollte ich wieder mit Attila Hörbiger auf der Bühne stehen, und zwar in Salzburg im *Jedermann*.

Es war eine grandiose Vorstellung. Attila Hörbiger spielte den Jedermann, Josef Meinrad den Guten Gesellen, Karl Paryla den Teufel, Ernst Deutsch den Tod, Theo Lingen den Dünnen Vetter, und ich durfte den Dicken Vetter spielen.

Ich war natürlich sehr geschmeichelt, bei dieser wunderbaren Vorstellung mitspielen zu dürfen, und erst viel, viel später hat mir dann der Mann, der mich engagierte – der damalige »Bundestheatergeneral« Egon Hilbert –, eingestanden, daß er mich nicht aufgrund meines Talentes für den Dicken Vetter verpflichtet hat, sondern weil ich im Jahre 1947 der dickste Schauspieler in Österreich war ... –

In jenem Sommer in Bad Ischl, in dem ich im Kurtheater unter der Leitung von Jarno mehr oder weniger spielen durfte, traf ich auch einen Freund, den ich von Kindheit an kannte – Guido Wieland, den später so erfolgreichen Schauspieler des Theaters in der Josefstadt.

Wir spielten damals zusammen in Schnitzlers *Liebelei* mit der sehr bekannten Burgschauspielerin Hedwig Keller. Sie war damals leider schon in einem Alter, in dem sie sowohl Guidos als auch meine Mutter hätte sein können.

Aber Hedwig Keller war eine wunderbare Schauspielerin, und *Liebelei* ist ein so großartiges Stück, daß wieder einmal der Zauber des Theaters in Kraft trat und es dennoch ein ganz großer Erfolg dieser Saison wurde.

So machte sich für Josef Jarno schließlich sogar der »Kurgast im Porzellananzug« bezahlt. –

Ich habe die *Liebelei* viele, viele Jahre später wieder gesehen.

Hans Moser, der abseits der seichten und dummen Filme, die er so oft gespielt hat, ein großartiger Schauspieler war und im hohen Alter auch am Burgtheater landete, spielte ebendort 1954 in *Liebelei* den alten Weiring, eine seiner grandiosesten Rollen.

Ich ging in diese Vorstellung im Akademietheater und war tatsächlich von Hans Moser so hingerissen, daß ich etwas tat, was ich sonst nie getan habe. Ich ging in seine Garderobe und sagte zu ihm: »Du warst so wundervoll, daß ich gezwungen war, zu dir zu kommen. Ich hab's einfach sagen müssen, wie herrlich und einmalig ich dich finde, lieber Hans!«

Moser war teils verlegen, teils war das, was er darauf sagte, ein echter Moser-Satz und auch ehrlich gemeint: »Ja, ja, das ist eine schöne Rolle – da habe ich viel Geld damit verdient...!«

Der Vater Guido Wielands war Direktor und Besitzer einer Theaterschule.

Aus irgendeinem Grund bin ich in diese Theaterschule gegangen, wahrscheinlich weil ich nichts Besseres zu tun hatte.

Ich war nämlich schon im Jahre 1925 in der Staatlichen Akademie für Musik und darstellende Kunst gewesen.

Daß ich dahin gekommen bin, war wieder eine ganz merkwürdige, nicht unkomische Geschichte. Ich war bereits ein Jahr bei Dr. Rudolf Beer am Volkstheater, als dieser mir mitteilte, er müsse darauf bestehen, daß ich im Schuljahr 1925/26 die Akademie besuche.

Als ich einwendete, daß ich ja schon ein Jahr Eleve gewesen war und nicht einsehen könnte, warum ich jetzt in eine Theaterschule gehen sollte, sagte Beer kurz angebunden: »Ich will dieses Jahr in der Akademie den *Verschwender* spielen, und du bist der richtige Valentin...«

So kam es, daß ich – natürlich ohne jedes Zittern und Bangen

– zur Prüfung an der Akademie für Musik und darstellende Kunst antrat. Allerdings, gerade als ich drankam, war Direktor Beer aufs Klo gegangen. Und einer der strengsten Prüfer, der Dr. Schulbauer, ließ mich nach einigen Sätzen schon durchfallen.

Als Beer vom stillen Örtchen zurückkam, fragte er was inzwischen gewesen sei, und Schulbauer sagte, daß ein ganz unbegabter Bursche namens Fritz Eckhardt zur Prüfung angetreten gewesen sei, den er selbstverständlich habe durchfallen lassen.

Beer war entsetzt und klärte den strengen Prüfer darüber auf, daß dieser »unbegabte« Fritz Eckhardt schon ein Jahr lang an seinem Theater als Eleve auftrete. Man ließ mich wieder hereinkommen, ich sagte irgend etwas auf, und – war Schüler der Akademie für Musik und darstellende Kunst.

Diesem Dr. Schulbauer bin ich später noch einmal begegnet, und zwar als Regisseur bei der »Ravag« in Wien. Das war der Radiosender von Österreich.

Schulbauer war auch als Regisseur so unduldsam wie als Prüfer. Er probierte mit uns und probierte und probierte und quälte jeden einzelnen.

Damals ertönte knapp vor der Radiosendung – die selbstverständlich live ausgestrahlt wurde – ein Signal, so wie wenn eine Weckeruhr gehen würde. Schulbauer probierte noch immer mit uns, als dieses Geräusch ertönte, was hieß, daß in wenigen Sekunden die Livesendung losgehen würde.

Als man den »Ober«-Regisseur darauf aufmerksam machte, daß jetzt schon der Wecker ertönte und er endlich aufhören müßte Regie zu führen, da sagte er: »Na gut! Aber nach der Sendung probieren wir weiter!« –

Durch die Familie Wieland kam ich zu meiner ersten und einzigen Tournee in meinem Leben – mit Max Pallenberg und Ernst Wieland.

Guidos Vater war Pallenbergs bester Freund und fungierte als Tourneeleiter und Oberregisseur. Selbstverständlich war auch der Guido mit dabei, und so ging es fröhlich los mit der Tournee, die gelegentlich gar nicht fröhlich war.

Wenn Schauspieler heute auf eine Tournee gehen, so tun sie das in Autobussen, die wohltemperiert sind. Es ist alles genau vorgeplant, so daß die Strecken, die sie zurücklegen müssen, nicht allzu groß sind.

Damals aber war alles noch neu auf diesem Gebiet, und unser Manager war noch nicht routiniert genug, um die Fahrten einzuteilen, ohne uns zu überanstrengen. Es gab also Stunden und Stunden Wartezeiten auf Bahnhöfen, es gab überfüllte Züge – wir fuhren natürlich dritter Klasse –, und wenn man todmüde in der Stadt ankam, in der man noch am selben Abend spielen mußte, hatte man womöglich noch eine Dekorationsprobe, weil die Bühne entweder zu groß oder zu klein war.

Dazu kam noch, daß Pallenberg zwar ein großer Künstler, aber kein sehr großer – na, sagen wir Kollege war.

Ich spielte in einem Stück einen Diener, und er hatte, laut Regie, seinen Hut zu Boden zu werfen, und ich als Diener mußte den Hut aufheben und ihm wieder geben. Worauf er ihn erneut zu Boden warf, und zwar so oft und so lange, bis das Publikum aufhörte zu lachen.

Eines Tages kam es ihm in den Sinn, den Hut in den Orchestergraben zu werfen. Und zum Gaudium des Publikums sagte er zu mir: »Na, wollen Sie mir nicht meinen Hut holen, junger Mann?«

Was blieb mir anderes übrig, ich mußte in den Orchesterraum steigen und den Hut holen. Er versuchte sofort wieder den Hut hinunterzuwerfen, aber ich als gelernter Fußballtorwart war schneller als der Hut und fing ihn ab.

Tosender Applaus belohnte mein Kunststück, was mir allerdings von Pallenberg einen bösen Blick einbrachte, doch er versuchte nicht mehr mich zu überlisten.

In einem anderen Stück spielte ich seinen Sohn, und er konnte mit der größten Rührung sagen: »Max, mein Sohn, Max!« Dann umarmte er mich, und das Publikum war gerührt. Es konnte ja nicht ahnen, daß mir der gerührte, liebende Vater ins Ohr flüsterte: »Du schaust heute wieder besonders blöd aus...!«

Doch einmal, ich weiß nicht, wo es war, da setzte plötzlich der Zauber des Theaters ein, genauso wie auf der Schmierenbühne in Schneidemühl, als ich die Szene mit der Großmutter spielte. Weiß Gott warum, aber Pallenberg war an diesem Abend in ganz besonderer Form und sagte: »Max, mein Sohn, Max!« mit so echtem Gefühl und so echter Rührung, daß es mich übermannte und ich in Tränen ausbrach, als er mich, wie immer, umarmte.

Und es war schön, daß er mir an diesem Abend nichts Unflätiges ins Ohr flüsterte, sondern die Szene in voller Hingabe und Rührung zu Ende spielte. Und wenn Sie mich fragen, das war allein schon diese Tournee wert. –

Auf dieser Tournee konnte ich mich auch als Cupido bewähren, besser gesagt als Kuppler.

Mein Jugendfreund Guido war wieder einmal verliebt, und zwar in eine Kollegin, doch waren seiner Leidenschaft Grenzen gesetzt. Sein Vater wachte darüber, daß Guido dieser Dame nicht zu nahe kam. Schließlich kann ein Vater ja nicht wissen, was bei so einer Liebe herauskommt.

Die größte Schwierigkeit bestand darin, daß sich Vater und Sohn ein Zimmer teilten und so der Sohn am Abend gezwungen war, mit seinem Vater ins gemeinsame Zimmer schlafen zu gehen. Da Papa Wieland auch den ganzen Tag über mit seinem Sprößling zusammen war, war an eine alleinige Zusammenkunft der beiden Verliebten nicht zu denken. Guido beklagte sich bitter bei mir über diese vertane Möglichkeit seiner Liebesbeziehung.

Hier setzte mein Genie ein. Ich ging zu Pallenberg und sagte so ganz nebenbei: »Sie haben doch so ein großes Zimmer, und das für sich allein, das muß doch sehr viel kosten?«

Ich hatte richtig kalkuliert. Der sparsame Pallenberg wurde wütend: »Und wieviel das kostet, ich ärgere mich jedesmal, daß ich für ein Zimmer den doppelten Preis zahlen muß und doch allein darin wohne!«

Jetzt war der Moment meiner Intrige gekommen. Womöglich noch unschuldiger als vorher sagte ich: »Ja, warum wohnen Sie denn nicht mit dem Papa Wieland zusammen? Da würde jeder die Hälfte bezahlen, und ich könnte ja mit dem Guido zusammen ein Zimmer beziehen!«

Na, mehr brauchte ich gar nicht zu sagen. Selbstverständlich mußte Papa Wieland noch in derselben Stunde in Pallenbergs Zimmer übersiedeln und es dadurch verbilligen. Während der Guido glückstrahlend mit mir gemeinsam ein Doppelzimmer bezog.

Ich brauche wohl nicht hinzuzufügen, daß ich an diesem Abend sehr spät nach Hause kam. Ich mußte ja schließlich Rücksicht auf das erste Alleinsein der beiden Verliebten nehmen. –

Ein einziges Mal habe ich Max Pallenberg einem Künstler gegenüber in echter Verehrung gesehen. Es war Karl Valentin. Wir gastierten in München, die beiden kamen zusammen, und ich hatte das Glück dabeizusein. Über den großen Künstler Valentin brauche ich nicht viel zu erzählen.

Wir gingen dann alle in seine Vorstellung, und ich habe selten in meinem Leben so gelacht, denn Karl Valentin war, angesichts des Besuches Max Pallenbergs im Zuschauerraum, in ganz besonderer Form.

Ich erinnere mich noch an eine Szene mit der Liesl Karlstadt, in der er einen Soldaten mimte und sie ein Kindermädchen, das mit einem Kind im Kinderwagen zufällig auf den Soldaten traf, den Valentin mit ungeheurer Blödheit darstellte. Und während er mit dem Mädchen flirtete, schlug er mit seiner Mütze immer wieder spielerisch auf den Kopf des Babys ein. Bis das Mädchen es endlich merkte und sich folgender Dialog entspann.

»Sie, was machen S' denn da? Was haun S' denn das Kind immer mit Ihrer Mütze auf den Kopf?«

Darauf Valentin trocken: »Mit dem Helm wär's schon hin . . .!« –

Valentin war auch im Leben ein ganz merkwürdiger Mensch. Man kennt seine Sonderbarkeiten – daß er zum Beispiel mit allen möglichen Medikamenten im Zug nach Berlin fuhr, um ein Engagement anzutreten.

Er trat es dann doch nicht an und fuhr am selben Tag wieder nach München zurück.

Mit der Liesl Karlstadt verband ihn mehr als Kollegenschaft. Dagegen wäre nichts zu sagen gewesen, doch Karl Valentin war noch immer verheiratet, und seine Frau, eine richtige bayerische Walküre, ließ sich nicht nur nicht scheiden, sondern verprügelte die arme Liesl Karlstadt, wo immer sie ihrer habhaft werden konnte.

Das geschah einmal auch am Stachus, auf Münchens belebtestem Platz, und man kann sich vorstellen, wie rasch sich eine Menschenmenge bildete, als Frau Valentin die Liesl Karlstadt mit einem Schirm verdrosch.

Doch Valentin war nicht aus der Ruhe zu bringen, er ging herum und bat das Publikum: »Zurücktreten – zurücktreten – Filmaufnahme!«

Gegen Ende der Tournee landeten wir in Kassel. Die nächste und zugleich letzte Station sollte Stuttgart sein.

Man kann sich heute gar nicht vorstellen, was für eine endlose

Bahnfahrt uns da bevorstand. Nicht zu reden davon, daß die dritte Klasse aus harten Holzbänken bestand, so daß unter uns der Witz grassierte: »Uns gebührt das Eiserne Kreuz dritter Klasse – denn in so einem Zug dritter Klasse zu fahren, muß man schon ein eisernes Kreuz haben!«

Ausnahmsweise waren wir schon einen Abend früher in Kassel gelandet, und so hatte ich die Möglichkeit ein wenig spazierenzugehen und mir die Stadt anzusehen.

In einer Auslage sah ich ein Plakat »Deutsche Lufthansa«. Darunter stand: »Flüge von Kassel in alle Richtungen.«

Ich ging in das Büro hinein und informierte mich. Tatsächlich hatten sie einen Flug nach Stuttgart. Man gab mir einen Prospekt, und da stand die Abflugzeit, ferner daß es eine Zwischenlandung in Baden-Baden gäbe und das Flugzeug nach drei Stunden in Stuttgart landen würde. Kostenpunkt 25 Mark.

Ich war sofort entschlossen, diesen Flug nach Stuttgart mitzumachen. Vorher aber informierte ich noch Max Pallenberg von der Möglichkeit, in kurzen drei Stunden in Stuttgart zu sein, anstatt viele, viele Stunden im Nachtzug zu verbringen.

Die erste Frage, die mir Pallenberg stellte war: »Was kostet das?«

Als ich ihm die enorme Summe von 25 Mark nannte, hieß er mich einen Verrückten, der einmal im Armenhaus enden werde, wenn er weiterhin sein Geld so leichtfertig hinauswerfen würde. Denn die Bahnfahrt kostete damals dritter Klasse zwei Mark fünfzig, also ein Zehntel. Er, schwor Pallenberg, jedenfalls würde nie ein Flugzeug benützen, wenn das so teuer sei.

Leider hat er den Schwur nicht gehalten. 1934 ist er bei einem Flugzeugunglück bei Prag zu Tode gekommen.

Ich jedenfalls flog am nächsten Tag von Kassel frohgemut nach Stuttgart ab.

Die Maschine war ein umgebautes Kriegsflugzeug aus dem Ersten Weltkrieg. Sie hatte nur sechs Sitze, und der Pilot saß mehr oder weniger im Freien, er hatte nur ein ganz loses Stoffdach über sich. Von den sechs Sitzen war allerdings nur einer besetzt, und zwar von mir.

Wenn ich das mit einem modernen Flug vergleiche, so kann ich sagen, daß das heute ein Vergnügen gegen das damalige Fliegen ist, sosehr es mich auch interessierte. Ich wurde hin und her gerissen, bald hinauf, bald hinunter, es war eigentlich ganz lustig, aber ehrlich gestanden, Angst hatte ich genug.

Plötzlich ging die Maschine ganz steil herunter, ich dachte ernstlich abzustürzen und bedauerte meine armen Eltern, daß sie auf diese Weise kinderlos werden würden. Es war jedoch kein Unglück, sondern wir waren einfach schon in Baden-Baden, und zwar etwas früher als geplant, da wir Rückenwind hatten, der damals beim Fliegen eine sehr große Rolle spielte. Der Pilot stieg aus, und ich blieb selbstverständlich sitzen, denn was hätte ich denn am Flughafen von Baden-Baden machen sollen?

Von einem Flughafen im heutigen Sinn war natürlich keine Rede. Es gab eine kleine Holzbaracke, in der sich ein Büro des meteorologischen Dienstes befand, dann eine Abfertigungshalle und ein mühsam gerodetes und gemähtes Stoppelfeld, sonst nichts.

Nach einiger Zeit kam der Pilot zurück und teilte mir mit, daß ich aussteigen müsse, denn der Wetterbericht sei so schlecht, daß wir nicht nach Stuttgart weiterfliegen könnten.

Klarerweise war ich entsetzt und erklärte, das gäbe es nicht, denn ich müßte am Abend in Stuttgart sein, ich hätte dort Vorstellung, und ohne mich ginge es nicht, und mit dem Zug würde ich viel zu spät ankommen.

Der Pilot ging mißmutig wieder in die Holzbaracke und kam nach einiger Zeit mit einem Zettel zurück; darauf stand geschrieben, daß meine Hinterbliebenen im Falle meines Todes keinerlei Ansprüche an die Lufthansa stellen dürften, da ich freiwillig weitergeflogen sei. Man kann sich vorstellen, daß ich diesen Zettel mit sehr gemischten Gefühlen unterschrieben habe.

Inzwischen hatte sich am Himmel sehr schlechtes Wetter mit riesigen Gewitterwolken zusammengebraut. Der Pilot war offenbar wütend darüber, daß er doch nach Stuttgart fliegen mußte, und ich möchte heute noch wetten, daß er absichtlich in das ärgste Gewitter hineingeflogen ist.

Ich habe in meinem Leben leider Gottes schon oft Angst gehabt, aber solche Angst, wie ich sie damals in den Gewitterwolken in dieser filigranen Maschine empfand, die kann man sich nicht vorstellen.

Endlich landeten wir in Stuttgart, und zwar bei recht schönem Wetter.

Da stand eine sechssitzige Limousine, die für den Transport der Passagiere zum Flughafen gedacht war. Aber man hatte mehr oder weniger offiziell in diesem Automobil sechs Leute zum Flughafen gefahren, die sich nur den Flughafen ansehen wollten. Und diese sechs Leute sollten nun nach Stuttgart zurückgebracht werden, so daß für mich, den einzigen Fluggast, eigentlich kein Platz mehr war – was man mich, in Anbetracht meines sehr jugendlichen Alters, frecherweise spüren ließ.

Doch hatte man nicht mit meiner Energie und meiner Angst, nicht zur Zeit zu kommen, gerechnet. Ich machte einen Riesenkrach und versprach allen Beteiligten die ärgsten Folgen. Ich würde mich an Polizei, Staatsanwalt, ja selbst an die Regierung wenden und würde der Lufthansa so viel Schaden zufügen, daß sie und ihre Angestellten ewig daran zu tragen haben würden.

Irgendwie haben sie mir geglaubt, umso mehr, als ich dann

noch unverschämterweise verlangte, daß diese sechs Flug-
platzbesucher die Limousine räumen und sie mir allein über-
lassen sollten. Nur nach langem Bitten war ich bereit diesbezüglich nachzugeben und unter Wahrung meiner Würde neben dem Chauffeur Platz zu nehmen.

So gelangten wir nach Stuttgart, und ich kam zur Vorstellung
zurecht. –

Wenn ich daran denke, wie das damals war, und wie heute das
Fliegen ist, so kann ich als Vielflieger ermessen, wie groß der
Fortschritt der Fliegerei inzwischen geworden ist.

Heutzutage fliegt man, so wie man damals in einen Zug
eingestiegen ist. Man denkt nicht weiter darüber nach, daß es
eventuell schwierig sein könnte. Das Wetter spielt kaum mehr
eine Rolle, und für Transportmöglichkeiten vom Flugplatz in
die Stadt ist reichlich gesorgt.

Natürlich gibt es noch immer Menschen, denen das Fliegen
neu ist.

Einmal saß ich neben einer älteren Dame, der man anmerkte,
daß sie Angst hatte. Da sie sehr nett war, verhielten sich die
Stewardessen ihr gegenüber noch freundlicher, als sie es
sowieso schon sind.

Da ertönte, wie gewohnt, die Stimme des Kapitäns, der uns
mitteilte, wo wir gerade waren. Und die alte Dame sagte zu
mir: »Ich hab nicht gern, wenn er plaudert – er soll auf den
Weg schauen...!«

Tumult in Rom und Schock in Bielitz

Vaters Operetten-Stagione und die heilsame Gardinenpredigt
des Hans Ziegler – Didier und Raoul Aslan sowie
ein gewisser Doktor Korridorowitsch

Es war in den Dreißigerjahren.
Wir gaben ein Gastspiel in Italien, und zwar eine Operetten-Stagione in Rom unter der Direktion meines Vaters.
Ich war mit meinen Eltern schon einmal in Italien gewesen,
und zwar in Grado, damals ein Nobelkurort. Mein Vater hatte
in einem sehr schönen Hotel ein sehr schönes Zimmer gemie-
tet. Ein kleiner Junge war uns nachgelaufen, kam ins Zimmer,
half uns beim Kofferablegen – Hausdiener oder so was gab es
damals noch nicht. Dann öffnete er die Türe zum großen
Balkon und sagte mit einer italienisch-theatralischen Geste
aufs Meer zeigend: »Il mare – una Lira ...!«
Er bekam seine Lira für die Gefälligkeit, uns darauf aufmerksam gemacht zu haben, daß hier das Meer sei.
Auf der Fahrt hinunter befand ich mich oft bei den Chorherren
und vor allem bei den Chordamen. Da gab es schon kurze Zeit,
nachdem wir in Italien waren, einen lustigen Dialog zwischen
zwei süßen Wiener Mädeln.
Damals wurde in Italien viel Reklame für das berühmte Olio
sasso gemacht. Auf jedem Bahnhof waren große Plakate mit
dem Namen des Olivenöls angebracht. Da hörte ich, wie ein
Mädel zu dem anderen sagte: »Du, jetzt waren wir gerade in
Olio sasso, und jetzt sind wir schon wieder in Olio sasso!«

Darauf die andere: »Weißt du, das wird so sein wie bei uns Obertullnerbach, Untertullnerbach und so weiter!«

Ich klärte die Mädchen nicht auf, und wahrscheinlich haben die bis an ihr Lebensende geglaubt, daß es in Italien nur Ortschaften gibt, die Olio sasso heißen...

Am nächsten Vormittag saß ich mit meinem Freund Alfred Frank in unserer gemeinsamen Garderobe im Teatro Lirico in Rom.

Da ertönte plötzlich von der Bühne her ein entsetzliches Geschrei. Es klang, als ob ein Mann ermordet und der Mörder dazu noch im lautesten Ton wütende Flüche ausstoßen würde. Ich wurde sicher leichenblaß, denn ich war entsetzlich erschrocken.

Doch Fredi Frank, der schon öfter in Italien gewesen war, sagte ganz ruhig: »Das ist gar nichts. Da erklärt auf der Bühne ein Arbeiter dem anderen, wie und wo er einen Nagel einschlagen soll!«

So war es auch. Zwar handelte es sich nicht um einen Nagel, der eingeschlagen werden, sondern um ein Bild, das an die Wand der Dekoration gehängt werden sollte. In Italien geschieht das mit großem Geschrei, denn der eine brüllt die Anweisungen, und der andere gibt ihm ebenso lautstark zu verstehen, daß er mehr oder weniger damit einverstanden ist. Italienisches Temperament, das unsereiner nie verstehen wird!

Ich kann zum Beispiel nicht begreifen, warum in italienischen Fernsehsendungen die hübschen und begabten Ansagerinnen immer so entsetzlich brüllen, daß sie am Ende völlig heiser sind. Dabei stehen sie dem Publikum vis-à-vis, und der Zuhörer am Bildschirm hört ja sowieso jeden Ton – aber sie schreien und schreien und schreien...

Ähnliches Geschrei gab es am Abend unserer Premiere auch aus dem Publikum, und das war nicht sehr erfreulich.

Die erste Operette unseres Gastspiels in Rom war Theo Mackebens Neubearbeitung der *Dubarry* von Karl Millöcker. Ich hatte, zum Glück, die Sprechrolle des Dubarry.

Die Hauptrolle, besser gesagt die äußerst anspruchsvolle Titelpartie, hatte bei der Berliner Premiere die damals berühmte Operndiva Gitta Alpar, eine unerhört begabte Ungarin, gesungen. Sie war eine echte Koloratursängerin, und mein Vater hatte sich bemüht, eine solche auch für das Gastspiel in Rom zu engagieren.

Unser Star war eine sehr hübsche Frau mit großen dunklen Augen und rabenschwarzen Haaren. Das war aber genau das, was den Römern nicht so sehr gefiel, denn derartiges hatten sie zu Hause ständig vor Augen. Was sie sich gewünscht hätten, war eine üppige Blondine mit blauen Augen.

Da aber unsere Dubarry recht gut sang und den Theatersaal mit ihrer voluminösen Stimme füllte, gefiel sie eigentlich recht gut, zumindest als Sängerin, und erntete viel Applaus.

Das Unglück war aber unser Tenor. Er hieß Didier Aslan und war der Bruder des berühmten Burgschauspielers. Er war ihm eigentlich sehr ähnlich, nur war er klein gewachsen – und so war auch seine Stimme. Ein nettes kleines Stimmchen – etwas, was die Italiener überhaupt nicht gern haben. Denn so wie bei ihnen beim Sprechen geschrien wird, so mögen sie es auch beim Singen, und je lauter ein Tenor singt, umso mehr lieben sie ihn.

Jedenfalls mochten sie den Didier Aslan von Anfang an nicht. Diese süße kleine Stimme gingen ihnen auf die Nerven. Jedesmal wenn Aslan gesungen hatte, setzten nachher lautes Geschrei und grelle Pfiffe ein. Es war entsetzlich.

In der Pause war alles ratlos. Unser Kapellmeister, Walter Pfeffer, forderte energisch, geschützt zu werden, da die empörten Römer der ersten Reihen ihm, wenn Aslan sang, wütend auf das Pult klopften. Er verlangte, man sollte ihm ein kleines

Holzhäuschen rings um sein Pult errichten. Doch dazu war keine Zeit. Man versprach ihm, in die erste Reihe zwei hohe Herren zu setzen, die einen allzu heftigen Angriff auf ihn persönlich verhindern sollten. Es blieb beim Versprechen...

Bevor der zweite Akt begann, trat der römische Theaterdirektor vor den Vorhang und sagte mit entschuldigendem Bedauern: »Ich darf darauf aufmerksam machen, meine Damen und Herren, daß die Schauspieler und Sänger, die Sie heute sehen und hören, aus Wien kommen und unsere Gäste sind. Ich bitte Sie also, unsere Gäste als solche zu behandeln.«

Damit verschwand er, so rasch er konnte. Meiner Meinung nach ist er nach Hause gegangen, um sich dort auszuweinen...

Nun, das Publikum behandelte uns als Gäste – aber nicht als solche, über deren Besuch man sich freut. Es herrschte eisiges Schweigen. Selbst als Didier Aslan zitternd und bebend zu seiner nächsten Arie ansetzte, war es zunächst völlig ruhig. Eine Eisgrotte war dagegen ein Schmelzofen. Doch als Aslan seinen ersten hohen Ton von sich gab und den sanft im Piano verhauchen ließ, sprang in einer Loge ein ungewöhnlich dicker Italiener auf und brüllte aus voller Brust: »Bestia!«

Und dann ging es los!

Schreien, Brüllen, Ablehnung, Pfiffe, es war die Hölle. Irgendwer, vielleicht war es sogar mein Vater persönlich, hatte die glänzende Idee, den Vorhang fallen zu lassen.

Weil wir gerade von Aslan reden: Der erwähnte Burgschauspieler Raoul Aslan war ein wunderschöner Mann, ein glänzender Schauspieler, der allerdings sehr oft mit dem Text auf Kriegsfuß stand. Er machte sich selbst darüber lustig und sagte auf einer Probe zu einer neuen Souffleuse: »Also, bis jetzt war das so, liebe Frau, wenn ich mir einen Westenknopf aufmache, dann müssen Sie soufflieren, wenn ich mir zwei oder gar drei Westenknöpfe aufmache, dann müssen Sie besonders laut soufflieren. Aber, wenn ich mir das Sakko ausziehe, dann kommen Sie am besten aus dem Souffleurkasten raus!«

Als Aslan in einem Stummfilm mitwirkte, war die Fotografie ganz besonders schlecht. Er sah, im Gegensatz zur Wirklichkeit, direkt häßlich aus. Ratlos starrte er bei der Vorführung auf die Leinwand, und dann brach es aus ihm heraus: »Die Linse lügt!«

Einmal habe ich auch mit ihm gespielt und zwar in Karlsbad. Wir gaben ein Stück namens *Das Geständnis*, einen Reißer, den sich Aslan speziell für seine Gastspiele ausgewählt hatte.

Die größte Szene endete damit, daß Aslan seine Frau – natürlich die im Stück – erschoß.

Bei der Premiere geschah es nun, daß die Pistole nicht losging. Doch auch auf so was war man in Karlsbad gefaßt. Der Inspizient raste zur Requisitenkammer, um rasch eine Ersatzpistole zu holen, mit der er gewöhnlich hinter den Kulissen schoß, wenn die Pistole auf der Bühne nicht mitspielte.

Doch Aslan war darüber nicht informiert und wollte die Situation retten. Er stürzte sich auf seine Bühnenfrau und begann sie zu erdrosseln. Und mitten hinein in die äußerst drastische Würgeszene knallte der Schuß des Inspizienten!

Der Würgegriff, kombiniert mit dem Schuß hinter der Szene, war für das Publikum zu viel. Es lachte brüllend. Und Aslan lachte mit – was ist ihm auch anderes übriggeblieben? –

Raoul Aslan war in Armenien geboren, aber schon ein echter Österreicher, besser gesagt Wiener, geworden.

In Gelddingen war es nicht ganz leicht mit ihm. Jeder neue Burgtheaterdirektor mußte heftig mit ihm ringen. Einmal verhandelte er mit dem berühmten Hermann Röbbeling, einem scharfen Rechner aus Berlin.

Am Höhepunkt der Verhandlungsschwierigkeiten sagte Aslan

mit sanfter Stimme: »Aber, Herr Direktor, in Gelddingen bin ich doch ein Kind!«

Darauf Röbbeling: »Ja, aber ein armenisches ...!« –

Besonderen »Spaß« hatte Aslan mit seinem Garderobier, einem alten, versoffenen Schneider, der keine Ahnung von den Aufgaben eines Ankleiders hatte.

Der Garderobier hieß Swoboda. In ein riesiges Buch hatte er alle Kostüme eingeschrieben, die Aslan zu tragen hatte. Denn im Burgtheater wurde ja fast an jedem Abend etwas anderes gespielt, und manches Stück verschwand monatelang in der Versenkung, bis es plötzlich wieder hervorgeholt und mit einer, bestenfalls zwei Proben gegeben wurde.

Aslan erzählte mir, daß er eines Tages in die Garderobe kam und Herrn Swoboda fragte, was denn morgen auf dem Repertoire sei, und was er, Aslan, anziehen müsse.

Swoboda studierte lange in seinem Kostümbuch, um endlich zu sagen: »Morgen, Herr Aslan, haben wir die *Räuber* – da ziehen Sie die silberne Rüstung an!« –

Ein besonderer Liebling Aslans war der Souffleur Blumenthal, ein sehr witziger, netter, Kerl, den Aslan sogar in den Urlaub mitnahm, angeblich um mit ihm Rollen zu lernen, in Wirklichkeit, weil er mit Blumenthal immer viel Vergnügen hatte.

So nahm er ihn auch nach Bad Ischl mit, wohin Aslan zum ersten Mal in seinem Leben fuhr. Aslan und Blumenthal fuhren sogar im Auto, was damals nicht alltäglich war.

Aslan hatte eine glänzende Idee: »Ich werde dir was sagen, Blumenthal, der Portier in Ischl kennt mich sicher nicht. Du nimmst meine schwarze Schminke, die ich als Othello benütze, und schminkst dich schwarz. Wenn wir ankommen, werde ich chauffieren, werde als erster hineingehen und sagen, der Scheich von Omar ist da. Und dann kommst du nach, ich verbeuge mich tief und erkläre dem Portier, daß du dieser Scheich bist ...!«

Natürlich machte Blumenthal mit, schminkte sich rasch, und man fuhr beim Hotel Kaiserin Elisabeth vor. Wie geplant ging Aslan hinein und sagte im entsprechenden Tonfall: »Guten Tag, ich Sekretär von Scheich von Omar, Scheich kommen gerade!«

Und Blumenthal betrat als schwarzer Scheich das Hotel.

Der Portier war ratlos: »Ja, aber ich habe, ich habe...« Ein Lächeln ging über sein Gesicht und er fuhr fort: »Ich habe ein Appartement für seine Hoheit, den Scheich: das Appartement, das der Hofschauspieler Aslan bestellt hat!«

Und Aslan, ganz in seiner Rolle als Diener: »Und wo soll Aslan wohnen?«

Darauf der Portier: »Meinetwegen beim Teufel! Der Scheich von Omar ist für mich ein wichtigerer Gast als ein lumpiger Burgschauspieler aus Wien!«

Als der Portier über den Spaß aufgeklärt wurde, war er entsetzt: »Entschuldigen Sie, Herr Hofschauspieler, aber wenn einer so schwarz ist wie dieser Herr... Herr Blumenthal, dann verblaßt auch der beste Hofburgschauspieler...«

Man soll sich eben nicht für jemand anderen ausgeben, vor allem nicht ohne Grund.

Ich hatte vor kurzem einen Grund, denn ein Mann von ungeheurer Arroganz trat in einem Hotel in Zürich auf mich zu und sagte: »Ich kenne Ihr Gesicht irgendwie, Sie sind Österreicher, aber was und wer Sie sind, das weiß ich nicht. Wer sind Sie eigentlich?«

Ich bezähmte meine innere Wut und sagte beiläufig: »Ich heiße Gerhard Berger und bin Autorennfahrer. Momentan bin ich in Zürich, um mich zu entscheiden, ob ich mich hier oder in Monaco niederlassen soll!«

Das Gesicht des Fragers war womöglich noch blöder als vorher...

Daß er ungewollt für eine hohe Persönlichkeit gehalten wurde, erzählte mir der Generalintendant von München, August Everding, anläßlich unseres gemeinsamen Engagements an den Münchner Kammerspielen im Jahre 1957.

Everding war in jungen Jahren nicht sehr mit Mitteln gesegnet. Um die Wahrheit zu sagen, er war ein armer Hund. Er war katholisch, was für die kommende Geschichte sehr wichtig ist. Wißbegierig und reiselustig, wie junge Leute sind, wollte er die romanischen Länder besuchen, aber natürlich fehlte es ihm an Geld. Da hatte er einen sehr wichtigen Sponsor, den Erzbischof von München und Freising. Der stattete ihn zunächst mit etwas Geld aus, aber, was noch wichtiger war, mit Empfehlungsbriefen aller Art.

So fuhr Everding von einer katholischen Diözese zur anderen, übernachtete da in einem Pfarrhaus, genoß dort die Gastfreundschaft eines katholischen Schülerheimes und kam so zu seinem letzten Reiseziel nach Sevilla.

Für den Erzbischof von Sevilla hatte ihm der Erzbischof von München und Freising einen ganz besonderen Brief mitgegeben, und Everding machte, gestützt auf diesen Brief, seine Aufwartung im erzbischöflichen Palais von Sevilla.

Er mußte lange warten.

Dann erschien der Erzbischof von Sevilla im vollen Ornat in der Meinung, Everding sei – der Erzbischof von München und Freising.

Wie es zu diesem Irrtum kam, wußte Everding nicht. Wahrscheinlich hatte irgend jemand den Brief, der in deutscher Sprache abgefaßt war, falsch übersetzt oder interpretiert.

Jedenfalls war der Erzbischof von Sevilla nicht weniger verblüfft als der in Zivil dastehende Student Everding.

Eigentlich hatte Everding vorgehabt, den Erzbischof um das Geld für die Rückreise nach Deutschland zu bitten. Doch angesichts der Pracht und Herrlichkeit des Erzbischofs war er dazu nicht fähig und sagte nur: »Exzellenz, ich bitte um Ihren Reisesegen!«

Den bekam er natürlich – sonst nichts. –

Seine Wißbegierigkeit bewies Everding auch noch 1957 in München. Er war ständig unterwegs, und zwar zwischen dem Büro des Intendanten Hans Schweikart und dem des Schauspieldirektors Alfred Erich Sistig. Da ich ihm oft auf seinen Wanderwegen begegnete, nannte ich ihn »Doktor Korridorowitsch«. Ich habe Everding immer gern gemocht, und er hat diesen Titel mit Humor aufgenommen.

Im Laufe der Jahre sind wir dann kaum zusammengekommen, gelegentlich ein Treffen in einem Restaurant oder im Flugzeug eine kurze freundliche Begrüßung, leider nur selten ein längeres Gespräch.

Einmal habe ich ihn verblüfft, als er mir mitteilte, daß er an der Wiener Staatsoper *Tristan und Isolde* inszenieren werde. Ich erklärte ihm, das sei etwas sehr Leichtes.

Everding war entsetzt: »Was, die Regie von *Tristan und Isolde* nennen Sie leicht?!«

Darauf ich: »Ja, natürlich, der Richard Wagner hat doch jede Pause, die auf der Bühne zu geschehen hat, genau vorgeschrieben, und Sie werden doch die Musik Richard Wagners nicht verändern, nicht wahr?! Auch die Sänger werden das nicht tun. Aber versuchen Sie mal einem Schauspieler eine Pause, die er nicht mag, aufzuzwingen! Da müssen Sie beweisen, daß Sie ein guter Regisseur sind – was Sie meiner Meinung nach sowieso sind...!«

Wir schieden als Freunde.

Ich habe zur Regie und zu den Regisseuren immer ein zwiespältiges Verhältnis gehabt. Einerseits bin ich diszipliniert und geneigt, dem Regisseur recht zu geben und seiner Auffassung zu folgen. Sollte aber seine Meinung mit meiner unvereinbar sein – das gab es natürlich auch hie und da –, dann kam es kaum jemals zu einem Krach, sondern zur Verabschiedung in aller Freundschaft.

In München traf ich auf einen Regisseur, der mir zwar sympathisch war, dessen Regiekonzept ich aber in keiner Weise billigte.

Nach zwei Tagen Proben bat ich ihn um eine Unterredung und teilte ihm mit, daß ich die Rolle zurücklegen möchte und ihn bitte, mich in Freundschaft umzubesetzen.

Er war entsetzt. Er beteuerte mir, daß ich ganz ausgezeichnet in dieser Rolle sei und daß ich sicher einen großen Erfolg haben werde.

Das bezweifelte ich und erklärte ihm: »Verehrter Meister, ich habe es nicht gelernt, ich kann es nicht und ich werde es auch nie können, Theater zu spielen, ohne meinen Partner ein einziges Mal anzusehen. Und das ist genau das, was Sie von mir verlangen . . . Immer wieder muß ich in eine Ecke schauen, in der kein Mensch steht, am allerwenigsten der Mensch, den ich angeblich anspreche. Sie können machen, was Sie wollen, heute um vierzehn Uhr sitze ich im Zug nach Wien und fahre nach Hause . . .!«

Und das tat ich dann auch.

Die Regiefrage kam schon sehr zeitig in mein Theaterleben. Damals bei Dr. Beer in Wien war der nachmals sehr bekannte Regisseur Karl Heinz Martin an der Arbeit, und der hatte schon so Ideen mit falschen Abgängen, verkehrten Betonungen und Veränderungen im Stück, wobei er nicht davor zurückschreckte, in der *Heiligen Johanna* den vierten Akt mit dem zweiten zu vertauschen.

Ich erinnere mich an eine Probe mit Karl Heinz Martin, bei der sein Hauptdarsteller, der wunderbare Anton Edthofer, mit ihm arbeitete. An einer bestimmten Stelle der Arrangierprobe, die den Toni Edthofer schon sehr nervös gemacht hatte, versuchte der Regisseur ihn über die nachfolgende Szene folgendermaßen aufzuklären: »Das Wesentliche, lieber Edthofer, liegt darin, daß die Eloquenz der fast psychopathischen Frigidität einer hypertrophischen Emotion mit einer substantiellen Divergenz –«

Barsch unterbach ihn Edthofer: »Moment! Ich will ja nur wissen, soll ich mich setzen oder nicht?!«

Das ist die Absage an die Überregie in einem einzigen Satz.

Da war mir ein Regisseur wie Ferdinand Dörfler im Nachkriegs-München lieber.

Der sagte einfach: »Der Eckhardt kommt von links, die Koch kommt von rechts, der Riedmann kommt von rückwärts, mehr verrate ich nicht – nur: Kinder! Übertreiben, übertreiben, übertreiben! Aufnahme!!«

Einmal bekam er einen Anfall von Temperament, raste durch die Dekoration und schlug sich dabei ein Auge blau. Ich war nicht dabei, doch als ich ihn am nächsten Tag sah – ich wußte ja von der Geschichte –, sagte ich scherzhaft: »Das hätte ich gar nicht gedacht, daß Ihre zarte Frau so zuschlagen kann. Das hat sie doch, nicht wahr?!«

Darauf Dörfler, grinsend: »Das stimmt, aber da sollten Sie erst sehen, wie meine Frau ausschaut...!«

Dabei hätte dieser gutmütige Riese nie im Leben eine Frau auch nur böse angeblickt. –

Ein nicht sehr angenehmer Regisseur war dagegen Fritz Kortner. Er hatte sicher gute Ideen und immer ein ausgezeichnetes Konzept, aber er war aggressiv, ja manchmal geradezu bösartig. Einem kleinen Schauspieler sagte er: »Mit Ihnen kann man nicht arbeiten! Von fünf Sachen, die man Ihnen sagt, vergessen Sie sechs!«

Ich habe in den Fünfzigerjahren einmal einen Drehtag bei ihm gehabt in dem Film *Sarajevo*, da war ein kleiner, sehr schüchterner Schauspieler, ich weiß nicht mehr, wie er geheißen hat.

Und diesen armen Kerl suchte sich Kortner für seine schrecklichen Aggressionen aus, so daß der bei jeder Aufnahme nervöser wurde. Nach zahllosen Wiederholungen war es endlich so weit, und der Junge brachte den Satz halbwegs so hin, wie es Kortner wollte.

Doch wie es im Film so ist, kam der Tonmeister und sagte: »Diese Aufnahme ist von mir aus mißlungen, wir müssen sie wiederholen.«

»Ach, das bringt doch der im Leben nicht noch einmal zusammen!« rief Kortner, was nicht nur unfreundlich war, sondern auch psychologisch falsch. Man hätte dem Jungen Mut machen müssen.

Dann wendete er sich dem Jungen zu und sagte grimmig: »Ihnen möchte ich Bühnenproben bei mir wünschen...!«

Das war mir zuviel. Ich fuhr auf: »Herr Kortner! Wissen Sie, was ich Ihnen wünsche? Mich bei Ihren Bühnenproben!«

Das war eine offensichtliche Provokation – aber Kortner tat, als habe er nichts gehört.

So war er eben. Er war ein großer Künstler, mußte er da ein großer Mensch sein? –

Einmal inszenierte er in München den *Don Carlos*. Aus dem Großinquisitor machte er eine komische Figur und zog sich dadurch den Zorn des gesamten bischöflichen Ordinariats, mit dem Erzbischof von München und Freising an der Spitze, zu. Die wackeren Kirchendiener wetterten in der Presse und von der Kanzel gegen Kortner und seine unanständige, anstößige Inszenierung, insbesondere seine Interpretation des Großinquisitors.

Ein Kollege traf Kortner noch während dieser Kampagne auf der Maximilianstraße und sagte scherzend: »Na, Herr Kortner, Sie haben aber große Schwierigkeiten mit dem lieben Gott!«

Kortner erwiderte gelassen: »Nicht mit dem lieben Gott – nur mit dem Bodenpersonal...!« –

Die lustigste Regiegeschichte ist mir in Basel passiert. Dort war der Direktor ein gewisser Falk, ein sehr netter Mensch. Er führte Regie bei Oscar Straus' herrlicher Operette *Ein Walzertraum*.

Ein Ensemble kam selbst dem etwas phlegmatischen Hamburger Falk zu lahm vor, und so gab er folgende Regieanweisung: »Meine Herrschaften! Mehr Animo! Mehr Schwung! Das ist ein Walzer, was hier vorgeht, und Sie müssen sich demgemäß auch bewegen, vor allem im Tanz. – Bitte nochmals von Anfang an, und vergessen Sie nicht, es ist ein Wiener Walzer: Also eins, zwei – eins, zwei – eins, zwei –...!« –

Im Laufe der Jahrzehnte ist die Bedeutung des Regisseurs immer größer geworden und damit auch die Auswüchse, die damit zusammenhängen. Je mehr die Kritiker die Regisseure hinaufgelobt haben, desto mehr sahen die auf die Stücke, die sie inszenierten, herunter und leider auch sehr oft auf die Schauspieler, denen sie doch Freund und Helfer sein sollten.

Hugo Lindinger, der Salzburger Komiker, war in seinen letzten Jahren am Wiener Burgtheater engagiert, wo ja auch die Seuche der »modernen« Regisseure grassiert.

Mit einem Kollegen besuchte er eine Vorstellung, bei der er nicht mitspielte.

Das Stück begann damit, daß ein Mann von der linken Seite auftrat, wort- und blicklos über die ungeheuer große Bühne schritt und auf der anderen Seite wieder abging.

Da sagte Lindinger zu seinem Kollegen: »Jetzt könnt ich eigentlich nach Hause gehen – den hol ich nicht mehr ein...!«

Zurück in die Vergangenheit.

Im Herbst 1929 bekam ich endlich wieder ein Engagement.

Mein väterlicher Freund aus alten Volkstheatertagen, Hans Ziegler, hatte die Direktion des Theaters in Bielitz bekommen und mich sofort dorthin engagiert.

Bielitz ist eine Stadt im Süden von Polen, heißt heute Bielsko und hatte damals eine ziemlich große Anzahl deutschsprechender Einwohner. Die unterhielten natürlich das Theater, in erster Linie die Industriellen, die dort ziemlich dicht gesät waren.

Ich kam also nach Bielitz voll großer Erwartungen und freute mich auf die erste Premiere, in der ich eine Rolle spielen sollte, die in Wien Oskar Sima mit riesigem Erfolg gespielt hatte. Herz, was willst du mehr!

Bei der Premiere lachte das Publikum bei meinem Auftritt, applaudierte bei jeder Pointe, und ich war selig, wie es nur ein junger Schauspieler sein kann, der einen Erfolg hat.

Ich war immer schon ein Frühaufsteher, und so ging ich am Morgen nach der Premiere schon um sechs Uhr los, um mir die Zeitung, es gab nur eine, zu kaufen, in der ich die Kritik erwartete. Und da war sie auch. Sie war entsetzlich – für mich.

Ich habe nachher oft manche Rezension über mich gelesen, die mich nicht sehr erfreut hat, aber was ich da in Händen hielt, war die vernichtendste Kritik, die einem Schauspieler zuteil werden kann. Es war niederschmetternd.

Ich ging zurück in das Schauspielerheim, in dem wir alle wohnten, und setzte mich, fast weinend, auf das Bett.

Dann war mein Entschluß gefaßt. Um zehn Uhr war ich bei Hans Ziegler in der Kanzlei und teilte ihm mit, daß ich meine Koffer packen würde, um nach Hause zurückzukehren.

Der Hans schaute mich entgeistert an: »Was ist los mit dir? Was hast du eigentlich, warum willst du so ohne Grund hier weg?!«

Ich traute meinen Ohren nicht: »Ja, glaubst du denn im Ernst, daß ich nach so einer Kritik noch einen Tag hier in Bielitz bleiben werde?!«

Ziegler, noch immer erstaunt: »Von was für einer Kritik sprichst du eigentlich?«

»Na, von der heutigen Kritik im Bielitzer Tagblatt!«

Ziegler hielt mich offenbar für einen Verrückten: »Aber heute ist doch das Bielitzer Tagblatt gar nicht erschienen!«

»Wieso – ich habe es doch selbst gelesen! Schon um sechs Uhr früh!«

Plötzlich lächelte Ziegler: »Ach so! Dann bist du aber der einzige, der diese Kritik gelesen hat. Das Bielitzer Tagblatt ist nämlich heute von der Regierung aus politischen Gründen verboten worden, und wie ich gehört habe, ist ein einziges Exemplar davon verkauft worden – offenbar an dich!«

Ich war verdattert und blickte ratlos in Zieglers lächelndes Gesicht.

Der sagte mit der ganzen Weisheit seiner Jahre: »Das hast du nötig gehabt...!« –

Hans Ziegler war ein glänzender Schauspieler und auch als Direktor nicht ganz ohne Erfolg, obgleich er diese Laufbahn bald aufgab. Er war nämlich ein sehr nervöser Mensch und konnte dem Streß des Direktorseins nicht standhalten.

Aber für mich war er ein entscheidender Mann, und Bielitz war das entscheidende Engagement für meine zukünftige Karriere als Schauspieler.

Es war sehr angenehm in Bielitz. Die deutschsprechenden Bielitzer liebten ihre Schauspieler und verwöhnten sie entsprechend. Auch gab es nette Bars mit sehr hübschen Mädchen. Bielitz war sozusagen ein Provinzengagement, wie man es sich nur wünschen kann. Ich spielte viele und gute Rollen, und auch der strenge Kritiker des Bielitzer Tagblattes hatte sich nach und nach an mich gewöhnt.

Doch dann ließ mich Hans Ziegler eines Tages zu sich rufen. Er war sehr ernst: »Lieber Fritz, du bist ein sehr begabter junger Mensch, du bist zum Schauspieler direkt prädestiniert, nicht nur deiner Herkunft wegen, sondern weil du auch gut aussiehst, kurz und gut, du bringst sehr viel für diesen Beruf mit. Wenn du so weitermachst wie bisher, dann wirst du auch immer ein Engagement haben. Es wird sich zwischen Bielitz und Reichenberg, zwischen Aussig und Graz bewegen – mehr wird aus dir nicht werden als ein Provinzschauspieler. Denn was machst du? Du lernst schlecht, du probierst schlecht, schaust immer ins Publikum, rennst jedem Effekt nach, anstatt deine Rolle mit der Intelligenz – die du ja hättest – auszufüllen. Du bist jetzt an einem Wendepunkt, du kannst, wie gesagt, ein Provinzschauspieler werden, aber wenn du dich besinnst und dir klar machst, was dieser Beruf tatsächlich verlangt – Konzentration, eisernen Willen und vor allem Disziplin –, dann sage ich dir eine große Zukunft voraus!«

Ich bin dem Hans Ziegler noch heute für diese Gardinenpredigt dankbar. Ich habe sie mir zu Herzen genommen und bin ihm gefolgt. Für den Rest meines Lebens war ich ein disziplinierter, denkender und fleißiger Schauspieler ...

Die gestronste Mormel
oder Die Karriere der Helene Mäusenlachner

Von Aussig nach Franzensbad, von Hannover nach Den Haag –
Albin Skoda, Max Griener und Margarethe Schell-Noé

Nach Bielitz war ich wieder lange Zeit ohne Engagement.
Ich weiß nicht, ob Ihnen die Begriffe Theateragent und
Vorsprechen etwas sagen.

Ein Theateragent ist ein Mann, der Schauspielern oder Sängern ein Engagement vermittelt. Es gab damals, in den Zwanzigerjahren, viele Theateragenten, fast alle waren sehr kompetente Leute, aber einige von ihnen leicht skurril und etwas merkwürdig.

Da war zum Beispiel Herr Lippa, der einen für einen Agenten besonders nachteiligen körperlichen Fehler hatte. Er war blind.

Ursprünglich Schauspieler, war er durch eine Krankheit erblindet und hat dann in seiner Verzweiflung das Geschäft des Theateragenten entdeckt. Ein Neffe stand ihm dabei zur Seite. Aber im großen und ganzen machte er – zu meiner Zeit schon routinemäßig – alles selbst.

Wenn man zu ihm kam, erkannte er einen sofort, indem er das Gesicht abtastete. Bei dem einen war es die Nase, bei dem anderen waren es die Augenbrauen, bei denen er sich erinnerte, daß er sie schon einmal »in der Hand gehabt« habe.

Bei Frauen war das ein bißchen anders. Die jungen erkannte er am Busen, die älteren an der Stimme.

Mein nächstes Engagement bekam ich aber durch einen sehr seriösen Agenten. Es war der alte Starka, dessen Sohn, Starka jun., dann ein echter Freund von mir wurde, der mir im Laufe der Jahre viel geholfen hat.

Das Vorsprechen war für mich immer grauenhaft wie für viele Schauspieler.

Man stelle sich vor, man sitzt einem Theaterdirektor gegenüber, der über die Zukunft zu entscheiden hat. Und dem soll man gefallen, dem soll man nicht nur äußerlich zu Gesicht stehen, sondern man soll ihn auch durch eine Leistung, und zwar durch das Vorsprechen irgendeiner Szene, zu einem Engagement veranlassen.

An einem Tag, an dem mir besonders dreckig zumute war, überwand ich meinen Abscheu gegen das Vorsprechen und ging zu Starka.

Er hatte mich verständigt, daß an diesem Tag Direktor Delius aus Aussig bei ihm nach Schauspielern vorstellig werden würde.

Ich ging also hin und setzte mich in die Reihe der zahlreichen Kollegen, die auch auf ein Engagement warteten und ihre Hoffnung auf Aussig gesetzt hatten. Aussig galt als gutes Engagement, sozusagen als Vorstufe zum Aufstieg.

Nach und nach gingen die Kollegen, die vor mir dagewesen waren, zu Delius hinein und kamen nach relativ kurzer Zeit, nicht sehr glücklich, heraus. Er schien seinen Typ nicht leicht zu finden.

Als einer der letzten wurde ich hineingebeten.

Delius war ein kultivierter, sympathischer Rheinländer mit sehr guten Manieren. Er forderte mich auf, was immer ich wollte vorzusprechen.

Da ich die Erfahrung gemacht hatte, daß alles Erlernte bei meinen Vorsprechen danebengegangen war, hatte ich mir etwas Neues zurechtgelegt, das ich bei Delius zum erstenmal ausprobierte. Ich sprach aufs Geratewohl irgendwelche Sätze, die mir gerade einfielen.

Als ich geendet hatte, trat eine gewisse Stille ein. Dann sagte Direktor Delius gewichtig: »Das, was Sie mir vorgesprochen haben, ist natürlich nicht aus einem Theaterstück, das war ex tempore. Aber es hat mir sehr gefallen, vor allem Ihre kecke Art. Ich weiß nicht, was ich mit Ihnen anfangen soll, denn an sich ist mein männliches Ensemble komplett. Aber ich habe irgendwie das Gefühl, ich sollte Sie doch engagieren, und ich tue es auch. Wenn Sie um die Mindestgage kommen, sind Sie nächste Saison bei mir in Aussig!«

Ich stimmte glücklich zu ...

Wie so manchesmal in meinem Leben, hatte ich auch bei diesem Engagement besonderes Glück. Und das kam so.

Ein Freund von mir, ein gewisser Otto Artmann, hatte nach dem Tod seines Vaters geerbt und vergeudete jetzt die Erbschaft, indem er von Wien aus Tourneen in die nähere Provinz veranstaltete.

Einmal spielte er, zur Sanierung seiner Finanzen und entgegen seinen künstlerischen Ambitionen, den Schwank *Hurra, ein Junge*! von Arnold und Bach. Mit diesem Stück gastierten wir in Perchtoldsdorf, einem Vorort von Wien. Und ausgerechnet dort lebte eine sehr liebe Kollegin mit ihrem Verlobten, der als Oberspielleiter ebenfalls nach Aussig verpflichtet war.

Als sie las, daß ich in Perchtoldsdorf gastiere, veranlaßte sie ihren Verlobten die Aufführung zu besuchen.

Es war ein Riesenerfolg.

Nach der Vorstellung kam mein zukünftiger Oberspielleiter zu mir, gratulierte mir zu meiner Leistung und versprach mir für Aussig gute Rollen.

Er hat sein Wort gehalten. Ich spielte wirklich gute Rollen im Schauspiel, kam aber auch zur Operette und hatte den größten Erfolg in einem frühen Musical, dem »musikalischen Schauspiel« *Hotel Stadt Lemberg* von Jean Gilbert. Ich spielte darin einen Hotelportier. Es sollte nicht der einzige Hotelportier sein, den ich in meinem Leben spielte.

In Aussig traf ich Kollegen, die ich schon früher kannte, zum Beispiel den Maxl Griener. Und der Maxl schwebte im siebenten Himmel. Er hatte endlich die Frau seines Lebens gefunden, nachdem ihm einige Frauen seines Lebens davongelaufen waren.

Maxls Jetzige war eine Chordame, allerdings mehr Chor als Dame.

Ich habe im Laufe einer langen Berufslaufbahn vielerlei Kolleginnen gehabt. Die meisten waren nett und anständig, sehr viele waren verheiratet oder lebten glücklich mit einem Mann zusammen, doch hie und da war natürlich – wie überall – eine darunter, die es mit der Treue nicht so genau nahm. Aber was sich die Freundin des armen Maxl Griener diesbezüglich leistete, das geht auf keine Kuhhaut. Es gab praktisch keinen Kollegen, mit dem sie nicht irgendwie angebandelt hätte, es waren aber auch Bühnenarbeiter sozusagen an ihr beteiligt, und einmal auch ein Feuerwehrmann.

Zuletzt merkte das sogar der arglose Maxl Griener und beschwerte sich bei mir: »Einmal hab ich eine Braut, mischt sich a jeder drein...!« –

In Aussig war auch der Kollege Normann, den ich von der Akademie her kannte. Er hieß eigentlich Nosićka und war der ambitionsloseste Schauspieler, dem ich je begegnet bin. Und das war schon in der Akademie so.

Einmal saß ich mit ihm im Piaristenkeller und schimpfte auf ihn ein: »Jeder geht in die Provinz, die Wessely geht nach Prag, der Paryla geht nach Breslau, ich gehe nach Reichenberg. Wir werden alle schon etwas sein, da wirst du immer noch im Kaffeehaus sitzen und Karten spielen.«

Nosićka blieb einen Moment ruhig, dann sagte er phlegmatisch: »Ich kann gar net Karten spielen!« –

In Aussig traf ich einen alten Freund aus Wiener Zeiten wieder, Albin Skoda, den später so berühmten, leider so früh verstorbenen Burgschauspieler. Wir spielten zusammen in Grillparzers *Des Meeres und der Liebe Wellen*: er natürlich den Leander, die große Liebhaberrolle, und ich den Nukleros.

Die Hero spielte eine gewisse Margarethe Schell-Noé, eine verheiratete Frau. Ihr Gatte war ein Dichter, ein liebenswerter Schweizer, der ununterbrochen Notizen in ein Buch machte. Ich fragte ihn immer wieder, welche neue Telefonnummer er sich da eingetragen habe – doch er war ein viel zu verträumter Poet, um mir auf eine so dumme Frage eine gescheite Antwort zu geben …

Das Ehepaar Schell-Noé hatte drei Kinder, das heißt damals in Aussig hatten sie erst zwei, ein Mädchen, das noch im Kinderwagen geführt wurde und einen Jungen. Und diese zwei Kinder wurden unter dem Mädchennamen ihrer Mutter dann weltberühmt als Maria Schell und Maximilian Schell.

Ich bin mit Maria öfters zusammengetroffen, ich war auch in zwei Filmen besetzt, in denen sie gespielt hat, worüber noch zu erzählen sein wird, und ich habe stets einen guten Kontakt zu ihr gehabt vom Kinderwagen bis unlängst, als ich sie in der Maximilianstraße in München traf, sie umarmte und zu ihr sagte: »Du bist wirklich die schönste Großmama von Europa!« –

Dann war auch noch der Maxl Griener da. Für mich immer herzerfrischend und immer wieder mit neuen Episoden erheiternd.

Einmal fühlte er sich indisponiert. Er hatte den Homonay im *Zigeunerbaron* zu singen, und das ist eine ziemlich hohe Partie. Speziell das sogenannte Werberlied erfordert viel Höhe. Am Vormittag des Tages, an dem der *Zigeunerbaron* gegeben werden sollte, kam Maxl Griener zum Kapellmeister: »Du, Kapelle, hör mich aus! Ich bin heute a bissel indisponiert, ich möchte das Werberlied um eine Terz tiefer singen!«

Der Kapellmeister nickte: »Ist in Ordnung.«

Das war dem Maxl zu unsicher: »Du sagst das so, ist in Ordnung, aber zum Schluß vergißt du. Also bitte, nicht vergessen, das Werberlied eine Terz tiefer!«

Wieder bestätigte der Kapellmeister in seiner gleichgültigen Art, daß er das schon machen werde.

Doch als dann das Werberlied herankam, war der Maxl wieder unsicher und änderte sein Stichwort folgendermaßen:

»Zwar bin ich nicht mehr der Jüngste, aber das Werberlied geht mir aus der Kehle wie in meinen jüngsten Tagen...!«

Dann rasch, mit einem Blick auf den Kapellmeister: »...allerdings eine Terz tiefer!« –

Dann sang er den Kaspar im *Freischütz*. Eine Partie, die ihm an sich zu tief lag, was ihn aber weniger genierte als die Höhe des Homonay.

Der *Freischütz* war ein großer Erfolg und sollte auch am Sonntag nachmittag für die höheren Schulen gespielt werden. Nun kommt darin ein Lied des Kaspar mit Chor vor, in dem es heißt:

> »Kartenspiel und Würfellust
> und ein Kind mit runder Brust...!«

Einem der Schulleute, die sich den *Freischütz* vorher angesehen hatten, war dieses Kind mit der runden Brust für die Schuljugend zu unmoralisch, und er ersuchte den Text zu ändern.

Auf ein entsprechendes Ansuchen des Regisseurs entgegnete der Griener Maxl: »Laß mich nur, ich mach das schon!«

An dem betreffenden Nachmittag sang er dann:

> »Kartenspiel und Würfellust
> und ein Kind mit plum, plum, plum...!«

Dabei zeigte er an seinem Körper eine so große Frauenbrust, daß selbst das unaufgeklärteste Kind wissen mußte, um was es sich bei diesem »plum, plum, plum« handelte!

Ich hatte wieder einmal ein Sommerengagement. Diesmal durfte ich Franzensbad beglücken.

Franzensbad war nicht so ein Weltkurort wie Karlsbad, ja es wurde sogar von Marienbad in der Wertgeltung übertroffen, aber gerade das machte Franzensbad so liebenswert.

Diese drei Kurorte waren ja schon in der Monarchie das Ziel vieler Wiener, aber auch vieler Ausländer gewesen, und noch in den Zwanzigerjahren waren diese Theater sehr gut besucht und konnten sich einen gewissen Standard leisten.

Franzensbad war als Frauenkurort ein Begriff, die Heilquellen haben angeblich eine sehr gute Wirkung auf verschiedene größere oder kleinere Frauenleiden. Es hieß auch, daß das Franzensbader Heilwasser Frauen dazu verhelfe, ein Kind zu bekommen.

Das soll tatsächlich öfters der Fall gewesen sein. Frauen, die schon lange auf ein Baby warteten, gingen nach Franzensbad, und wenn sie nach Hause zurückkamen, war nach einigen Monaten das Baby da!

Dazu möchte ich ausnahmsweise einen Witz erzählen, der allerdings eines anekdotischen Hintergrundes nicht entbehrt.

Eine relativ junge Frau, verheiratet mit einem älteren, reichen Fabrikanten, konnte sich den Wunsch nach einem Baby nicht erfüllen. Sie reiste deshalb nach Franzensbad.

Nun hatte Franzensbad eine ganze Reihe von Bars mit ausgezeichnet aussehenden Eintänzern, Musikern und sogar Kellnern zu bieten, vom Stadttheater nicht zu reden, das ja auch eine Reihe gutaussehender Männer aufzuweisen hatte.

Auch diese Dame fand jemanden, mit dem sie sich sehr gut

verstand. Aber das war eine etwas komplizierte Angelegenheit, denn der Betreffende war Musiker in einer Jazzband – und war ein Schwarzer.

Ich weiß nicht, ob Ihnen der Begriff »verschauen« bekannt ist. Man hat immer wieder in jenen Jahren erzählt, daß sich Frauen im Zustand einer Schwangerschaft verschaut hätten, indem sie über irgend etwas Häßliches oder Aufregendes erschrocken waren und daß sich das dann auf das Baby im negativen Sinne ausgewirkt hätte.

Als die Dame nach Hause kam, war sie bestens gelaunt, und schon vierzehn Tage später konnte sie dem Gatten mitteilen, daß sie guter Hoffnung war. Dann sagte sie ihm aber, daß sie etwas Unangenehmes erlebt hätte. Sie sei bei einem Tabakladen vorbeigegangen, und in der Auslage dieses Geschäftes sei zwischen zwei Kisten Zigarren das Bild eines schrecklich aussehenden, aggressiven Negers gestanden. Sie wäre zu Tode erschrocken und befürchte nun, sich verschaut zu haben.

Als die schwere Stunde herankam, wartete der Gatte aufgeregt auf den Nachkömmling. Und als der Arzt aus dem Schlafzimmer kam – damals brachte man ja noch die Kinder zu Hause zur Welt –, stürzte der Gatte auf ihn zu und fragte: »Nun, alles in Ordnung?!«

Darauf der Arzt: »Ja, ja, das Kind ist gesund, es ist ein gesunder Bub, nur – es ist ein Neger!«

Der ältliche Vater blieb ruhig: »Ja, ja, das weiß ich, aber da müßten noch zwei Kisten Zigarren dabei sein!«

Dieser Witz sagt mehr über Franzensbad aus, als ich Ihnen erzählen könnte. –

Mir fiel auf, daß viele meiner Kollegen mit sehr eleganten und oft recht hübschen, offenbar wohlhabenden Damen zusammen waren, was in unseren Kreisen eigentlich nicht üblich war.

116

Sogar mein lieber Freund Erwin Weiß, ein kleiner, plattfüßiger, dicklicher Komiker, hatte eine Freundin, und die schenkte ihm im Laufe der Saison einen Brillantring.

Ich konnte an diesem allgemeinen Trend nicht teilnehmen, ich war schon zwei Jahre mit der Mia, einer ehemaligen Soubrette meines Vaters, verbandelt und gab sie als meine Frau aus.

Wenn ich an die Brillantringe denke...

Ich hätte eigentlich auch nach Marienbad gehen können, aber der dortige Direktor, ein gewisser Bernhuber, hatte keinen sehr guten Ruf. Er war nicht im geringsten an künstlerischen Dingen interessiert, sondern nur auf Geld aus. Das ging so weit, daß er sich etwas Einmaliges ausdachte: Er erwarb die Konzession einer Theateragentur. Das heißt, er konnte die Schauspieler, und vor allem die Gäste, die an seinem Theater tätig waren, selbst engagieren und von denen eine Provision kassieren.

Ein einmaliger Fall.

Natürlich versuchte er, so viele Gäste wie möglich an sein Theater zu bringen, denn die brachten ihm ja Prozente.

So gastierte einmal der damals bekannte Tänzer Sascha Leontiew am Kurtheater Marienbad in der Lehár-Operette *Der Zarewitsch*. Natürlich ohne Probe.

Im zweiten Akt verkündete ein Chorherr, daß nun der berühmte Tänzer Sascha Leontiew aus Wien am Hofe seiner kaiserlichen Hoheit des Zarewitsch etwas zum Besten geben werde. Und heraus hüpfte der liebe Sascha, machte ein Tänzchen, das nicht allzu lange dauerte, und verschwand unter mäßigem Applaus des Publikums in der Kulisse.

Nun wußte keiner der Mitwirkenden, wie es weitergehen sollte. Ob Leontiew nur diesen einen Tanz zu bieten hatte oder mehrere.

In die allgemeine Ratlosigkeit hinein hörte man aus der

Kulisse den Direktor: »Er tanzt noch was! Macht ein bißchen Dialog!«

So etwas ist natürlich leichter anbefohlen als getan! Keiner traute sich so recht, »einen Dialog zu machen«, bis sich der Tenor, der den Zarewitsch sang, als Hauptperson verpflichtet fühlte einzuspringen.

Nun war dieser Tenor zwar mit einer sehr schönen Stimme begabt, stammte aber aus einem Vorort von Wien und sprach einen urigen Wiener Vorstadtdialekt. Er griff sich also in den Kragen seiner herrlichen Uniform und bellte im reinsten Wienerisch: »Ich glaube, der Tänzer wirft sich in eine neue Dreß!«

Das war alles, was der Zarewitsch an Dialog zu bieten hatte. –

Der Direktor von Franzensbad, Fred Henning, war von anderem Kaliber. Er führte sein Theater ausgezeichnet. Daß er einmal dem König von Spanien beim Besuch des Theaters den Titel »Herr Kaiser« verlieh, hatte nichts zu sagen. Woher sollte er auch wissen, wie man einen spanischen König anspricht?!

Ich habe später Henning in München immer wieder getroffen. Er lebte dort als Pensionär, und ich traf ihn immer beim Trabrennen in Daglfing. Er hat mich durch seine todsicheren Tips viel Geld gekostet.

Als er mir wieder einmal ein Pferd nannte, das das Rennen unbedingt gewinnen müßte und dann als letztes eintrabte, war es um meine Geduld geschehen. »Schöne Ratschläge geben Sie mir, Herr Direktor! Den letzten Krampen empfehlen Sie mir als Sieger!«

»Aber was«, sagte Henning, »das ist das beste Pferd. Es geniert sich nur, mit den anderen zu laufen . . .!«

So ähnlich ging es auch an seinem Theater zu.

Im großen und ganzen war es aber sehr gemütlich, und ich freundete mich mit einem Gast aus Wien, dem bekannten

Fritz Wiesenthal, an. Wir hatten das, was man in Österreich »eine Hetz« nennt.

Vielleicht kommt es einem heute kindisch vor, was wir gemacht haben, aber wir unterhielten uns glänzend. Wir gingen zum Beispiel in verschiedene Gasthäuser, und Wiesenthal bestellte mit todernster Miene eine »gestronste Mormel«.

Jeder Kellner und jeder Wirt war entsetzt, denn von einer »gestronsten Mormel« als Speise hatte noch niemand gehört.

Wiesenthal tat erstaunt, erklärte aber dann, daß die Speise zu kompliziert sei, um sie zu kochen, wenn man sie nicht kenne, und begnügte sich mit einem Wiener Schnitzel.

Einmal kamen wir in ein Gasthaus, dessen Kellner uns freundlich begrüßte. Und Wiesenthal machte die alte Tour und bestellte eine »gestronste Mormel«.

Zu seiner Verblüffung sagte der Kellner: »Jawohl, mein Herr, können Sie haben, bring es sofort!« Und ging.

Natürlich wußte Wiesenthal sofort, daß ich hinter dieser Geschichte gesteckt habe und den Kellner instruiert hatte, keine Miene zu verziehen und die »gestronste Mormel« als Bestellung entgegenzunehmen. Daß das dann Kartoffeln mit Speck waren, glich es wieder aus, denn das war wenigstens eine billige »gestronste Mormel«.

Den größten Spaß aber hatten wir mit einer Kollegin, die ein besonders hübsches und ganz besonders dummes Geschöpf war. Sie hieß Helene Mäusenlachner, wollte aber keinen Künstlernamen annehmen, denn sie stand auf dem Standpunkt: Wenn eine Schauspielerin, die Paula Wessely heißt, Karriere machen kann, kann das eine Helene Mäusenlachner auch.

Angesichts ihres hübschen Gesichtes und ihres tadellosen Wuchses wäre das durchaus »drin« gewesen, aber sie hätte einen Funken Talent und einen halben Funken Verstand haben müssen. Sie wußte aber einfach gar nichts und war auf der Bühne kaum zu brauchen, außer als Augenweide.

Einmal spielten wir ein französisches Stück über Menelaus, und so hieß das Stück auch. Die Gattin des Menelaus, die Schöne Helena, kam nicht vor, es wurde aber sehr viel über sie geredet.

Helene Mäusenlachner, die natürlich von der Schönen Helena noch nie gehört hatte, fragte mich nach dieser Königin, von der immer die Rede sei und die angeblich einen Krieg angestiftet hätte.

»Das ist interessant«, sagte ich, »diese Königin hieß nämlich genau wie du!«

»Mäusenlachner?!«

So jemandem kann man doch nicht böse sein!

Uns war sie auch nie böse, auch nicht, als wir ihr weismachten, daß für sie ein sehr interessantes Engagementsangebot in der Direktion vorliege, und zwar an den Père-Lachaise nach Paris. Als sie erfuhr, daß es sich dabei um den Zentralfriedhof von Paris handelt, hat sie sehr gelacht.

Sie hat dann einen reichen Fabrikanten aus Prag geheiratet und wurde eine brave Ehefrau und vielfache Mutter.

So endet das Abenteuer Bühne für die Mäusenlachners ja meistens. Karriere machen die Wesselys. –

Etwas Lustiges ist dem Wiesenthal zugestoßen. Er war ein großer Nachtvogel – im Gegensatz zu mir, wobei schon meine Freundin Mia ein Hindernis für allzu große Exzesse war. Da Wiesenthal auch Karten spielte, war er meistens ohne Geld und immer im Vorschuß.

Eines Morgens kam er wieder aus einer Bar und hatte nicht einen Heller bei sich.

Direktor Henning ging nun jeden Morgen um sieben Uhr zur Heilquelle, um für seine Frau Wasser zu holen, das er ihr zum

Frühstück servierte. So war er also schon um sieben Uhr in der Früh unterwegs und traf den Wiesenthal. Der hielt den Moment für gekommen, den Direktor um einen Vorschuß anzugehen, den er ihm normalerweise nie geben würde, denn er hatte schon zuviel. Zu diesem Zweck ließ sich Wiesenthal plötzlich zu Boden fallen, wie wenn er vom Schlag getroffen wäre.

Henning lief über die Straße: »Wiesenthal! Um Gottes willen, was haben Sie?«

Wiesenthal wimmerte: »Hunger, Herr Direktor, Hunger!«

Da mußte Direktor Henning lachen und gab ihm einen Vorschuß.

Einige Wochen später war Wiesenthal natürlich genau so weit, und wieder traf er in der Früh den Direktor, als er von der Bar nach Hause und der brave Ehemann zur Quelle eilte. Noch einmal versuchte es Wiesenthal, ließ sich fallen, und richtig fiel ihm Henning herein, lief zu ihm hin und rief: »Was haben Sie, Wiesenthal, was haben Sie?«

»Hunger, Herr Direktor, Hunger!«

Doch diesmal »ging« nichts. Henning faßte sich kurz: »Krepieren Sie!« –

Ich habe in Franzensbad dann noch den Kaiser Franz Joseph im *Weißen Rößl* gespielt. So schlank war ich damals noch, aber natürlich für den alten Kaiser viel zu jung. Beides hat sich seit damals ja leider geändert.

Mein nächstes Engagement war das Mellini-Theater in Hannover. Wieder hatte mich mein Vater engagiert, und wieder kam es zur Pleite, die anscheinend bei meinem Vater unvermeidlich war.

1932 war eine politisch aufregende Zeit, und die Leute hatten alle möglichen Interessen, nur nicht die, ins Theater zu gehen, vor allem nicht zur Wiener Operette.

Mich trösteten nur zwei Menschen: Meine neue Liebe, sie hieß Lotte, war unsere erste Sängerin und eine waschechte Berlinerin. Der zweite war der schon öfters erwähnte Alfred Frank, der ein so lustiger Mensch war, daß er mir vielfach das Leben erleichtert hat. Ich hoffentlich ihm auch.

Fredi Frank und seine Frau hatte ich schon in Wien beim Heurigen kennengelernt. Wir hatten dort großen Spaß mit zwei Indern. Sie waren Studenten, die nach Wien gekommen waren, um zu studieren, aber hauptsächlich beim berühmten Heurigen zu finden waren. Daher auch ihre Spitznamen: Brahmap'utra – Schani und Ganges – Schurl.

In Hannover führte ich das erste Mal Regie. Aber auch das nutzte nichts, wir waren knapp vor der Pleite.

Doch da hatte mein Vater einmal Glück. Er lernte einen Berliner Bankier kennen, dessen Frau eine gar nicht so unbekannte Sängerin war. Und dieser Mann finanzierte uns einen Neubeginn in Holland. Damit bin ich bei dem seltsamen Phänomen, daß es damals in Holland ein deutschsprachiges Operettentheater gab, noch dazu in Den Haag, der Residenz der Könige von Holland.

Natürlich hatte uns der Bankier weder aus Gutherzigkeit noch seiner Frau zuliebe finanziert, sondern er benützte unser Gastspiel in den Niederlanden als Gelegenheit, um sein beträchtliches Vermögen von Deutschland nach Holland zu transferieren, was damals noch möglich war. Natürlich hatten weder mein Vater noch ich eine Ahnung, daß das der wahre Grund für die überraschende Großzügigkeit des Berliner Millionärs war.

Mein Vater hatte leider von Geldsachen überhaupt keine Ahnung, und vor allem war er zu offen und zu ehrlich. Als man einmal Ernst Haeusserman fragte, was denn die wichtigste Tätigkeit eines Theaterdirektors sei, sagte der spontan: »Lügen, lügen, lügen!«

Mir war am wichtigsten, daß nebst meinem Freund Alfred Frank meine neue Liebe, die Lotte, mit nach Holland kam.

Lotte und ich wohnten bei einer Frau Theunissen, die drei Zimmer mit Frühstück vermietete. Wir hatten jeder ein Zimmer, das dritte bewohnte Norbert Stein, unser Tanzbuffo, ein sehr netter und besonders hübscher Junge. Die Zimmer waren gemütlich und das Frühstück war so umfangreich, daß wir beim besten Willen bis abends nichts mehr zu uns nehmen konnten. Wir waren sehr glücklich.

Eines Nachts aber, die Lotte war gerade bei mir und wir erzählten uns, wie sehr wir uns liebten, gab es ein fürchterliches Geschrei. Wir hörten deutlich Frau Theunissen: »Das erlaube ich nicht, Herr Stein, so was gibt es nicht bei mir! Sie haben ein Mädchen in Ihr Zimmer gebracht, das erlaube ich nicht. Sofort hinaus mit ihr, und Sie, Herr Stein, ziehen morgen aus!«

Lotte und ich waren natürlich geschockt, und unsere Liebesbeziehung war für diese Nacht beendet.

Am nächsten Morgen saßen wir beim Frühstück, als Frau Theunissen erschien und den Kaffee brachte. Nach dem üblichen Morgengruß fragte sie: »Haben Sie den Lärm heute nacht gehört?!«

Wir bejahten etwas verschüchtert und wußten nicht recht, wie wir uns verhalten sollten. Da brach es aus Frau Theunissen wieder heraus, wie sehr sie die Unmoral haßte und solche unmoralischen Vorgänge wie das Einschmuggeln eines Mädchens in der Nacht in das Zimmer eines Herrn verübelte. Sie beendete dann ihren Sermon mit einem Blick auf uns beide: »Bei Ihnen ist das natürlich etwas ganz anderes…!« Sie schenkte uns ein mütterliches Lächeln, und man konnte förmlich die Steine hören, die uns von den Herzen plumpsten.

Die Zeit in den Niederlanden war recht angenehm, wenngleich wir in einem fremden Land in einer Sprache spielten, die nicht allen Holländern vertraut war, obwohl viele Deutsch konnten. Doch privat hatten wir immer wieder Schwierigkeiten mit Sprache und Mentalität.

In diesem Zusammenhang fallen mir die Emigranten aus Nazi-Deutschland und Österreich ein, die meist in englischsprachigen Ländern Zuflucht gefunden hatten. Viele von ihnen konnten einfach nicht mehr die englische Sprache erlernen, sie waren zu alt dazu oder hatten kein Talent für Sprachen.

Martin Miller, ein Freund aus Reichenberger Tagen, war diesbezüglich ein Phänomen. Er sprach ein so einwandfreies Englisch, daß er sogar auf Londoner Bühnen auftreten und im britischen Film mitwirken konnte.

Martin Miller stammte aus Wien, und zwar aus dem zehnten Bezirk, in dem es besonders viele Juden gab, die völlig assimiliert waren. Sein Vater hatte ein Branntweingeschäft, etwas, das es heute nicht mehr gibt. Er verkaufte Schnäpse von der billigsten bis zur etwas teureren Sorte, hauptsächlich an Arbeiter und Arbeitslose.

Als Hitler kam, konnte der Vater seinen Laden noch einige Zeit weiterführen, und da stellte sich heraus, daß manche von den scheinbaren Proleten auch Juden waren.

Da war zum Beispiel ein junger Mann, der Zeitungen verkaufte und sich so assimiliert hatte, daß man auf keinen Fall einen Juden in ihm vermutet hätte.

Eines Tages saß er traurig da und klagte, man hatte ihm beim »Abend«, dem Blatt, das er normalerweise auf der Straße und in Lokalen verkaufte, hinausgeworfen.

Da trat ein biederer Arbeiter ein und fragte ihn: »Was is los mit dir, gibt's heute keinen ›Abend‹?«

»O ja, aber ich darf ihn nicht mehr austragen!«

»Was heißt denn das wieder, warum darfst du ihn nicht mehr austragen?«

»Na, weil ich ein Jud bin!«

Darauf der geschockte Arbeiter: »Was bist du? A Jud bist du? Das is ja der helle Wahnsinn ...!«

Deutlicher hätte man das Judenproblem in diesen Tagen nicht bezeichnen können. Es war der helle Wahnsinn. –

Martin Miller erzählte mir aus seiner Emigrationszeit eine Geschichte, die sich mit dem Sprachproblem beschäftigte.

In London kam ein älterer Mann, der offenbar überhaupt nicht Englisch konnte, in ein Lokal und wollte eine Ente kaufen. Da er nicht wußte, wie er sich auf englisch verständlich machen sollte, sagte er dem Besitzer einfach: »Quak, quak – ham, ham –« Dabei machte er die Gebärde des Essens.

Der Geschäftsbesitzer war verblüfft: »I beg your pardon, Sir?«

»Quak, quak – ham, ham –«

Das wiederholte sich noch einige Male, bis sich der ungeduldig gewordene Geschäftsmann zu einer Wendeltreppe wendete, die offenbar in die Wohnung führte, und hinaufrief: »Sally, komm herunter, ein Verrückter ist da!«

Da war der alte Emigrant aber empört: »Was, Sie können Deutsch, und mich lassen Sie die ganze Zeit englisch reden!«

»Laß uns eine Operette schreiben ...«

In Berlin bei den Gebrüdern Rotter –
Treffpunkt Romanisches Café – Das Jahr 1933 und
die Freunde Alfred Frank, Siegfried Breuer und
Fritz Hintz-Fabricius

Ich weiß nicht, aus welchem Grund mein Vater und ich beschlossen, anschließend an Holland nach Berlin zu gehen.

Berlin war damals der Mittelpunkt des deutschsprachigen Theaterlebens, und in einer letzten Verkennung der tatsächlichen Situation – Hitler war knapp vor der Machtübernahme – glaubten wir in Berlin noch einmal unser Glück zu machen.

Für mich war natürlich einer der Hauptgründe nach Berlin zu gehen, meine Lotte. Ich habe mich Silvester 1932 mit ihr verlobt. So war es damals in bürgerlichen Kreisen üblich, und sie stammte aus einem sehr bürgerlichen Berliner Haus.

Es war eine große Verlobung mit gewaltigem Familieneinsatz. Nach dem Abendessen gab es die sogenannten Pfannkuchen, eine Berliner Spezialität, eine Art Krapfen mit Marmelade gefüllt.

Um den Silvesterabend und die Verlobung lustiger zu gestalten, hatte man einen dieser Pfannkuchen mit Senf, der in Berlin Mostrich genannt wird, gefüllt. Und diesen einzigen, mit Mostrich gefüllten Pfannkuchen, bekam ich.

Es war der würdige Abschluß einer Verlobung.

Geheiratet haben wir nicht ...

Berlin war vor Hitler eine wunderbare Stadt. Eine Weltstadt, die drauf und dran war, die Spitze aller Weltstädte zu erreichen.

Bemerkenswert war, wie sich die Berliner mit den vielen Fremden zurechtfanden, die aus allen Windrichtungen in die Hauptstadt kamen, so daß es zum Schluß hieß, jeder zweite Berliner sei aus Breslau. Wenn das stimmt, so war jeder dritte Berliner aus Wien oder Budapest.

Der echte Berliner wird am besten durch folgenden Scherz illustriert.

An einer Kreuzung steht eine alte Frau und direkt neben ihr ein Berliner Polizist. Als die Ampel grün wird, weiß die Frau nicht recht, was sie machen soll, und bleibt unentschlossen stehen.

Der Schupo beobachtet sie: »Na, jeh'n Se nur, Muttchen, jrüner wird det nich…!«

Diese Mischung aus kessem Witz und natürlicher Gutmütigkeit bezeichnet den Urberliner, wie er leibt und lebt.

Ein Urberliner war auch der Maler Adolph Menzel. Er war ein Berliner Original, sah immer wie ein Provinzler aus und wurde auch oft als solcher behandelt.

Einmal kam er am Anhalter Bahnhof an. Seine Wohnung war nicht weit davon entfernt, aber Menzel war schon ein alter Herr, wollte selbst diese kurze Strecke nicht gehen und nahm sich daher eine Droschke.

Wieder einmal vermutete der Droschkenkutscher in ihm einen echten Provinzler, den man schröpfen könnte. Er fuhr mit ihm eine gute Stunde durch alle möglichen Gegenden Berlins, bis er endlich vor dem ihm genannten Haus, in dem Menzel wohnte, stehen blieb. Schwitzend nahm er seinen Zylinder vom Kopf und stöhnte: »Na Mensch, det war aber 'ne lange Fahrt!«

Die »Kleine Exzellenz« nickte: »Macht fünfzig Pfennje!«

1 Meine Mutter war die Schauspielerin Helene Norman. Von ihr habe ich wohl die »Lust zu fabulieren« geerbt. Leider habe ich meine Mutter, mit der ich hier als Zweijähriger für den Photographen posiere, früh verloren...

2 ...bekam aber eine sehr liebe Stiefmutter. Daß wir uns gut verstanden, sieht man auf diesem Bild mit mir als zwölfjährigem Bub.

3 Mit meinem Vater Viktor Eckhardt und meiner
Stiefmutter Tilly

4 Im Sommer war Bad Ischl selbstverständlich.
Und jedes Jahr gab's fürs Familienalbum ein
Photo vor künstlicher Gebirgs- oder anderer
Kulisse. Meine Stiefmutter machte da gerne mit.

5 Auf der Arnau'schen Theaterschule: Rechts unser Lehrer Ernst Wieland, links ich
»am Boden zerstört«

6 Die Max-Pallenberg-Tournee 1926 machte auch in Düsseldorf Station. In Hoftheaterpose auf mich zeigend: Anton Tiller, sitzend der zufriedene Manager Hoffmeister

7 In gemütlicher Runde mit (v.r.n.l.) Max Pallenberg, einer jungen Kollegin und Herrn Hoffmeister. Im Leben war Pallenberg in sich gekehrt, auf der Bühne aber ein Vulkan.

8 Als Bonvivant kam ich mir ungeheuer fesch vor. Manchem Mädchen auch!

9 »Wir kleinen Leit...« war der Refrain meines Jargon-Couplets in Jean Gilberts »Hotel Stadt Lemberg«, Stadttheater Aussig, 1929. Ich spielte meinen ersten Hotelportier – es sollte bekanntlich nicht mein letzter sein.

10 Mit Stiefmama, Vater und meiner Freundin, der Soubrette Mia, in Franzensbad 1930

11–13 Oben links: Siegfried Breuer, ein großer Künstler, ein guter Freund und ein wunderbarer Mensch. – Links: 1945 waren wir ein junges Paar, meine Hilde und ich. – Oben rechts: Als Theaterdirektor 1946

14 Als mein eigener Hauptdarsteller trat ich in vielen Stücken selbst auf. So in Hans Schuberts »Vorstadtkomödie«, 1946. Wenn ich einen älteren Herrn spielte, mußte ich eine Perücke tragen. Heute ist das leider nicht mehr nötig.

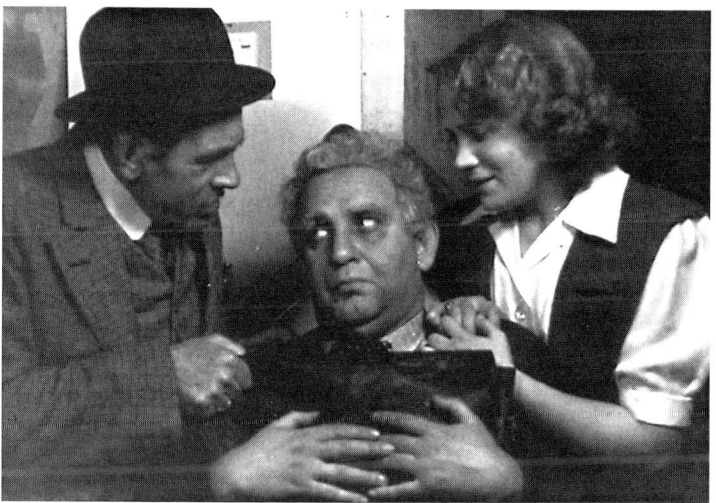

15 »Das Konto X« hieß die Komödie von Rudolf Bernauer und Rudolf Oesterreicher, in der ich 1947 eine Rolle spielte, die Hans Moser 1930 kreiert hatte – eine Tollkühnheit, aber ich war ja Direktor des Theaters!

16 Mit Oskar Sima 1948 in dem Lustspiel »Alle Zwölfe«. Sima, mit dem ich schon in Berlin bei den Rotters Theater gespielt hatte, war als Schauspieler einmalig – als Charakter zwielichtig.

17 »Jedermann« bei den Salzburger Festspielen 1947: Theo Lingen war der Dünne, ich der Dicke Vetter.

18 In Theo Lingens Film »Hin und Her«, 1947, war O. W. Fischer ein Sohn, auf den ich stolz sein konnte.

19 »Übertreibt's ein bisserl!« hatte der Filmregisseur Ferdinand Dörfler gerufen, und wir – neben mir Theo Lingen, Udo Löpthien und Hubert von Meyerinck – waren ihm bei dieser Szene der »Mitternachts-Venus« aus dem Jahre 1959 gerne gefolgt.

20 Mit Paula Wessely in
dem Film »Ich und
meine Frau«, 1953. Die
große Kollegin verehrte
ich schon als junger
Schauspieler, unsere
Freundschaft besteht
noch heute.

▷▷
22 Folgende Seite links
oben: Sie können's mir
glauben, in dieser Szene
der irischen Komödie
»Gemachte Leute« von
Louis d'Alton mit Helmut
Qualtinger lachte auch
das Publikum, Volks-
theater Wien, 1954.

21 Schauspieler kön-
nen ja so bedeutungs-
voll blicken, besonders
im Smoking. – Mit
Adrian Hoven in dem
Filmlustspiel »Pulver-
schnee nach Übersee«,
1953.

23 In der Uraufführung von Ödön von Horváths Schauspiel »Das Dorf ohne Männer« spielte ich 1954 am Wiener Volkstheater neben Josef Hendrichs ...

24 ... und in Axel von Ambessers Inszenierung der skurrilen Komödie »Kaiser Joseph und die Bahnwärterstochter« von Fritz von Herzmanovsky-Orlando trat ich gemeinsam mit Otto Schenk auf (Uraufführung an den Münchner Kammerspielen am 10. 1. 1957).

25 Sonst spielte ich Offiziere – nur von Helmut Käutner ließ ich mich 1954 für seinen Film »Die letzte Brücke« zum Gefreiten degradieren.

26 In dem Filmlustspiel »Ehesanatorium« spannte Franz Antel 1955 Hans Moser, Oskar Sima und mich zusammen. Das Publikum jubelte.

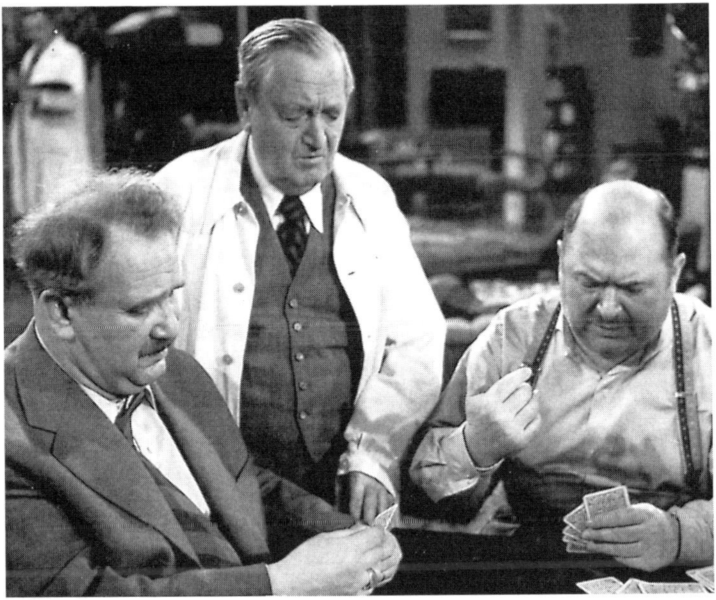

27 In dem Lilli-Palmer-Film
»Eine Frau, die weiß was sie
will«, 1957, als Theaterdirektor Kelemen: Jeder Zoll ein
echter Ungar!

28 Mit Cissy Kraner und Karl
Farkas in der musikalischen
Komödie »Die Wunder-Bar«
von Farkas / Herczeg,
Intimes Theater, Wien 1955

29 Für das Fernsehspiel »Der verschwundene Graf« holte mich Michael Kehlmann 1955 vor die Kamera. Ich arbeitete dann noch oft mit ihm. Hier sind Martha Wallner und Hertha Martin mit im Bild.

30 Union-Filmball in Wien 1955: Mit Josef Meinrad, Rolf Kutschera und Angelika Hauff (v.l.n.r.)

31 Wußten Sie, daß ein Bordellbesitzer im Mittelalter so aussah? – An den Münchner Kammerspielen in Lope de Vegas »Der Ritter vom Mirakel«, 1957

32 »Eine Nacht in Venedig« – leider nur auf der Bühne der Wiener Volksoper, 1959 (mit der Musik von Johann Strauß und an der Seite von Guggi Löwinger)

33 Ich ging nie gerne zu Premieren – meine Frau dachte da anders!

34 Walt Disney und der Zahnstocher. Sehen Sie ihn? (Den Zahnstocher!)

35 Ein Brite als Johann Strauß? Da schauen Senta Berger als Jetty Treffz und ich als Verleger Haslinger den »Schani« Kervin Matthews schon sehr skeptisch an. – Szene aus Walt Disneys »The Waltz King – Liebe im ¾-Takt«, 1963

36 Mit Guido Wieland, Wolfgang Hebenstreith, Carl Bosse, Christl Mardayn und Willy Birgel (v.l.n.r.) in meinem Boulevardstück »Ihr Bräutigam« am Theater in der Josefstadt, Wien 1958

37 Als wir 1961 mit den Dreharbeiten zum ersten Marek-Krimi »Tatort« begannen, hatte ich sofort den richtigen Durchblick, wie man sieht. – Mit Alfred Reiterer, Edith Steinacher ...

38 ... sowie Kurt Jaggberg und Albert Rolant in der Folge »Einvernahme«, Erstausstrahlung 1964. Ich war immer der Chef und wollte es sein.

39 Hier wieder als Oberinspektor Marek in der Folge »Tödlicher Unfall« mit Marianne Schönauer, 1966...

40 ...und als Charmeur mit Kitty Speiser. Sehr verdächtig!

41 's war saumäßig luschtig! – Zehn Folgen meiner »Schwäbischen Geschichten« drehte ich in den sechziger Jahren mit Willy Reichert als Bürgermeister Gscheidle ...

42 ... und hier eine Szene aus der Folge »Der Freund« mit Christl Timerding, Willy Reichert und Barbara Müller, 1965

43 Ein guter Freund – und was für einer: Mit Paul Hörbiger bei den Dreharbeiten zu meiner zwölfteiligen, für den großen Wiener Schauspieler geschriebenen Serie »Der alte Richter«, 1968

44 Der »Tausender« besagt nicht, daß wir zusammen so alt sind. Wir feiern die tausendste Klappe beim »Alten Richter«, der 1969/70 ausgestrahlt wurde. Mit im Bild: Gusti Wolf, Paul Hörbiger und Marianne Schönauer

45 Kinder haben mich immer fasziniert – und ich sie auch. Schauen Sie nur, wie die Kleine mich anguckt. – Mit Hermann Kugelstadt bei der Besprechung einer Szene meiner 13teiligen Serie »Wenn der Vater mit dem Sohne«, 1971

46 Wenn Vater und Sohn so gespannt dreinschauen, was mag da wohl passieren? – Mit Peter Weck in »Wenn der Vater mit dem Sohne«

47 Auch die sechsteilige Fernsehserie »Meine Mieter sind die besten«, 1977/78, stammt aus meiner Feder. Szene mit Irmgard Riessen (links) und Erika Wackernagel

48 Ältere Besen kehren manchmal auch gut! (»Meine Mieter sind die besten«)

49 Hallo, Portiers im Sacher! Nur mehr einer von der Anfangsmannschaft ist da – und liebe Erinnerungen kommen mir an die großartigen Partner Maxi Böhm und Manfred Inger. – 1973 war der Start meiner Endlos-Serie »Hallo ... Hotel Sacher – Portier!« ...

50 ... Beschwipst sind wir nicht, Johannes Heesters und ich – uns interessiert nur die junge Dame, die nebenan im Bett liegt (Folge 2 »Der Opernball«).

51 Immer wieder holte ich mit Hermann Kugelstadt prominente Kollegen in unsere Serie »Hallo …
Hotel Sacher – Portier!«. So auch Gustav Knuth, der ein Prachtmensch und ein großer Künstler war.
Hier mit Ingrid Haumer in der fünften Folge »Liebesg'schichten und Heiratssachen«, 1973 …

52 … und in der 20. Folge »Alte Freunde«, 1975, hatte der hintergründige Ivan Desny seinen Auftritt
mit Julia Drapal und Hannes Schiel.

53 Sechzig wird man nur einmal. – Wir feiern mit Dr. Helmut Zilk und dem damaligen Polizeipräsidenten Josef Hobaulek.

54 Dies ist kein Betriebsausflug eines Unterweltvereins, sondern die Feier des 200. »Tatorts« mit allen zuständigen Kommissaren. Mit in der Runde: Helmut Fischer, Karin Anselm, Volker Brandt (v.l.n.r.)

55 Haben Sie reserviert, gnädige Frau? – »Der Nachwuchs« war 1976 der Titel der 26. Folge »Hallo … Hotel Sacher – Portier!« mit Irene Marhold.

56 Im 11. Marek-Krimi »Tatort« mit dem Titel »Frauenmord«, 1973, war Leopold Rudolf ein herrlicher Partner.

57 Bei einer Werbeveranstaltung 1974

58 Geben Sie mir nicht die Schuld, wenn der VfB Stuttgart nicht Meister wurde! Ich jedenfalls bin ein ewiger Fan dieses Vereins.

59 Ich bin einziger Träger des Ehren-Mannschaftsknopfes der Sacherportiers.

60 Wer trägt denn so was? Ich nicht – aber ich hab's, und das freut mich!

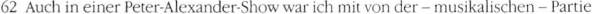

61 Mir ist beim Schreiben noch nie ein braves Kind eingefallen. Hier haben wir eins. – Mit Ulli Fessl und Hademar Bankhofer jun. bei den Dreharbeiten zu meiner zehnteiligen Serie »Der gute Engel«, 1982

62 Auch in einer Peter-Alexander-Show war ich mit von der – musikalischen – Partie.

63 Auf der Alm, da gibt's ka Wirtshaus! – In »Via mala«, 1986

64 Als Regisseur liebe ich alle Schauspieler. Besonders aber Ruth Maria Kubitschek, der ich Anweisungen zu meinem Fernsehspiel »Der gestrige Tag«, 1989, gebe. Rechts im Bild: Bert Fortell

65 Mahlzeit!

Und die drückte er dem verblüfften Mann, der nicht einmal imstande war zu schimpfen, in die Hand.

Ich habe schon von meinem Engagement bei den Gebrüdern Rotter erzählt, die vielleicht selbst nicht wußten, wie viele Theater sie Ende 1932/Anfang 1933 unter ihrer Direktion hatten. Soweit ich mich erinnere, gehörten zu meiner Zeit das Lessing-Theater, das Lustspielhaus, das Theater des Westens, das Theater im Admiralspalast, das Theater in der Stresemannstraße, das Metropol-Theater und zeitweise auch das Große Schauspielhaus zu ihrem Imperium, Gastspiele fanden in der Plaza statt.

Es war die zu Ende gehende Zeit der großen Theatererfolge: Die *Dreigroschenoper* von Bert Brecht und Kurt Weill von 1928 war noch in lebhafter Erinnerung, jetzt sprach man von Ralph Benatzkys Singspiel *Im weißen Rößl*, das Erik Charell 1930 im Großen Schauspielhaus herausgebracht, und von Carl Zuckmayers *Hauptmann von Köpenick*, den Heinz Hilpert 1931 im Deutschen Theater zum Triumph geführt hatte.

In einer Art Weltuntergangsstimmung strömten die Menschen ins Theater, besuchten die Kabaretts, Varietés, Lichtspielhäuser, das Sechstagerennen im Sportpalast, die Tanzcafés und Lokale, kurz und gut in Berlin war immer was los.

Eigentlich trat von meinen Direktoren nur der eine, Fritz Rotter, in Erscheinung. Sein Bruder Alfred war für kaufmännische Dinge zuständig und Fritz — er stammte auch aus der Textilbranche – war der »Künstler«, den es zum Beispiel unerhört ärgerte, daß er ein großes Orchester bezahlen mußte und nicht alle ständig spielten.

Bei einer Probe ging er mißmutig zum Kapellmeister und unterbrach die Probe, indem er auf den Flötisten zeigte, der gerade nicht zu spielen hatte. Er erkundigte sich beim Kapellmeister, warum denn der Mann »mit dem kleinen Ding« untätig dasaß.

Der Kapellmeister machte ihn darauf aufmerksam, daß der Mann nichts in seinen Noten hätte, was ihn veranlassen könnte mitzuspielen.

Darauf schlug Fritz Rotter vor: »Na, der könnte doch irgendwelche Paraphrasen spielen!«

Als ihn der Kapellmeister fragte, was er damit meine, sagte er überlegen lächelnd: »Na, tralala könnte er spielen...!«

Ein anderes Mal war es ein Klarinettist, der Fritz Rotter ärgerte. Diesmal wandte der Direktor sich nicht an den Kapellmeister, sondern direkt an den »Missetäter«: »Was ist los, warum spielen Sie nicht mit mit den anderen?«

»Entschuldigen Sie, Herr Direktor, ich habe ›tacet‹.«

Darauf Fritz Rotter: »Wenn Se krank sind, geh'n Se nach Hause!« –

An einer der Rotter-Bühnen hatte ich immer zu tun.

Gemeinsam mit Fredi Frank trat ich in der Plaza auf, das war ein dreitausend Sitze fassendes Theater im Osten von Berlin. Wir spielten dort zweimal am Tage, am Sonntag auch dreimal, und wenn ein Kindermärchen angesetzt war, dann noch dazu am Sonntagvormittag ein viertes Mal. Wenn man dann mit drei oder auch vier Vorstellungen am Sonntag fertig war, war man wirklich fertig, und die Fahrt mit der U-Bahn vom Osten in den Westen – wo ich wohnte – war dann der mühsame Abschluß eines mühsamen Tages.

Einmal traten der Fredi und ich zusammen in einer Operette auf und fuhren natürlich immer gemeinsam mit der U-Bahn nach Hause, denn wir wohnten in derselben Gegend.

Nun hatte der Fredi eine ausgesprochene Abneigung gegen alte Frauen. Es war sozusagen eine Allergie – so wie man eine Überempfindlichkeit gegen Katzenhaare haben kann oder gegen Medikamente, so war der Fredi eben allergisch gegen alte Frauen. So was kommt vor. (Daß einer allergisch gegen junge Mädchen ist, habe ich allerdings noch nicht erlebt.)

Eines Sonntags, nach vier Vorstellungen, saßen wir erschöpft in der U-Bahn. Knapp vor Abfahrt des Zuges kam ein uraltes Weiberl, ging durch den ganzen Wagen und setzte sich neben den Fredi Frank.

Sein Gesicht muß man gesehen haben. Ich verbarg meines, denn ich grinste von einem Ohr zum anderen.

Die alte Frau fuhr drei Stationen mit, dann stieg sie aus, und ein womöglich noch älteres Weiberl setzte sich an meine Seite, dem Fredi vis-à-vis. Sein Gesichtsausdruck wurde immer düsterer.

Nach vier Stationen stieg auch diese Alte aus. Und wunderbarerweise kam kein Nachschub. Der Zug fuhr ab, ohne daß eine dritte Alte eingestiegen wäre.

Da sagte der Fredi: »Weißt du, die, die jetzt kommen hätte sollen, die is schon gestorben...« –

Eine andere Nacht wird mir ebenfalls unvergessen bleiben.

Fredis Frau und der Bub waren zu den Großeltern nach Leipzig gefahren, wir beide waren allein – aber leider ohne Geld. Wieder einmal hatten wir im Theater keines bekommen. So blieb uns nichts anderes übrig, als ins Kino zu gehen, das war damals das billigste Vergnügen. Wir bekamen Arbeitslosenkarten und zahlten fünfzig Pfennige für ein Programm mit drei Wochenschauen, zwei Beiprogrammen und zwei großen Filmen.

Das war unserem Tatendrang aber noch nicht genug. Wir aßen zusammen und machten einen Spaziergang, und zwar einen sehr weiten.

Fredi wohnte in Lichterfelde-West, nun gingen wir gemeinsam die Kaiserallee – die heutige Bundesallee – hinunter. Wir sprachen über dieses und jenes, die Zeit war, weiß Gott, aufregend genug, und wir gingen und gingen und gingen...

Plötzlich befanden wir uns in der Nähe des Gendarmenmarktes gegenüber von Lutter und Wegener, dem Weinkeller, den E. T. A. Hoffmann berühmt gemacht hat. Es war ein Weg von ungefähr zehn Kilometern, den wir plaudernd zurückgelegt hatten. Zum Glück besaßen wir noch fünfzig Pfennige, um mit der Straßenbahn nach Hause fahren zu können, was uns sehr erleichterte, denn denselben Weg noch einmal zurückzulegen, das erschien uns doch ein bisserl übertrieben.

Da ertönte plötzlich ein Ruf: »Herr Frank!«

Es war ein Bekannter vom Fredi aus der Schweiz, wo er einmal engagiert war.

Der Schweizer und Fredi freuten sich beide über das Wiedersehen, und der Schweizer – offenbar ein sehr wohlhabender Mann – lud uns zu Lutter und Wegener ein. Das war natürlich genau in unserem Sinne.

Es gab ein herrliches Essen, es gab aber auch erlesene Weine, Liköre und scharfe Schnäpse. Kurz und gut, zum Schluß war der Schweizer dermaßen »im Öl«, daß wir ihn mühsam die Treppe heraufbrachten, in ein Taxi bugsierten, das ihn in sein Hotel bringen sollte.

Erleichtert wollten wir uns auf den Weg zur Straßenbahn machen, als eine männliche Stimme rief: »Entschuldigen Sie, meine Herren, aber die Garderobe ist nicht bezahlt worden!«

Ich erschrak entsetzlich, der Fredi nicht minder: »Was kostet das denn?«

»Fünfzig Pfennige, meine Herren!«

Was blieb uns übrig, wir mußten dem Mann die letzten fünfzig Pfennige, unser Fahrgeld für die Straßenbahn, für die Garderobe geben.

Und so sind wir in dieser Nacht wieder diesen langen, langen Weg zurückgegangen. Noch dazu nicht ganz nüchtern . . .

Siegfried Breuer, ein guter Freund aus den Wiener Volkstheater-Tagen, war damals auch in Berlin. Es ging ihm nicht besonders gut, aber immer noch besser als mir. Er war als Inspizient und für kleine Rollen am Theater des Westens engagiert, und ich durfte jeden Sonntag als sogenannter Märchenonkel die Kinder in den Zwischenakten der Märchenvorstellung unterhalten.

Das war sehr hübsch, die Berliner Kinder waren ja sehr hell und lustig, aber zu verdienen war da nicht sehr viel – um die Wahrheit zu sagen, zu verdienen war da kaum etwas. Wie wir trotzdem überlebt haben, ist mir heute noch ein Rätsel. Auf jeden Fall hätte damals niemand dem Siegfried Breuer und dem Fritz Eckhardt eine große Karriere prophezeit – außer wir selbst.

Unsere Freundschaft wurde immer enger, und es kam dazu, daß wir uns ohne viel Worte verständigen konnten. So kam es einmal – der Sigi lag am Sofa, ich saß in einem Fauteuil und las Zeitung – zu folgendem Dialog.

»Du, wie heißt der, der einmal – es war aber bei einer anderen Gelegenheit, als wir – er hat nämlich, weil er doch nicht die Frau – du kennst sie sehr gut, sie ist auch einmal mit dir zusammen bei – er ist eigentlich ein älterer, aber sehr –«

Das genügte mir: »Du meinst den Fritz Hintz-Fabricius?«

»Ja, natürlich!«

Fritz war bald der dritte im Bunde. Er kam aus Kassel, wo er als Opernbuffo tätig gewesen war. Und er bekam eine einmalige Chance in Berlin.

Ende 1933 bereitete man die Uraufführung der neuesten Eduard-Künneke-Operette *Die lockende Flamme* vor. Adele Kern und der damals berühmte Heinrich Rehkemper sangen die Hauptpartien in diesem musikalischen Spiel um E. T. A. Hoffmann. Für beide Staatsopernsänger suchte man natürlich eine zweite Besetzung. Für Adele Kern war bald eine gefunden. Es war eine lebenslustige Koloratursängerin, über die allgemein gesagt wurde: »Die hat schon bessere Nächte gesehen!«

Nun mußte auch für den Bariton eine Alternativbesetzung gefunden werden, und ein Agent schickte Fritz Hintz-Fabricius zum Direktor des Theaters des Westens.

Der machte Fritz den Vorschlag, die Partie zu studieren. Falls er dann einmal einspringen müßte, würde er auch bezahlt werden.

Das war ein sehr tristes Angebot, denn es war vorgesehen, daß Rehkemper auch die Nachmittagsvorstellungen sang, was eigentlich nicht üblich war.

Da sagte der Fritz etwas, was ihm – und gewissermaßen auch dem Sigi und mir – das Leben in Berlin über ein Jahr lang erleichtern sollte: »Gut, ich mach das, auch auf die Gefahr hin, daß ich nie singe. Aber wenn ich singe, müssen Sie mir zwei Dinge garantieren. Eine Gage von 150 Mark pro Vorstellung – und daß ich der einzige bin, der Rehkemper vertreten darf, wenn er nicht singen kann.«

Der Direktor ging auf diesen Vertrag ohne weiteres ein.

Und dann geschah das Unvorstellbare. Nach drei Monaten Laufzeit und ständig ausverkauften Häusern wurde Rehkemper krank. Es hieß, er sei heiser. Fritz Hintz-Fabricius sprang für ihn ein. Und kassierte 150 Mark pro Abend – das war damals enorm viel!

Dann stellte sich heraus, daß der Kammersänger ernstlich erkrankt war. So sang und spielte Fritz Hintz-Fabricius laut Vertrag täglich in *Die lockende Flamme* vor ausverkauften Häusern.

Allen direktorialen Versuchen, die Gage herabzusetzen, widersetzte er sich mit einmaligem Heldenmut, und angesichts der Tatsache, daß das Theater mehr als ausverkauft sowieso nicht sein konnte, gab der Direktor schließlich nach.

Dem Sigi und mir machte der Fritz folgenden Vorschlag:

134

»Einmal wird das Glück auch für mich zu Ende gehen, ich muß mir also was ersparen. Aber ich opfere täglich zwanzig Mark, und die versaufen wir zu dritt.«

Gesagt, getan – und zwar täglich!

Wenn man sich vergegenwärtigt, wieviel die Mark damals wert war, kann man sich vorstellen, daß wir zu dritt die ganze Nacht für zwanzig Mark in nicht gerade billigen Lokalen zechen konnten.

Wir waren gute Zecher. Besonders der Sigi, von dem man sagte: »Was der Krupp beim Essen, ist der Breuer im Trinken...!« –

Nach einer feuchtfröhlich verbrachten Nacht zogen wir gegen fünf Uhr morgens über den Kurfürstendamm.

In unserem Übermut fiel uns nichts Gescheiteres ein, als ein Spiel zu spielen, dessen Höhepunkt es sein sollte, daß derjenige zwanzig Mark gewinnt, der es wagt, sich auf dem Kurfürstendamm völlig zu entkleiden.

Wir fingen nach und nach an. Zuerst das Sakko, dann die Krawatte, das Hemd, die Hose – und so weiter und so weiter...

Schließlich standen wir in Unterhosen da, ohne Socken und Schuhe! Aber dann ging's nicht weiter, denn der, der auch die Unterhose ausziehen würde, hätte zwar gewonnen, riskierte aber wegen Erregung öffentlichen Ärgernisses eingelocht zu werden.

Da griff sich der Fritz an den Kopf und lüftete sein Toupet, das eine kleine Glatze verdecken sollte. Er warf es auf den Haufen der abgelegten Kleider und hatte gewonnen. Er hatte sich am meisten entkleidet.

Das umstehende, nicht gerade geringe Publikum applaudierte amüsiert, und wir zogen uns, ein bißchen blöd in die Wäsche schauend, wieder an...

Eduard Künneke war ein Vollblutmusiker. Ich habe es selbst erlebt, wie er bei einer Probe dem Direktor und dem Regisseur eine soeben komponierte Musik am Klavier vorspielte und sie, nachdem sie deren Beifall gefunden hatte, an Ort und Stelle instrumentierte. Dabei plauderte er fröhlich mit allen Anwesenden. Als er fertig war, wurden die Noten kopiert und eine Stunde später vom Orchester gespielt – es war nicht ein einziger Fehler in der Instrumentation.

Ich hätte allzugerne mit Künneke eine Operette geschrieben und sprach ihn darauf an. Der Meister war sehr nett zu mir, und wir verabredeten ein Rendezvous für 12 Uhr 30 bei ihm in der Villa. Pünktlich auf die Sekunde war ich zur Stelle und klingelte. Niemand machte auf – die Vorhänge waren herabgelassen –, offensichtlich war niemand zu Hause.

Was ich nicht wußte und erst am nächsten Tag erklärt bekam, war Künnekes Angewohnheit, erst um elf Uhr in der Nacht aufzustehen und um 12 Uhr 30 zu frühstücken. Er hatte mich zu seinem »Frühstück« erwartet.

Zu einem Zusammentreffen kam es dann leider nie, aber meine erste Operette habe ich bereits im Jahre 1933 geschrieben, nachdem Hitler als Reichskanzler installiert war.

Zu Fredi Frank kam ich mit folgender Überlegung: »Du, wir müssen zusammen eine Operette schreiben. Paß auf, nach und nach werden jetzt alle Operetten verboten, bei denen Juden als Autoren oder Komponisten tätig waren. Es bleiben also kaum gängige Operetten übrig, denn irgendeiner der Urheber war fast bei jeder jüdischer Herkunft!«

Fredi sah das ein und meinte richtigerweise, der Erfolg einer Operette hänge ja größtenteils von der Musik ab. Das hatte ich auch schon bedacht und brachte einen »passenden« Komponisten mit – Karl Millöcker.

Dieser geniale Wiener Komponist, der nur ein wenig im Schatten von Johann Strauß gestanden war, hatte unter anderem eine Operette geschrieben, die ich in Aussig gespielt hatte: *Das verwunschene Schloß.*

Das Werk hatte eine wunderbare Musik, aber leider, wie so oft, ein sehr, sehr schwaches Buch. Der Fredi und ich nahmen uns nun vor, ein stärkeres zu schreiben und es unter Fredis Namen – ich war ja als sogenannter Mischling ersten Grades verpönt – aufführen zu lassen.

Wir hatten uns die Arbeit aufgeteilt. Er schrieb alle lustigen Szenen, ich alle Liebesszenen und die Gesangstexte.

Dann hatte ich eine Idee: Meine Ehemalige, die Lotte, war in Weimar engagiert. Sozusagen Lotte in Weimar. Ich schrieb ihr von unserer Bearbeitung. Und sie setzte es durch, daß unsere textliche Neufassung – in der natürlich eine Bombenrolle für sie war – in Weimar aufgeführt wurde.

Das neue *Verwunschene Schloß* war in Weimar ein großer Erfolg und wurde an mehr als zwanzig deutschen Bühnen nachgespielt, was uns ein sehr willkommenes Zubrot zu unserer Brotlosigkeit brachte ...

Am Beginn meines Aufenthaltes in Berlin war ich mir meines Schreibtalentes allerdings überhaupt nicht bewußt. Ich versuchte zaghafte Schritte in dieser Richtung, aber sie verliefen alle so wie bei Eduard Künneke.

Meine Hauptbeschäftigung war, im berühmten Romanischen Café, dem Treffpunkt vieler Schriftsteller, Schauspieler und Journalisten, zu sitzen.

Unter den Kollegen von der Presse war dort ein gewisser Riegler, den wir alle nicht leiden konnten. Er war von einer Geheimnistuerei, die einem auf die Nerven ging. Man sagte von ihm, daß er einen heranwinkte und mit leiser Stimme ins Ohr flüsterte: »Morgen geht die Sonne auf ...!«

Eines Tages wollten wir ihn so richtig hereinlegen. Als er kam, verkündete einer von uns, der verabredungsgemäß etwas später kam, am nächsten Tag würde Charlie Chaplin am Bahnhof Zoo erwartet. Das war damals in Berlin durchaus denkbar, denn alle möglichen berühmten Leute kamen in Berlin an. Und fast immer fand der Empfang am Bahnhof Zoo statt, denn geflogen wurde ja noch nicht.

Riegler spitzte bei dieser Kunde die Ohren, und man merkte ihm an, wie sehr er sich freute, sich morgen am Bahnhof Zoo in die Riege der Reporter einreihen zu können.

Am nächsten Tag hatten wir natürlich längst vergessen, daß wir den Riegler auf den Bahnhof Zoo geschickt hatten. Als es uns einfiel, weil er im Romanischen Café fehlte, machte es uns eigentlich kaum mehr Spaß daran zu denken, daß der blöde Kerl tatsächlich am Bahnhof Zoo auf Charlie Chaplin wartete.

Endlich kam er, und zwar mit einem leuchtenden Gesicht, wie es nur ein erfolgreicher Mensch haben kann.

Natürlich fragte man ihn sofort hämisch: »Na, ist der Charlie Chaplin angekommen?«

Er strahlte noch mehr: »Nein, aber die Greta Garbo! Ich habe ein Sonderinterview bekommen, weil ich der einzige Journalist war, der dort war!«

Wie sagt man so schön: Der Dumme hat's Glück...

Zur Berliner Journalistengemeinde gehörte damals auch ein österreichischer Aristokrat, Graf Hoyos. Er hatte sich mit seiner Familie zerkracht und führte das Leben eines freien Journalisten, soweit man das damals ein Leben nennen konnte.

Den Aristokraten kehrte er nur seinen Gläubigern gegenüber heraus. Und deren gab es nicht wenige.

Als ihn einmal ein Schneider allzusehr bedrängte, sagte er herablassend: »Hören Sie zu, lieber Freund, ich bekomme wöchentlich einige Rechnungen, und das macht im Monat schon etwas aus. Am Ende des Monats lege ich diese Rechnungen zusammen, und *eine* davon wird gezogen – die bezahle ich dann. Wenn Sie mich weiter so bedrängen, dann spielen Sie bei der nächsten Lotterie nicht mit!« –

Ansonsten benahm sich der Herr Graf sehr zwanglos. So zog er einmal, als es sehr warm war, seine Schuhe aus und stellte sie neben den Tisch.

Der Oberkellner war mit Recht empört: »Na, hören Sie, was Sie da machen, ist doch wirklich unzulässig! Was würden die im vornehmen Café Adlon dazu sagen, wenn Sie dort die Schuhe ausziehen und neben den Tisch stellen würden?!«

Darauf der Graf gelassen: »Was die sagen würden? Ganz einfach: ›Gehen Sie ins Romanische Café, dort können Sie so was machen‹!« –

Der Graf stammte aus Eisenstadt, einer Stadt, die in meinem Leben eine gewisse Rolle gespielt hat, denn meine Großeltern haben dort gelebt, als sie aus Ungarn eingewandert waren.

Am siebzigsten Geburtstag meines Großvaters hatte mir mein Vater ein Gedicht eingebleut. Doch als es soweit war, hatte ich es total vergessen und war dem Weinen nahe – ich war ja immerhin erst vier Jahre alt. Doch der gütige Opa beruhigte mich und sagte, ich solle einfach irgendein Gedicht, das ich konnte, aufsagen.

Nach kurzem Nachdenken sagte ich dann ein Verslein auf, und das ging so:

> »Du armes Schwein
> du tust mir leid,
> du lebst nur noch so kurze Zeit...!«

Der Erfolg war nicht gerade überwältigend. –

Einen der Ungarn aus dem damaligen Romanischen Café habe ich kurz vor seinem achtundachtzigsten Geburtstag getroffen. Es war Géza von Cziffra, der bekannte Filmregisseur. Er sagte zu mir, und das war typisch für ihn: »Was sagst du, ich fahre noch immer Auto. Aber von links darf keiner kommen, da sehe ich nämlich nix!« –

Die Stimmung im Romanischen Café wurde immer schlechter, je näher Hitler kam, und viele dachten ans Emigrieren.

Die Theater gingen auch immer schlechter, so daß die Geschichte, die ich jetzt erzähle, einen gewissen Wahrheitsgehalt haben dürfte.

Ein notleidender Theaterdirektor gab einem Installateur zwei Freikarten für einen Abend in seinem Theater. Drei Tage später hielt er eine Rechnung in Händen:

Hin- und Rückfahrt mit der Straßenbahn – eine Mark
Drei Überstunden im Theater – sechs Mark
Anzug bügeln lassen – zwei Mark fünfzig
Gesamtpreis: 9 Mark 50.

Ich spielte wieder mal in der Plaza und hatte mit einem neuen Kapellmeister zu probieren. Er hieß Marco Großkopf und wird mir unvergeßlich sein.

Unsere erste Begegnung fand auf einer Probe statt. Er begrüßte mich so: »Servus, Idiot, wie heißt du?«

»Ich heiße Eckhardt. Wie heißt du, Idiot?«

»Ich bin der Marco Großkopf, das weiß doch jeder Idiot!«

Dies war der Anfang einer ganz guten Zusammenarbeit, denn der Marco Großkopf war gar kein so schlechter Kapellmeister. Und niemand schätzte ihn höher ein als er sich selbst.

Einmal sagte er zu mir, angesichts seines Vierzehn-Mann-Orchesters und im Hinblick auf den größten Dirigenten der damaligen Zeit: »Furtwängler! Wenn ich das schon höre. Furtwängler! Er soll sich mal hierher setzen mit meinen vierzehn Idioten, dann werd ich sehen, was für ein Kapellmeister der Herr Furtwängler ist . . .!«

Walt Disney und sein Paket

Intermezzo in Hollywood – Steve Previn,
Emmerich Kálmán, Helmut Qualtinger und Oskar Czerwenka

1933 kam das Ende der Berliner Freizügigkeit und der Freizügigkeit in ganz Deutschland.

Hitler war an die Macht gekommen. Es ist in der Folge so viel Entsetzliches geschehen, daß es mir schwerfällt, vor allem über Dinge zu berichten, die mich betroffen haben. Denn Dinge, die mich betreffen, haben fast immer einen leichten Hang zur Heiterkeit.

Schon als ich das erstemal Hitler persönlich sah, bekam dieser Eindruck durch Freund Fredi Frank einen lustigen Touch.

Es war die berühmte Szene, als Hitler, im Frack, mit schwarzem Mantel und Zylinder, den greisen Feldmarschall Hindenburg vor der Garnisonskirche in Potsdam traf. Die beiden Männer schüttelten einander die Hände. Dann ging Hindenburg allein in die Kirche hinein, und alles verharrte in ehrfurchtsvollem Schweigen.

Da flüsterte mir der Fredi zu: »Jetzt kommt er mit dem Otto Gebühr heraus.«

Die Idee, daß der alte Hindenburg mit Otto Gebühr, kostümiert wie in seinen Filmen als Friedrich der Große, in dieser »feierlichen« Stunde aus der Garnisonskirche herauskommen könnte, war für mich so komisch, daß ich mich vor Lachen schüttelte. Und wahrscheinlich wäre ich von den danebenstehenden begeisterten Nationalsozialisten verprügelt worden, wenn der Fredi ihnen nicht geistesgegenwärtig gezeigt hätte, daß ich nicht ganz normal sei.

Rasch entfernten wir uns von der Garnisonskirche, von Hindenburg und vor allem von Hitler.

Siegfried Breuer war inzwischen weitergekommen, er war am Deutschen Theater engagiert, dem ehemaligen Theater Max Reinhardts. Der große Theatermann selbst war längst weg, und der Sigi wurde für kurze Zeit kommissarischer Leiter dieses Hauses. Und zwar aus dem einfachen Grund, weil er weder jüdisch versippt war, noch eine jüdische Frau hatte – er hatte zu der Zeit zufällig überhaupt keine –, und politisch war er wirklich zuverlässig. Er hatte nämlich keinerlei politische Ansichten – und das blieb auch so.

Eines Tages tauchte im Kreise der Schauspieler ein Mann auf, der den Komödianten erklärte, daß eine Theater-SS gegründet worden sei, der jeder Schauspieler beitreten sollte. Daher müsse auch jeder bei ihm eine Uniform bestellen.

Nun, wer Schauspieler kennt, der weiß, daß man ihnen so etwas erzählen kann und sie auch danach handeln. Jeder kaufte eine SS-Uniform und bekam dafür die Legitimation, daß er Mitglied der Theater-SS sei.

Bis eines Tages ein Mädchen, eine kleine, aber sehr dumme Schauspielerin, auf die Idee kam, auch in die Theater-SS einzutreten. Spaßeshalber gingen die Kollegen darauf ein und ernannten die dumme Gans zur SS-Frau. Worauf sich die Dame beim nächsten Uniformschneider eine flotte SS-Uniform mit Faltenrock machen ließ.

Damit kam sie aber nicht weit, denn schon an der nächsten Ecke wurde sie von einer SA-Streife verhaftet, und so kam die ganze Geschichte heraus. Der Mann, der den Kollegen die SS-Uniform aufgeschwatzt hatte, war nichts als ein Schwindler.

Diese Geschichte beweist, wie wenig Ahnung die meisten damals vom Nationalsozialismus und von der SS hatten.

Albin Skoda sagte zum Beispiel beim Anblick des Sigi in Uniform: »Das is eine fesche Uniform – so was lasse ich mir auch machen!«

Zum Glück tat er das nicht. Denn die Pointe der Geschichte kommt erst.

Im Jahre 1945 wurden in Wien alle Schauspieler mit national-sozialistischer Vergangenheit durch eine besondere Kommission des Gewerkschaftsbundes überprüft. Dabei wurde auch Sigi Breuer vorgeladen.

Nun verdanke ich dem Sigi wirklich einen Großteil der Vorteile, die ich trotz aller Benachteiligungen im Dritten Reich hatte. Er war mir wie ein Bruder und sorgte für mich, und natürlich war er alles andere als ein Nationalsozialist.

Als er nun vor diese Kommission treten sollte, war es für mich selbstverständlich, für ihn zu intervenieren. Ich ging zum Vorsitzenden und erzählte ihm, was der Sigi alles für mich getan hätte und daß er wirklich nie ein Nationalsozialist gewesen wäre.

Und was geschah? Der Vorsitzende zog aus seiner Akte ein Foto heraus, das den Sigi in der SS-Uniform zeigte, die ihm damals der Schwindler in Berlin aufgeschwatzt hatte. Es kostete mich sehr viel Mühe, diese Geschichte glaubhaft zu erklären. Und der Sigi war wieder politisch so unbelastet, wie er es sein ganzes Leben war.

An einem Frühlingstag des Jahres 1933 saßen einige Freunde und ich im Café am Nollendorfplatz. Es war ein wunderschöner Tag. Die Kellnerin hatte bereits die großen Fensterscheiben in die Höhe gestellt, und wir waren, trotz der grausamen Zeit, die angebrochen war, guter Stimmung.

Die wurde noch erhöht, als der immer lustige Ernst Morgan,

Bruder des bekannten Kabarettisten Paul Morgan, zu uns stieß. Er teilte uns mit, daß er sich soeben im Theater am Nollendorfplatz um eine Rolle beworben habe, aber aus rassischen Gründen abgewiesen worden sei. Dazu bemerkte er: »Dabei habe ich meine Großmama mütterlicherseits, die selige Sally Singer, zur Arierin gemacht!«

An diesem Nachmittag ließ es sich der Ernst Morgan nichtsdestoweniger sehr gutgehen, er bestellte Dinge, die man damals nur bestellte, wenn man gut bei Kasse war: Rühreier mit Schinken, eine Torte und dazu ein Glas Wein. Es war ein opulentes Mahl. Dann erhob er sich und ging durch die geöffneten Fensterscheiben aus dem Kaffehaus – direkt in die Emigration. Wir haben ihn nie mehr gesehen . . .

Als wir am nächsten Tag wieder ins Kaffeehaus kamen, ließ die mollige Kellnerin sofort sämtliche Fensterscheiben herunter. Ihr sollte nicht wieder einer auf diesem Wege, ohne die Zeche zu bezahlen, entschwinden.

Von der komplizierten Emigration des berühmten Komponisten Emmerich Kálmán erzählte mir Friedrich Torberg.

Kálmán hatte, aus welchem Grunde auch immer, eine sehr ungünstige Ausgangsposition für die Emigration in die USA gewählt. Es war ein kleines Nest an der mexikanisch-amerikanischen Grenze, und nur alle vier Wochen kam ein amerikanischer Konsul, um die auserwählten Emigranten, die einreisen durften, noch einmal zu befragen und dann den ersehnten Stempel in den Paß zu genehmigen.

Als man wieder einmal den Konsul erwartete, kam tags zuvor die Liste der Emigranten, die diesen Vorzug hatten. Darunter war auch Emmerich Kálmán – nur war er nicht unter seinem Künstlernamen aufgeführt, sondern unter seinem eigentlichen Namen Imre Karparty. Nun hatte irgend jemand im Einwanderungspapier aus dem Imre eine Irma gemacht.

Kálmán war empört, er war nicht gewillt, als Irma Karparty in die Vereinigten Staaten einzureisen.

Die entsetzten Emigranten redeten auf ihn ein und machten ihm klar, daß dieser Konsul ein »mieser Vogel« sei. Wenn es die geringste Schwierigkeit gäbe, breche er die Befragung sofort ab, und man müsse nochmals vier Wochen warten, bis er wiederkäme.

Als nun der Konsul am nächsten Tag erschien, verlas er einige Namen, sowohl ungarische als auch deutsche und tschechische, und gelangte schließlich zu Irma Karparty.

Alle blickten erwartungsvoll auf Kálmán, doch der schüttelte nur den Kopf. Er hielt an seinem Entschluß fest, die neue Heimat nicht als Irma Karparty zu betreten.

Der Konsul wiederholte noch einmal, schon ungeduldig, den Namen Irma Karparty. Da sich Kálmán, trotz allem stillen Drängen seiner Freunde, nicht entschließen konnte sich zu melden, sprach der Konsul das gefürchtete »Sorry!« Und entfernte sich raschen Schrittes.

Verzweifelt rannte ein kleiner Wiener Jude dem Konsul nach und wollte ihn aufklären, daß Irma Karparty in Wirklichkeit der berühmte Operettenkomponist Emmerich Kálmán sei.

Wie zu erwarten, hatte der Konsul diesen Namen noch nie gehört und wollte weitergehen.

In seiner Verzweiflung baute sich der kleine Mann vor dem Konsul auf und sang mit verführerischem Augenaufschlag in markigem Csárdásrhythmus:

»Will die Männer ich berücken, mach ich so –
will ich sie noch mehr entzücken, mach ich so –«

Kálmán stürzte wütend dazwischen: »Du Trottel, das ist doch vom Lehár!«

Ich selbst kam im Winter 1961 nach Hollywood – natürlich unter ganz anderen Umständen.

In den Fünfzigerjahren hatte ich schon in einigen englisch-sprachigen Filmen mitgewirkt. Unter anderem in einem mit dem nachmals so berühmten Don Siegel als Regisseur.

Mein Hollywood-Engagement war einer dieser vertrackten Zufälle, die das Leben des Schauspielers so blumig machen, besonders dann, wenn sie Geld einbringen.

Ich war, wie zu der Zeit fast täglich, auf dem Weg in die »Ravag«, wie der ORF damals hieß. Ich hatte dort recht viel zu tun, ja es gab Leute, die behaupteten, daß man, außer beim Wetterbericht, in jeder Sendung meine Stimme zu hören bekam. Das war natürlich eine neiderfüllte Lüge, denn ich habe nie im Kirchenfunk und in der Frauenstunde mitgewirkt.

An jenem Morgen also traf ich einen mir schon lange bekannten Film-Aufnahmeleiter namens Hoffermann und seinen Adlatus Karl Schwetter, der sein schwieriges Gewerbe gerade lernte. Ich grüßte mit dem gebotenen Respekt, die beiden erwiderten huldvoll, und als ich weitergehen wollte, hielt mich Hoffermann zurück: »Haben Sie morgen vormittag etwas zu tun?«

Ich hatte jeden Vormittag in der Ravag zu tun, aber für einen Filmtag mußte natürlich Zeit sein.

So bestellte mich Hoffermann für den nächsten Morgen um 9 Uhr in den Wiener Kursalon, da dort gedreht wurde. Als Gage bot er mir für den einen Tag einen angemessenen Betrag an. Doch vorher fragte er: »Können Sie englisch sprechen?«

Ich versicherte ihm, daß ich sogar sehr gut englisch könne und bereits in anderen amerikanischen Filmen mitgewirkt hätte. So gingen wir alle drei erfreut unseres Weges...

Pünktlich um 9 Uhr war ich am nächsten Morgen im Kursalon, doch da war weit und breit nichts von einer Filmerei zu sehen. Ein einsamer Herr saß in der Ecke des riesigen Saales und schrieb etwas in ein Buch, das allem Anschein nach das Drehbuch war.

Das machte mich sicher. Offenbar war ich nicht zu spät gekommen.

Nach und nach erschienen dann auch der Aufnahmeleiter und sein Adlatus.

Hoffermann teilte mir mit, daß man mich bis 11 Uhr sicher nicht benötigen werde. Worauf ich sofort in die Ravag eilte und dort tatsächlich noch einen Werbespot ergattern konnte, für den ich sechzig Schilling bekam – und der dann 3000mal gesendet wurde!

Um 11 Uhr hatte sich im Kursalon nichts Wesentliches verändert. Nur die Miene des noch immer und tatsächlich am Drehbuch schreibenden Regisseurs hatte sich ziemlich verdüstert.

Inzwischen waren allerdings auch noch andere zu früh bestellte Schauspieler angelangt. So konnte man sich wenigstens unterhalten ...

Knapp nach der Mittagspause, die strikt eingehalten wurde, obwohl ja noch gar nichts gearbeitet worden war, strömte eine unübersehbare Schar von Schauspielern herein, die mitwirken wollten.

Die Aufnahmeleiter waren perplex. Da waren Schauspieler, die nicht nur nicht bestellt waren, sondern auch nie bestellt werden würden. Und alle behaupteten, der Regisseur habe sie persönlich angerufen und herbeordert – was gar nicht möglich war, da der ja den ganzen Vormittag am Drehbuch geschrieben hatte und außerdem keinen einzigen Wiener Schauspieler kannte.

Endlich kam einer auf des Rätsels Lösung, und die hieß: *Qualtinger!*

Helmut Qualtinger war damals am Höhepunkt seiner Eulenspiegeleien. So hatte er, als angeblicher Sprachforscher, einen Brief an den amtierenden Unterrichtsminister geschrieben, in dem er diesem dringend nahelegte, den Buchstaben »U« aus der deutschen Sprache zu entfernen. Er wies darauf hin, daß in den meisten unanständigen, ja ordinären Wörtern das »U« in prominenter Weise vertreten war und zitierte einige deftige Beispiele. Der Hauptspaß war, daß der damalige Unterrichtsminister Hurdes hieß.

Natürlich hatte Qualtinger alle diese Schauspieler als Don Siegel angerufen und herbestellt. Und nur widerwillig verließen die den Schauplatz, den sie so willig betreten hatten ...

Mit der Zeit trat das ein, was unvermeidbar war – es nahte das Ende der Dreharbeiten. Diese hatten tatsächlich um ungefähr drei Uhr begonnen, doch ich hatte weder eine Rolle bekommen, noch irgendeine Anweisung, mich bereitzuhalten. Da – 20 Minuten vor Drehschluß – wurde mein Name gerufen. Von allen Seiten und mit einer Dringlichkeit, die es als wahrscheinlich erscheinen ließ, daß das Schicksal dieses Filmes einzig und allein von mir abhängen würde.

Wieder einmal wurde mir ein riesiger Schnurrbart angeklebt, ich wurde in eine pompöse Portiersuniform gesteckt, man setzte mir einen mächtigen Zweispitz auf, gab mir einen Stab in die Hand und stellte mich vor den Eingang des Kursalons. Sogleich fuhr eine Karosse mit dem Hauptdarsteller vor, ich öffnete eilfertig den Wagenschlag, und er stieg aus. Dann ging er, federnden Schrittes, in den Kursalon, die Kamera folgte ihm und verlor mich gründlich. Unmittelbar darauf ertönte der Ruf »Drehschluß!«, und meine Tätigkeit war beendet.

Beim Weggehen konnte ich mir nicht versagen, in Richtung Aufnahmestab zu bemerken: »Ein Glück, daß ich so gut englisch sprechen kann!«

Es *war* ein Glück, daß ich so gut englisch sprechen konnte. 1960 produzierte Walt Disney in Wien einen Sängerknaben-Film, und ich bekam eine Hauptrolle in dem Streifen – den Vater eines Sängerknaben, der die eigentliche Hauptfigur war.

Meine Frau spielte Bruni Löbel, den Direktor der Sängerknabenschule Hans Holt und den beliebten Lehrer der Buben Peter Weck. Regie führte Steve Previn.

Previn war in Berlin geboren, sein eigentlicher Vorname war Stefan, und er verbrachte in Berlin die ersten Jahre seines Lebens, bis er mit seinen Eltern auswandern mußte und in der Folge ein gesuchter Regisseur in Hollywood wurde. Natürlich hieß er dort Steve.

Über die Herkunft seines Vornamens erzählte er mir: »Meine Eltern haben einfach das Berliner Telefonbuch aufgeschlagen, in dem waren damals die einzelnen Telefonämter mit Namen bezeichnet. Auf der betreffenden Seite, die meine Eltern erwischten, war das Amt mit dem Namen Stefan – und so wurde ich auch genannt! Dabei habe ich großes Glück gehabt, denn schon auf der nächsten Seite war ein anderes Amt, und wenn sie das aufgeschlagen hätten, wäre ich erledigt gewesen – es war nämlich das Amt Barbarossa!«

Eines Tages kam Steve zu mir: »Du, ich habe einen Film gesehen, der nach einem Theaterstück von dir gedreht wurde – *Rendezvous in Wien*! Ich wußte gar nicht, daß du auch Schriftsteller bist. Ich drehe als nächstes einen Film über Johann Strauß – hättest du Lust, dazu das Drehbuch zu schreiben?«

Und ob ich Lust hatte!

Doch zwei Tage später kam Steve traurig zu mir: »Leider wird es nichts mit unserem Plan. Walt Disney will keinen europäischen Autor. Er hat eine junge amerikanische Drehbuchschreiberin aufgetrieben, und die wird das Johann-Strauß-Buch schreiben... Sorry!«

Ich war enttäuscht, aber nicht allzusehr. Ein Leben lang habe ich mich jeder neuen Sache sehr skeptisch genähert. Wurde es dann doch was, umso besser.

Auch dieses Mal wurde es dann doch was!

Ungefähr eine Woche später klingelte das Telefon, und meine Frau hob ab. Ein bißchen verwirrt sagte sie dann: »Du, da spricht jemand englisch am Telefon – wenn ich richtig verstanden habe, war das aus Hollywood...«

Ich sagte nur: »Ja, ja...« und ging ans Telefon: »Geh, Qualtinger mit mir kannst du doch solche Witze nicht machen...«

Und was soll ich Ihnen sagen, es war Hollywood! Eine etwas erstaunte Sekretärin teilte mir mit, daß die Walt Disney Productions in Burbank am Apparat seien und Mister Previn mich zu sprechen wünsche!

Steve teilte mir mit, alles sei okay, und Disney wünsche jetzt doch, daß ich herüberkomme und zwar sofort – und wenn Disney sage sofort, so meine er sofort...

Das war nun nicht so einfach, wie sich das Mister Disney vorstellte, denn ich war mitten in einer Kurt-Wilhelm-Produktion mit der Operette *Schwarzwaldmädel*.

Der Münchner Regisseur Kurt Wilhelm produzierte damals Opern und Operetten am laufenden Band für das Fernsehen. Und zwar nach der von ihm erfundenen Methode: Erstklassige Sänger besangen zunächst ein Tonband, und ausgesuchte Darsteller spielten dann die entsprechenden Rollen und mußten die Gesangspartien genau nach den bereits aufgenommenen Musikbändern stumm, aber synchron »singen«.

Ich habe bei Kurt im Jahre 1957 den Kezal in der *Verkauften Braut* auf diese Weise dargestellt. Das Band hatte vorher der Kammersänger Oskar Czerwenka besungen, ein gefeiertes Mitglied der Wiener Staatsoper.

Als dann das Spektakel am zweiten Weihnachtsfeiertag live aus Hamburg gelaufen war, sagte mir eine Bekannte: »Ich wußte gar nicht, was Sie für eine wunderbare Stimme haben, Herr Eckhardt. Da kann sich ja der Czerwenka gegen verstecken...«

Dieser Oskar Czerwenka ist ein prachtvoller Bursche: begabt, musikalisch, eine schöne Stimme und – originell. In Vöklabruck/Oberösterreich geboren, hat er nie diesen urwüchsigen Dialekt und die angeborene Bauernschläue ganz abgelegt.

Besonders in seiner Anfängerzeit war er, früh an die Wiener Staatsoper gekommen, zu jedem Schabernack bereit. Als er dessen einmal des Guten zuviel getan hatte, ließ ihn Egon Hilbert, der Generalsekretär und heimliche Direktor der Staatsoper, zu sich kommen und erteilte ihm einen Rüffel. Doch anstatt zerknirscht zu sein, reagierte Czerwenka trotzig und sagte, auf die angedrohte Entlassung gemünzt: »Bitte, ich bin ja auf die Wiener Staatsoper nicht angewiesen – es gibt ja noch andere Ortschaften, in denen ich singen kann...«

Das war lange vor meiner Hollywood-Reise. Was hatte nur die Sinnesänderung von Walt Disney bewirkt? Der Steve hat's mir erzählt.

Voll Begeisterung und gutem Willen war die für das Drehbuch vorgesehene junge amerikanische Autorin bei Disney erschienen. Sie sagte ihm, wie glücklich sie sei, das Drehbuch für seinen Johann-Strauß-Film schreiben zu dürfen. Zunächst aber habe sie eine Frage: »Was hat dieser Johann Strauß für einen Beruf gehabt?«

Soviel Ahnungslosigkeit war selbst dem Uramerikaner Disney zuviel, den ich im Verdacht habe, auch nicht allzuviel über den Strauß Schani gewußt zu haben. Doch sein künstlerischer Instinkt war untrüglich, und so kam es, daß ich am 5. Dezember 1960 über Stuttgart, Paris und Montreal nach Los Angeles flog und eine kleine Suite in einem Boarding House am Sunset Boulevard, der Traumstraße Hollywoods, bezog.

Drei Tage brauchte ich, um mich von dem damals noch sehr langen Flug zu erholen, dann fuhr ich mit dem funkelnagelneuen Auto, das mir die Disney-Produktion in die Garage gestellt hatte, nach Burbank ins Studio.

Und da geschah etwas, was so selten gewesen sein mag wie jetzt ein Treffer im Lotto.

Als ich meinen Wagen geparkt hatte, stellte sich ein anderer Fahrer mit seinem Wagen neben meinen, und diesem Wagen entstieg – Walt Disney! Wir kannten einander schon aus Wien und gingen gemeinsam zum Haupteingang. Dort waltete ein privater Polizist mit Uniform und geladener Pistole seines Amtes. Angesichts des Herrn und Meisters stand er stramm und grüßte auch mich devot und ernsten Gesichtes.

Als ich am nächsten Morgen wieder erschien, war derselbe Polizist im Dienst, und ich wollte meinen inzwischen erhaltenen Dienstausweis zeigen. Doch den wollte er gar nicht sehen, er fragte nur: »Entschuldigen Sie, Sir, wie lautet Ihr Vorname?« Als ich den nannte, sagte er: »Okay, hello Fritz!«

Das war – und ist wahrscheinlich noch immer – der in Kalifornien und besonders in den Disney-Studios übliche Ton.

Wir hatten immer wieder Autorensitzungen in Disneys Büro, und da ja immerhin tiefster Winter war und die Außentemperatur »nur« 18 Grad Celsius betrug, verlangte Disney, daß man die Heizung kontrollierte, es sei zu kalt. Bald darauf erschien ein hünenhafter Neger im Overall und sagte zu Disney: »Hello Walt!«, worauf dieser erwiderte: »Hi, Jimmy!«

Wir waren damals fünfzehn Autoren, die zehn Bücher zu erstellen hatten. Und Disney kannte von jedem Buch jeden Satz. Selbstverständlich konnte jeder Autor seine eigene Meinung haben – sofern sie genauso war wie die Meinung Disneys.

Im übrigen war seine Meinung sowieso fast immer die richtige.

Natürlich war er sehr selbstbewußt und auch ein wenig dickköpfig. Man erzählte sich folgende Episode.

Bei einer Buchbesprechung saß einmal ein bekannter Autor dem Boss gegenüber. Und der führte aus, wie er sich den

Fortgang einer gewissen Szene vorstellte: »...der Mann geht also mit seinem Paket in das Nebenzimmer und –«

Da unterbrach der Autor höflich: »Entschuldigen Sie, Mr. Disney, aber der Mann hat doch gar kein Paket!«

Nach einem schiefen Blick auf den Störenfried setzte Disney fort: »...der Mann geht also mit seinem Paket ins Nebenzimmer –«

Darauf der Autor: »Es tut mir leid, Boss, aber der Mann kann gar kein Paket haben!«

Unbeirrt fing Disney nochmals an: »...der Mann geht also mit seinem Paket –«

Doch der Autor gab nicht nach: »Unmöglich! Wo hat der Mann denn plötzlich ein Paket her?!«

»Ich hab's ihm gegeben!« brüllte Disney – und natürlich blieb es dabei, daß der Mann sein Paket ins Nebenzimmer trug. –

Hier muß ich an meinen lieben Freund Maurice Tombragel denken, den mir Disney als Mitautor und Schreiber der englischen Dialoge an die Seite gestellt hat. Maurice war ein wundervoller Kamerad und ein großartiger, sensibler Schreiber.

Nun gibt es im Leben von Johann Strauß eine Episode aus der russischen Hauptstadt St. Petersburg, in der er ja Triumphe feierte. Insbesondere die Damen der russischen High Society waren hinter dem Mann mit den schwarzen Locken und dem feurigen Blick her. Dem Zug der Zeit folgend, wollte jede der Schönen irgendein Andenken an den geliebten Walzerkönig ergattern, um damit zu protzen und vielleicht auch genossene Liebesnächte vorzutäuschen. Das machte sich der Diener des Meisters zunutze und verkaufte unendlich viele pechschwarze Locken an die verrückte Frauenwelt der Hauptstadt. Was die liebestollen Frauen aber nicht wußten, war die Tatsache, daß der Strauß Schani einen riesigen Hund mit dunklem Haar besaß. Diesen Hund scherte der gerissene Diener schonungslos, und je weniger Haare das arme Tier hatte, desto dicker füllte sich die Geldbörse des Domestiken.

Maurice war Feuer und Flamme, als ich ihm diese Episode erzählte und vorschlug, sie in unser Drehbuch einzubauen.

Doch am nächsten Tag machte er folgende Bedenken geltend: Die Geschichte ist wunderhübsch, sagte er, aber – Disney wird sich in den Hund verlieben, und am Ende wird unser Strauß-Buch zu einer Tiergeschichte werden ...!

Das sah ich ein, und so blieb der Hund von St. Petersburg unerwähnt. –

Disney stammte aus ganz kleinen Verhältnissen. Er war als Sohn eines Maurers in einem winzigen Städtchen aufgewachsen. Als er aus Sentimentalität am Höhepunkt seiner Erfolge einmal dahin zurückkehrte, war er – wie das in solchen Fällen fast immer ist – ziemlich enttäuscht. Es hatte sich viel verändert, an der Stelle seines Geburtshauses stand ein Hotel, und er traf kaum einen seiner früheren Bekannten. Ein bißchen wehmütig dachte er an die Zeit seiner Jugend zurück, als er, um das Familienbudget zu entlasten, Milch ausgetragen hatte, und zwar einige Jahre lang, so daß er allgemein »Milkboy« gerufen wurde ...

Als er schon wegfahren wollte, traf er dann doch noch einen Schulkollegen und erkannte ihn sofort.

Auch der erinnerte sich genau: »Natürlich, du bist der Walt – der Disney, der immer so komische Figuren ins Heft gekritzelt hat und so brav seinen Eltern half. Na, und wie geht es dir, Walt? Bist du noch immer im Milchgeschäft?« –

Wir haben den Strauß-Film dann in Wien gedreht. Er wurde für Senta Berger der große Durchbruch ins internationale Filmgeschäft. Außer ihr spielten von österreichischen Schauspielern noch Peter Kraus den Josef Strauß und ich den Verleger Haslinger.

Disney gefiel der Film dann recht gut, nur über eine Figur war er entsetzt – über Jacques Offenbach, gespielt von Peter Wehle. Disney beobachtete ihn und fragte: »Wer ist dieser kleine Jude mit dem unmöglichen Bart?«

Man klärte ihn auf, das sei Jacques Offenbach, und der Komponist habe genauso ausgesehen wie Wehle in seiner Maske. Doch Disney konnte sich nicht beruhigen. Offenbach war doch Johann Strauß' Rivale, und der mußte eben – nach Disneys Vorstellung – ein schöner Mensch sein und kein unscheinbarer Kerl mit einem unmöglichen Bart. Es wäre doch egal, wie der Offenbach wirklich ausgesehen hätte!

Da lagen eben Welten zwischen ihm und uns Europäern...

Ich habe Walt Disney übrigens eine Statue des Johann Strauß mitgebracht, die eigens für ihn von der Staatlichen Porzellanmanufaktur hergestellt worden war. Aus irgendeinem Grund aber war der Taktstock, den der Porzellan-Schani in der Hand hatte, abgebrochen und verschwunden. Und wir sollten fotografieren, wie ich dem großen Disney die Strauß-Figur im Auftrag des Wiener Bürgermeisters überreichte.

Da griff Disney in die Tasche, förderte einen Zahnstocher zutage, und dieser paßte genau in die Hand des Meisters Strauß! So gab es ein erstklassiges Foto.

Bis heute wußte niemand, daß der Porzellantaktstock der Johann-Strauß-Figur ein Zahnstocher ist.

Nun hab ich's verraten...

»Was kann der Schleichhändler schon
für ein Schauspieler sein?«

Überleben im Dritten Reich – Kabarett in Wien –
Stella Kadmon, Carl Merz, Alfred Ibach, Franz Paul,
Zarah Leander und Axel von Ambesser –
Hilde, meine Frau

Wenn ich an das opulente Leben in Hollywood, mit Suite, Auto und allem Komfort denke und dann wieder zurück an das elende Dasein im Jahre 1934, dann erscheint mir das wie bei Calderón: *Das Leben ein Traum.*

Aus Berlin ausgewiesen, kam ich wieder zurück in meine Heimat und muß gestehen, daß ich nicht mehr weiß, wie ich die ersten Monate überstanden habe.

Doch da war zum Glück der »Marabu«. Er hieß merkwürdigerweise Mirabeau, Ernst Mirabeau, und war mir eine große Hilfe, denn durch ihn, der einen fixen Posten bei seinem Onkel hatte, war wenigstens eine Mahlzeit am Tag garantiert. Bei Gott, kein Staatsmenü, aber Würstel mit Gulaschsaft schmecken hervorragend, wenn man den ganzen Tag auf sie gewartet hat, denn normalerweise hatte der Ernstl immer nur abends Zeit. Außer am Sonntag. Und da war er womöglich noch wichtiger als wochentags, denn Sonntag gab es Fußball, und auch dazu lud er mich ein, der wunderbare Ernstl.

Wir trafen uns immer bei der Stadionkasse, denn er fuhr mit seinem Onkel im Auto zum Stadion, und während der reiche Ohm einen Logenplatz erstand, ging Ernstl meinetwegen auf den Stehplatz – wo findet man noch so einen Freund?

Ich fuhr nicht nur nicht mit dem Auto, ich fuhr aus Geldmangel nicht einmal mit der Straßenbahn und hatte viele Kilometer zu Fuß zurückgelegt, ehe ich im Stadion war. Und dann hieß es stundenlang stehen – es wurden immer zwei Spiele an einem Tag absolviert!

Der Fußball spielte damals, in der ärgsten Notzeit, nicht nur für mich eine wichtige Rolle, auch andere suchten den trüben Gedanken wenigstens auf ein paar Stunden zu entgehen, und so waren die Stadien bummvoll.

Einmal gab es ein Länderspiel Österreich – Ungarn, und das Stadion war bei dieser Attraktion mit fast 90 000 Zuschauern überfüllt. Neben mir standen zwei kleine Jungen, vielleicht neun oder zehn Jahre alt. Sie regten sich wie die anderen 90 000 auf, und besonders der kleinere war empört. Und zwar über den Wunderteamspieler Gschweidl, der nicht seinen besten Tag hatte. So schrie der Kleine, inmitten des tosenden Lärms: »Pfui, Gschweidl, pfui – pfui...«

Da wies ihn der andere zurecht: »Halt den Mund. Machst ihn ja ganz verzagt!«

Eine andere schöne Fußballgeschichte beweist, daß die Jugend manchmal nicht die gebührende Ehrfurcht für vergangene Größe aufbringt.

Österreichs bekanntester Fußballer aller Zeiten war Mathias Sindelar, ein wahrer Zauberer am Rasen. Doch der Zahn der Zeit schont auch berühmte Fußballer nicht, und so hatte Sindelar zum Schluß mehr Versager zu verzeichnen als Spiele, in denen er glänzte.

Wieder stand ich neben einem kleinen Jungen, als Sindelar einen Fehlpaß nach dem anderen lieferte. Da entsetzte sich der Bub, der wahrscheinlich zu Sindelars Glanzzeit noch nicht einmal auf der Welt war, und äußerte ironisch: »Und so was spielt Mittelstürmer!«

Endlich, endlich bekam ich wieder ein Engagement. Also genau gesagt, ein richtiges Engagement konnte man das nicht nennen.

Ich landete nämlich an der Kleinkunstbühne »Der liebe Augustin«, die Stella Kadmon 1931 gegründet und damit eine neue Ära der Kleinkunst in Wien eingeführt hatte.

»Der liebe Augustin« hatte einen guten Namen, und ich war sehr froh da unterzukommen, wenngleich wir keine fixe Gage hatten, sondern auf Teilung spielten. Und zwar bekamen die Autoren zwei Punkte ('Teile') und die Schauspieler einen Punkt.

Nachdem wir immer gespielt haben, auch wenn nur sieben Leute da waren – unter sieben Besuchern gab es keine Vorstellung –, kann man sich vorstellen, daß unter Umständen der Anteil für den einzelnen sehr gering war. Ich erinnere mich an Tage, an denen ich fünfzig Groschen bekam, was gerade für ein kleines Gulasch im billigsten Beisel reichte.

Natürlich war die Stimmung im Ensemble, wenn nur wenige Zuschauer da waren, nicht besonders gut, was sich natürlich auch auf die Zuschauer übertrug.

Zum Glück gab es die Mama von der Stella, eine alte Dame, die uns – ohne es zu wollen – viel Spaß machte.

Wenn zum Beispiel im Zuschauerraum eine entsetzliche Stimmung herrschte und wir Schauspieler verzweifelt waren, kam die Mama Kadmon hinter die Bühne und sagte: »Seid's nicht traurig, Kinder – die Leute lachen nicht, aber sie nicken euch freundlich zu...!«

Leider mischte sie sich aber auch in Dinge ein, die sie nichts angingen. Und als ich einmal für einen verhinderten Kollegen die Regie des neuen Programms übernahm, betrat ich als neugebackener Regisseur die Bühne, sah mich um, schaute in den Zuschauerraum und sagte zu der dort sitzenden alten Dame: »Mama Kadmon – hinaus!«

Die Mama tat so, als wenn sie mich nicht verstanden hätte, vielleicht konnte sie es tatsächlich nicht fassen, und deshalb wiederholte ich: »Mama Kadmon – hinaus!!«

Da ging sie endlich.

Und hat zu einer mitleidigen Seele gesagt: »Dieser Eckhardt! So ein begabter Mensch – aber ein Raubmörder!« –

»Der liebe Augustin« war zunächst mehr literarisch als politisch. Da war zum Beispiel Peter Hammerschlag, ein herrlicher Autor mit einer ganz persönlichen Note, die einfach unnachahmlich war und genau in diese Zeit paßte. Eine Zeit, in der die Kleinkunstbühne einen schweren Kampf mit dem »Simplicissimus« auszufechten hatte, denn auch wir wollten einen Teil des »Amüsierpöbels« für uns gewinnen. Und die lustigen Gedichte von Peter Hammerschlag trugen das ihre dazu bei.

Ich erinnere mich ganz besonders an einen Vers, der in seiner Kürze die ganze Skurrilität der Hammerschlagschen Gedichte wiedergibt. Es handelt sich um eine eigenartige Mischung von japanischen und Wiener Heurigenbesuchern – etwas, das nur dem Peter Hammerschlag einfallen konnte und schließlich in einem Wienerlied endete, dessen Text so ging:

> »Wenn ich einmal ein Wasser sauf a so a
> G'schloda g'spür i
> da schlitz ich mir das Baucherl auf –
> da moch i Harakiri . . .!« –

Später wurden wir politischer, und da gibt es wieder eine Geschichte über die Mama Kadmon.

Sie saß auch an der Kasse. Eines Abends kam ein Mann zu ihr und bat: »Geben Sie mir eine Karte!«

Mama Kadmon lächelte verbindlich: »Bitte sehr, zwei Schilling zwanzig.«

Darauf der Mann, indigniert: »Wieso zwei Schilling zwanzig, da steht ja nur zwei Schilling!«

Mama Kadmon blieb ungerührt: »Die zwanzig Groschen sind fürs Programm!«

»Ich will aber kein Programm!« beharrte der Mann unwillig.

Doch Mama Kadmon war nicht so leicht zu erschüttern: »Nehmen Sie ein Programm, Sie werden's brauchen!«

Der Mann war jetzt richtig wütend: »Also entweder geben Sie mir eine Karte um zwei Schilling oder ich gehe!«

Unwillig gab ihm Mama Kadmon die Karte und bemerkte zum Abschluß: »Sie werden's bereuen!«

Nun war das damalige Programm der Zeit angepaßt. Zwischen Schuschnigg und Hitler war bereits ein Abkommen geschlossen, wonach man in Österreich nichts gegen das Dritte Reich sagen oder schreiben durfte.

Natürlich wollten wir dieses Verbot umgehen, und so brachten wir politische Szenen mit allen möglichen Tarnungen. Da verkörperte der Bär den Russen, der Fuchs war Goebbels, die Schlange Hitler – und so weiter. Unser Publikum verstand diese Späße und belachte sie herzhaft.

Natürlich war zum richtigen Verständnis dieser tierischen Angelegenheiten ein Programmheft nötig. In der Pause kam also besagter Mann indigniert wieder zur Mama Kadmon an die Kasse: »Da kennt sich ja keine Sau aus! Geben Sie mir doch so ein Programm!«

Darauf Mama Kadmon: »Was hab ich Ihnen gesagt?! Jetzt kriegen Sie keines!«

Dabei wollte sie keineswegs unhöflich sein. Sie dachte nur praktisch, hatte bereits die Kasse geschlossen und wollte nicht wegen der zwanzig Groschen des unverständigen Herrn noch einmal abrechnen.

Zu dieser Zeit gab es im Theater an der Wien eine eigenartige Premiere.

Ein neuer Direktor hatte das Theater übernommen und wollte

das neue Stück eines vielversprechenden Autors geben. Doch der wurde und wurde nicht fertig. Der Direktor mußte aber irgend etwas spielen, um Einnahmen zu haben. Da machte ihm ein Agent den Vorschlag, das neue musikalische Lustspiel von Ralph Benatzky, *Axel an der Himmelstür*, mit dem damals überaus beliebten Max Hansen uraufzuführen. Und Hansen wünschte sich auch gleich die entsprechende Partnerin dazu, die er in Kopenhagen aufgetrieben hatte.

Von dieser Frau sprach man nach der Generalprobe in ganz Wien.

Ursprünglich war man der Ansicht, daß sich die größte Katastrophe anbahnen würde, denn die Partnerin des relativ kleinen Max Hansen war eine Riesendame aus Schweden, die eine Stimme wie ein Mann hatte – sogar etwas tiefer.

Sie werden's wahrscheinlich schon erraten haben – es war Zarah Leander! Sie hatte bei der Uraufführung am 1. September 1936 einen ungeheuren Erfolg, der sich auf das Stück übertrug. Es wurde ewig gespielt.

Natürlich hatte der Direktor, wo es möglich war, auch die für das nicht fertig gewordene Prosastück engagierten Schauspieler in dem Benatzky-Stück besetzt. So mußte auch Lisl Kinast, die spätere Burgschauspielerin, zu ihrem größten Mißvergnügen eine Soubrettenrolle übernehmen. Ihr Partner hieß Erich Dörner, und die beiden vertrugen sich überhaupt nicht.

Als Dörner auf eine Tournee in die Türkei mußte, hatte man mich als zweite Besetzung für die Rolle engagiert, was die Lisl Kinast, die ich schon länger kannte, sehr glücklich machte. Immer wieder fragte sie den Direktor: »Wann spielt denn der Eckhardt endlich?!«

Und dann war es soweit. Dörner ging auf seine Tournee, und ich spielte die Bufforolle. Am ersten Abend ging alles wunderbar – am zweiten brachte mir die Lisl nicht das richtige Stichwort zum Duett – am dritten paßte sie überhaupt nicht auf, und ich mußte uns aus verschiedenen Katastrophen herausretten. Kurz und gut, in ihrer Unlust an dieser Rolle war sie so nachlässig, daß ich die Geduld verlor und sie in der Pause anbrüllte. Ich gab ihr ein paar nicht sehr freundliche Namen aus dem Tierreich und beschimpfte sie wütend.

Zufällig ging der Direktor vorbei, hörte zwangsläufig mit und bemerkte spitz: »Frau Kinast, das hätten Sie auch beim Dörner haben können!« – Wenn man mich heute so sieht, kann man sich wahrscheinlich schwer vorstellen, daß ich einmal ein Buffo war, also der jugendliche Komiker der Operette.

Natürlich muß man einem Schauspieler nicht unbedingt ansehen, daß er einer ist und was für Rollen er spielt. Schließlich schaut auch nicht jeder Schauspieler, der einen Mörder spielt, wie ein Mörder aus, geschweige denn sieht der Darsteller eines Königs wie ein König aus.

Man muß sich ja als Schauspieler in die Figur hineindenken, sich mit ihr identifizieren.

Da gab es zum Beispiel den Burgschauspieler Emmerich Reimers, der sich im echten alten Burgtheaterstil in seine jeweilige Rolle versetzte. Einmal saß er, als König kostümiert, hinter der Szene, als ihn eine Fliege belästigte. Er scheuchte sie weg, aber sie kam immer wieder, und besaß schließlich die Frechheit sich auf die Nase des »Königs« zu setzen. Mit königlicher Gebärde scheuchte der Reimers sie weg. Als das respektlose Biest dann doch wieder kam, schlug er heftig nach dem Insekt und grollte: »Wohl wahnsinnig geworden?!«

Ein anderer Schauspieler, nennen wir ihn Schwarze, hatte eine sehr nette Frau. Sie war nicht vom Theater, hatte sich in ihn vom Parkett aus und an der Bühnentüre verliebt und schätzte ihn als Schauspieler – was nicht allgemein der Fall war. Da er auch Direktor eines Theaters war, schanzte er sich natürlich die besten Rollen zu.

Als die Frau einmal gefragt wurde, wie es eigentlich dazu gekommen war, daß sie sich ausgerechnet in den Schwarze verliebt hatte, sagte sie: »Ich habe ihn als gemeinen Mephisto, als intriganten Wurm und hinterlistigen Franz Moor gesehen und mir gedacht: Der muß eine Seele von einem guten Menschen sein!«

Je harmloser die Kleinkunst sein mußte, desto aufregender wurde die Zeit. Die meisten waren davon überzeugt, daß Hitler Österreich überfallen würde.

Aber es gab auch andere Meinungen. So sagte zum Beispiel der Verleger Pfeffer: »Sie werden sehen, der Hitler wird sich nicht halten! Die Deutschen werden es sich nicht gefallen lassen, daß keine Stücke jüdischer Autoren mehr gespielt werden!«

Auch so was gab es.

Doch Hitler hielt sich und machte genau das, was ich ihm zugetraut hatte: Er marschierte in Österreich ein.

Ich war natürlich unglücklich und konnte nur ironisch sagen: »Jetzt kommt der mir auch nach Österreich nach. Ich weiß nicht, was der Kerl an mir findet!«

Meine Situation war 1938 deprimierend, war ich doch durch meinen jüdischen Vater aus dem deutschen Kulturleben ausgeschlossen.

In Wien hatte ich zu dieser Zeit einen Freund und Mitarbeiter, den Autor Franz Paul, und mit dem sprach ich ein ernstes Wort: »Paß auf, ich müßte eigentlich in die Emigration gehen, aber ich hänge an Wien und an Österreich und möchte nicht weg. Aber ich muß von etwas leben. Ich möchte also weiter schreiben. Wenn du mich tarnst und deinen Namen für mich hergibst, dann bleibe ich hier – und wir können, davon bin ich überzeugt – nächstes Jahr mindestens dreihundert Mark im Monat verdienen!«

Franz gab seinen Namen her, und ich blieb!

Nur in einem hatte ich mich geirrt. Wir verdienten im nächsten Jahr nicht dreihundert Mark, sondern dreitausend . . .!

Und dann kam der Krieg. Es fällt mir schwer, darüber zu schreiben, denn es ist damals so viel Furchtbares geschehen. Doch vergessen wir nicht, meine Freunde und ich waren relativ jung, und wir wollten leben. Und vor allem überleben. Das ist glücklicherweise fast allen von uns gelungen.

Wir waren ein bunter Haufen von Freunden. Da waren vor allem Siegfried Breuer und Fritz Hintz-Fabricius – den ich sozusagen von Berlin nach Österreich importiert hatte –, da war der Teddy Kern, ein lustiger Bursche mit über hundertzehn Kilo.

Der Teddy ist trotz seines riesigen Gewichtes eingerückt. Natürlich kam er nicht an die Front, er hatte Wachtdienst in Engerau in der Nähe von Wien. Das war eine Gegend, wo Amerikaner, die über Wien abgeschossen wurden, sehr oft mit dem Fallschirm gelandet sind. Das Militär hatte die Aufgabe, sie gefangenzunehmen.

Eines Tages schwebten wieder einige Amerikaner im Fallschirm über dem Wäldchen von Engerau, und Teddys Kompanie wurde beordert, die Feinde gefangenzunehmen. Allen voran eilte Teddy, der sonst weiß Gott kein Held war. Und so rief ihm sein Leutnant, der ihn sehr gern mochte, zu: »Bist du verrückt, warum rennst du so?«

Doch Teddy ließ sich nicht aufhalten: »Laß mich – die haben Schokolade bei sich!« –

Franz Paul und ich schrieben zunächst für das Kabarett Simpl. Der »Simpl« hatte eine ganz kleine Bühne, eigentlich nur ein Stück Brett mit einem Vorhang. Ich aber schrieb in die Manuskripte, die wir ablieferten, als Dekorationshinweis immer hinein: »Ein prächtiger Garten mit einem Springbrunnen und einem großen Schloß dahinter, von einer Mauer umschlossen und von zahllosen Menschen bevölkert.« Gesehen hat das Publikum allerdings stets nur das kleine Stück Bretterl mit einem Vorhang als Hintergrund.

Ein lieber Freund, war auch Alfred Ibach, der Verwaltungsdirektor des Theaters in der Josefstadt. Er war sehr zerstreut, und so hat er einmal den Telefonhörer anstatt aufzulegen beim Fenster hinausgeworfen.

Wir Freunde spielten damals oft Karten im Café Josefstadt, und zwar Poker. Immer wieder gab es dabei folgende Szene.

Nach der Vorstellung setzten wir uns zusammen und begannen zu spielen. Kurze Zeit später kam Alfred Ibach, nahm an unserem Tisch Platz, spielte aber nicht mit, denn er wollte zunächst etwas zu sich nehmen. Wenn er dann gegessen hatte, schlief er regelmäßig ein.

Nun spielten wir oft bis drei, vier, ja bis fünf Uhr in der Früh, und Alfred schlief friedlich neben uns. Wenn dann die schlechtgelaunten Aufräumefrauen erschienen, mußten wir aufhören und nach Hause aufbrechen.

Da war es dann an der Zeit, den Alfred zu wecken: »Alfred, aufwachen, wir müssen gehen!«

Der schreckte auf: »Ach, Kinder, bleibt doch noch ein bißchen da!« –

Obwohl der Franzl Paul und ich recht schön verdienten, hatten wir nie Geld. Das war nun einmal so im Dritten Reich und vor allem während des Krieges, man warf das Geld mit vollen Händen hinaus – man wußte ja nicht, ob man es am nächsten Tag noch ausgeben würde können.

So wurde ich im Nebenberuf Schleichhändler. Ich handelte mit Zigaretten, mit Schnaps, mit Wein, mit Bier, mit Schinken, kurz mit allem was knapp und teuer war.

Natürlich gab ich das Geld meistens in der Gesellschaft des Sigi Breuer wieder aus, und zwar dort, wo es hereinkam: im Nachtlokal Bojar des Alex Pettko, der uns wunderbar verköstigte. Und wenn der »Bojar« Ruhetag hatte, oder wenn es nach dem Schluß des Betriebes weitergehen sollte, dann spielte sich ein rauschendes Fest in der großen Wohnung des Alex Pettko ab, der für seine Gäste immer etwas zu essen und vor allem zu trinken hatte.

Fritz Hintz-Fabricius wohnte damals beim Carl Merz, der sein Neffe war – er nannte den Fritz immer »Ohm Trunkenbold« –, und hatte einen Hund. Es war ein Boxer, ein sehr liebes Tier, aber furchtbar blöd. Wenn es sich nicht um einen Hund handeln würde, würde ich sagen, er war saublöd.

Eines Nachts weckte der Hund den Fritz und deutete ihm an, daß er dringend Gassi gehen müßte. Der Fritz war müde und dachte, das wäre nur eine Laune des Tieres.

Da klingelte das Telefon, und Alex Pettkos Frau war – ziemlich betrunken – am Telefon. Sie sagte, daß bei ihnen ein großes Fest im Gange sei und der Fritz doch auch hinkommen solle.

Durch das Drängen des Hundes hatte der Fritz eine gute Ausrede, um an dem Gelage teilzunehmen. So ging er mit dem Hund, der natürlich nichts machte, in die nahegelegene Wohnung der Pettkos.

Dort hatte die Stimmung bereits den Höhepunkt überschritten. Alle Anwesenden waren vom Alkohol, der ja nicht der allerbeste war, total übermüdet und lagen in der Wohnung herum. Etwas ratlos stand Fritz mit dem großen Hund in der Türe.

Da öffnete eine der Betrunkenen die Augen und sah das »teuflische« Antlitz des Boxers. Sie erschrak entsetzlich und schrie auf.

Das war für den Hund zuviel. Er setzte sich hin und machte mitten in den Salon einen riesigen Haufen. Selbstverständlich verschwand Fritz sofort mit ihm.

Die Sache hatte ein lustiges Nachspiel: Als die Betrunkenen

erwachten, beschuldigte einer den anderen, den Haufen gemacht zu haben, und es entstand eine große Rauferei, die
einige blaue Augen zur Folge hatte.

Zu dieser Zeit lernte ich Axel von Ambesser kennen, der einer
meiner liebsten Freunde wurde. Wir hatten uns von Anfang an
gern, und natürlich bevorzugte ich ihn bei meinen Schleich-
handelsgeschäften. Wenn ich mich recht erinnere, habe ich
vor lauter Freundschaft bei ihm sogar billigere Preise verrech-
net – aber ganz sicher bin ich mir da nicht...
1953, als der Hitlerspuk und der Krieg längst vorbei waren,
spielte ich wieder am Volkstheater. Als Axel nach Wien kam,
trafen wir uns nach alter Sitte im Café Josefstadt, und ich bat
ihn dringend, ins Volkstheater zu kommen und mich anzusehen.
Axel sagte zu, kam ins Theater, und wir trafen uns nachher in
einem Café nahe dem Volkstheater. Mit gewohnter Aufrichtig-
keit sagte er: »Weißt du, ich bin ganz erstaunt, man hat eben so
seine Vorurteile, und ich habe mir gedacht, was kann der
Schleichhändler schon für ein Schauspieler sein! Du bist ja
wirklich einer...«
Er hat mich dann sehr oft auf der Bühne und im Film beschäftigt, was ich ihm nicht vergessen habe.
Natürlich war der Schleichhandel im Dritten Reich nicht
ungefährlich, wenngleich man von allen Seiten gedeckt
wurde. Aber es geschahen aus Dummheit doch Sachen, die
den »Händler« gefährdeten.
Da war zum Beispiel der Direktor des Bürgertheaters, Val-
berg, für den ich auch alles mögliche besorgte und der
Besuchern aus Berlin – es waren fast lauter Parteigenossen –
erklärte: »Eigentlich habe ich alles, was ich brauche – Lebens-
mittel, Wein, Zigaretten! Ich habe da einen Mann, ich nenne
natürlich keinen Namen, dem brauche ich nur zu sagen: ›Herr

Eckhardt, bringen Sie mir das oder jenes‹, und schon hab ich's...«

Anfang 1939 trafen Franz Paul und ich den alten Kollegen Adolf Müller-Reitzner, der gerade eine Kleinkunstbühne eröffnete. Ich bin sicher, er wußte von Haus aus, daß Franz Paul und ich ein und dieselbe Person waren, dennoch engagierte er Franz als Autor für sein »Wiener Werkel«. Und ich darf stolz sagen, daß ich dieser Kleinkunstbühne einen ihrer größten, wenn nicht den größten Erfolg verschafft habe. Es war *Das chinesische Wunder*, ein Stück, das im Dritten Reich einen legendären Ruf erlangte und von Wien bis Berlin berühmt war.

Das Merkwürdige daran war, daß ich die Idee schon im Jahr 1936 hatte, also noch bevor die Deutschen in Österreich einmarschiert sind. Die Grundidee war die, daß die »Tokioten« (Japaner) in »Wi-En« (Wien), der Hauptstadt Chinas, einmarschieren. Die Japaner waren natürlich die »Pief-Kehs« (Piefkes), und die Chinesen waren die Österreicher. Jeder erkannte das.

Das Stück hatte ein ungeheures Echo. Ich selbst nahm aus Vorsicht nicht an der Premiere teil, sondern wartete im Café Josefstadt den Ausgang der Vorstellung ab.

Der erste, der kam, war Alfred Ibach, und der sprudelte, in Unkenntnis meiner Autorschaft: »Du, ich habe heute etwas Fantastisches gesehen, was sich nie mehr wiederholen wird. Es wurde ein Stück im Wiener Werkel gespielt, das morgen ganz bestimmt verboten wird...«

Und er erzählte mir Verschiedenes aus meinem Kabarettstück, das dann bis zum Tage des Kriegsausbruches auf dem Spielplan blieb.

Ein Freund, der für mich sehr wichtig werden sollte, hieß

Ferry Spinnler. Er war immer sehr hilfreich, und so wandte ich mich an ihn, als ich einmal furchtbare Zahnschmerzen hatte.

Ferry wußte auch da Rat: »Ich kenn eine Dentistin, die ordiniert ziemlich in der Nähe. Morgen werde ich sie zum Mittagessen einladen – ich hab' nämlich von meinen Verwandten aus Mähren eine Gans bekommen, und da kommst du dazu – die wird dich als Patient nehmen!«

Damals war es gar nicht leicht, einen Zahnarzt zu bekommen. Übrigens auch eine Gans nicht – und so erschien die Sache sehr aussichtsreich.

Pünktlich wie immer fand ich mich am nächsten Tag bei Ferry Spinnler ein. Es gab tatsächlich einen hervorragenden Gänsebraten. Aber trotz Krieg und Hunger und meiner angeborenen Freßsucht war ich an dieser ungewohnten Delikatesse nicht besonders interessiert.

Denn da war diese Dentistin. Sie war groß, blond, hübsch und kompetent. Auf mich machte sie einen unauslöschlichen Eindruck.

Nach dem Essen untersuchte sie meinen wehen Zahn, gab mir ein schmerzstillendes Pulver und verschwand wieder in ihrer Ordination.

Als sie gegangen war, sagte ich zum Ferry: »Wenn die mich nimmt, dann heirate ich sie...!«

Das habe ich dann auch getan.

Am 4. August 1945, als es in Wien noch da und dort brannte, habe ich die Dentistin Hildegard Pribitzer geheiratet – sie war das große Glück meines Lebens.

Wir hatten das Kriegsende abgewartet, obwohl wir schon längst einig waren, daß für uns nur eine, nur diese Ehe in Frage kam.

Einer meiner Trauzeugen war der damalige Stadtrat für Kultur der Stadt Wien, Viktor Matejka, der mir ein echter Freund wurde.

Er hatte ein richtiges, wenn auch uraltes Auto zur Verfügung, und Hilde und ich waren sicher das einzige Ehepaar, das an diesem Tage im Auto beim Standesamt vorgefahren ist. Außerdem schenkte mir der Viktor noch ein halbes Kilo Kaffee – ein wahrhaft großherziger Mensch.

Matejka war auch der zuständige Stadtrat für die Standesämter, und der Standesbeamte war durch die Anwesenheit »seines« Stadtrates weit aufgeregter als wir.

Mein zweiter Trauzeuge war der Schwager von Hilde, und auch er schenkte uns eine Rarität der damaligen Zeit – eine Flasche Wein.

Da Hilde kaum je Wein trank, führte ich mir die ganze Flasche am Abend zu Gemüte und – die Hochzeitsnacht war im Eimer, weil ich so beschwipst war …

Na ja, immerhin hatten wir uns im Frühjahr 1943 kennen- und liebengelernt.

Zu der Zeit hatten wir noch ein wesentliches Stück Krieg miteinander zu gehen.

Es war im Jahre 1942, als mir der Cary Merz, der sich sehr für Astrologie interessierte, wieder einmal ein Horoskop erstellte. Nach heftigem Kopfschütteln teilte er mir mit, daß auf mich etwas sehr Unangenehmes wartete, genau könne er natürlich nicht sagen, was das wohl sein könne, aber eines könne er mit Sicherheit erkennen: Irgendwie würde ich meiner Freiheit beraubt werden – allerdings, so zeigen es die Sterne, ins Gefängnis oder ins KZ käme ich nicht.

Zwei Monate später trat genau das ein, was er mir prophezeit hatte: Ich wurde kriegsdienstverpflichtet und kam zur Firma Duhan als Dreher – ich, der ich gar nicht wußte, was das war, wurde zur Rettung des Dritten Reiches zum Dreher umfunktioniert.

Um einer neuen Dolchstoßlegende vorzugreifen, ich habe nie etwas gedreht! Ich habe tatsächlich nur Hilfsarbeiter-Dienste geleistet, und die nicht gut. Mit einem Wort, ich war gar nicht im Gelegenheitsverhältnis, das Dritte Reich durch schlecht hergestelltes Kriegsmaterial um den Sieg zu bringen.

Immerhin aber hatte ich 60 (in Worten sechzig) Arbeitsstunden abzudienen, und wenn nötig, wurde auch der Sonntag zum Werktag erklärt.

Da gab's wenig zu lachen! Dazu kamen die immer stärker werdenden Luftangriffe der Alliierten, hauptsächlich der Amerikaner, auf Wien.

Hilde, die inzwischen in mein Leben getreten war, wohnte in einem riesigen Gemeindebau, der seinen ursprünglichen Namen Karl-Marx-Hof natürlich nicht mehr tragen durfte. Ich durfte jedes Wochenende bei ihr verbringen.

Mit der Zeit gab es fast immer Fliegeralarm, und der ehemalige Karl-Marx-Hof war nur mit einfachen Kellern ausgestattet, in denen sich Hilde sehr fürchtete, wenn es ringsum krachte.

So hatten wir es uns zur Gewohnheit gemacht, sonntags vom Franz-Josefs-Bahnhof, der Hildes Wohnung gegenüber lag, mit einem Vorortzug nach Höflein, einige Kilometer außerhalb Wiens, zu fahren und den Tag dort im Wald, fernab der Bombenangriffe, die wir hören konnten, zu verbringen.

Doch an einem Wochenende streikte die geliebte Frau. Schon zwei Sonntage habe es keinen Fliegeralarm mehr gegeben, und sie habe die paar Stunden, an denen sie arbeitsfrei sei, statt in ihrer gemütlichen Wohnung im Wald von Höflein zubringen müssen. Daß ich dabei ihr untertäniger Begleiter war, erwähnte sie nicht.

Kurz und gut, sie erklärte: »Ich bleibe zu Haus – ich will mich endlich einmal erholen!!!«

Pünktlich um 11 Uhr vormittag ertönten die Sirenen, und wir mußten in den Keller, der riesengroß, aber wie gesagt, keineswegs sicher war – aber was war zu der Zeit schon sicher?!

Just an diesem Sonntag hatten sich die Amerikaner den Franz-

Josefs-Bahnhof als Ziel auserkoren. Es war furchtbar. Kinder und Frauen schrien, Männer brüllten Befehle, die keiner befolgte. Irgendwo schlug eine Bombe ein und verursachte Tote und Verwundete, wie wir nachher erfuhren.

Es war die Hölle. Die todbringenden Flugzeuge kamen in Wellen. Dazwischen gab es trügerische Pausen, in denen man hoffte, daß die Angreifer entweder abgeflogen waren – aus eigenem Entschluß, denn an die Wirkung der deutschen Abwehr glaubte damals sowieso niemand mehr.

In einer dieser Pausen sah ich mich nach Hilde um. Sie kniete in einer Ecke und hatte sich unter einer riesigen Decke versteckt – wie wenn das ein Schutz wäre! Offenbar hatte sie die Pause gar nicht mitbekommen und zitterte am ganzen Leib.

Da packte mich ein heiliger Zorn, ich riß ihr die Decke vom Kopf und herrschte sie an: »Na, erholst du dich ...?«

Ein anderes Luftschutzkeller-Abenteuer beweist, wieviel Glück ich in diesem unglücklichen Krieg trotz allem hatte.

Da Hilde und ich in sehr entgegengesetzten Gegenden arbeiteten, hatte es sich ergeben, daß wir an Wochentagen nie zusammen im »Bunker« waren.

Ich ging in einen Keller, der sich unter den Kammerspielen befand, einem Theater, das später eine große Rolle in meiner Karriere spielen sollte. Es war ein ganz gewöhnlicher Keller, noch gefährdeter als der im ehemaligen Karl-Marx-Hof, aber erstens wollte ich die großen, öffentlichen Bunker nicht, und dann – hatte ich dort eine Kartenpartie mit dem Verwaltungsdirektor der Kammerspiele und dem bekannten Komiker Rudolf Carl als Partner. Wir spielten Preference, ein in Österreich sehr beliebtes Spiel, das die Transferierung in die »Ostmark« ohne Schaden überstanden hatte.

Auch am 13. März 1945 eilte ich zu den Kammerspielen.

Diesmal aber war es anders, als wir es bisher erlebt hatten, und man hatte die gegnerischen Flugzeuge schon gehört, bevor noch, wie nun schon täglich, Alarm gegeben war.

Ich hetzte den schon gewohnten Weg an einem großen Gebäude, dem Philipp-Hof, vorbei, vor dessen Tor ein guter Bekannter als Luftschutzwart postiert war. Er rief mir zu: »Kommen Sie hier herein, Herr Eckhardt. Das ist der sicherste Keller von Wien – die sind schon ganz nahe.«

Das war auch deutlich zu hören, aber dennoch sagte ich: »Ich kann nicht, ich habe in den Kammerspielen eine Kartenpartie...«

Und das war mein Glück. Der Philipp-Hof wurde von zwei Bomben völlig zerstört, und alle Schutzsuchenden im Keller sind elend erstickt.

Im Keller der Kammerspiele waren diesmal in großer Zahl Frauen und Kinder, die dort sonst nur sporadisch aufschienen. Sie brachten eine hektische Stimmung in das sonst eigentlich, trotz allem, gemütliche Geschehen dieses Luftschutzkellers.

Wir ließen uns durch das Geschrei ebensowenig stören wie durch die immer näher kommenden Bombeneinschläge und spielten unsere Preference.

Plötzlich hatte ich in der Hand das Blatt des Jahrhunderts: As, König, Dame, Bub, Zehner. Es gab nur eine Möglichkeit, diese Partie zu verlieren: Ich hätte die Blödheit besitzen müssen, den Karo-Zehner auszuspielen.

Also sagte ich die Preference an, und der Rudi Carl gab – gewohnheitsmäßig – Kontra. Ich: Rekontra, er: Subkontra – und dabei ließ ich es siegessicher bewenden.

Gerade in dem Moment, als ich ausspielen wollte, schlug eine 500-Kilo-Bombe in der Rotenturmstraße, in der sich die Kammerspiele befinden, ein.

Es war entsetzlich. Kinder und Mütter bekamen Schreikrämpfe, die Männer waren totenblaß und starrten auf die Mauern, von denen der Mörtel herabfiel.

Nur einer war ruhig und ohne Furcht – und das war ich. Obwohl genauso erschüttert wie alle, versuchte ich die sogenannte Contenance zu bewahren und so, als sei gar nichts geschehen, das Kartenspiel fortzusetzen.

Doch aufgeregt, wie ich ja auch war, vergriff ich mich, spielte den Karo-Zehner aus – und verlor das Spiel des Jahrhunderts! Ich hab's den Amerikanern bis heute nicht verziehen...

Einen sogenannten Prominentenbunker gab es unter dem Hotel Imperial, in den ich durch meinen Freund Siegfried Breuer hineinkam. Dort lernte ich einen Mann kennen, der für meine Karriere sehr bedeutungsvoll und mein Freund werden sollte, Franz Stoß.

Doch davon später.

Der Sigi wohnte also im »Imperial«, und fast täglich versammelten sich in seiner Suite alte und neue Freunde: Teddy Kern, Fritz Hintz-Fabricius, Ferry Spinnler und der »Dreher« Fritz Eckhardt.

Wir waren eine Gesellschaft erbitterter Anti-Nazis, und dementsprechend liefen auch unsere Gespräche.

Eines Tages sagte der Teddy: »Ihr seid ja nicht normal! In dieser Suite hat der Hitler bei seinem letzten Wien-Besuch gewohnt – hier wimmelt es wahrscheinlich von Mikrophonen!«

Nach einer erschrockenen Pause rief der Sigi in alle Richtungen, in denen Mikrophone hätten versteckt sein können: »Alles nur Witz – s' war alles nur Witz...«

Wir lachten, aber es war uns innerlich nicht ganz wohl zumute. Wer das Dritte Reich nicht erlebt hat, kann sich überhaupt nicht vorstellen, wie man bespitzelt wurde und wie vorsichtig man sein mußte.

Ilse Werner, damals einer der beliebtesten Filmstars, war aber gar nicht zurückhaltend, obwohl ich sie immer wieder auf meine besonders prekäre Situation aufmerksam machte. »Das Wichterl« – so ihr Spitzname – schimpfte hemmungslos wie ein Rohrspatz.

Einmal kamen wir, sie, der Sigi und ich, nach einer Vorstellung in die Nobel-Gaststätte eines großen Hotels. Alle Plätze waren besetzt, nur an einem einzigen Tisch saß ein Herr allein.

Der Geschäftsführer war natürlich bemüht, seinen prominenten Gästen einen Platz zu besorgen. Er erbot sich, den einsamen Herrn zu fragen, ob wir an seinem Tisch Platz nehmen dürften. Den Namen des Herrn nannte er nur undeutlich, doch der war uns ja auch egal.

Der Herr war sehr höflich, hatte einen netten dunkelblauen Anzug an und – kein Parteiabzeichen.

Kaum hatten wir uns gesetzt, als Ilse schon mit einer Antinazi-Tirade begann und sich auch durch meine Tritte gegen das Schienbein nicht aufhalten ließ ...

Als sie später erfuhr, bei wem wir am Tisch gesessen waren, bekam sie es dann doch mit der Angst zu tun. Es war der Chef der Gestapo, der SS-Sturmbannführer Ernst Kaltenbrunner, der wegen seiner Grausamkeiten nach dem Krieg gehenkt wurde.

Wieder einmal hatte ich Glück gehabt, denn hätte der hohe Herr etwas gegen uns unternommen, wären die Ilse und der Sigi wohl weit glimpflicher davongekommen als ich.

Hitler selbst, der unter Schlaflosigkeit litt, war gerne mit Schauspielern beisammen, da er annahm, daß sie, ebenso wie er, die Nacht gern zum Tag machten.

Einmal versammelte er im Imperial eine illustre Gesellschaft von Künstlern um sich, darunter auch Zarah Leander. Als es immer später und später wurde, ohne daß der »Führer und

Reichskanzler« den geringsten Anschein erweckte, daß er das Fest in absehbarer Zeit für beendet erklären würde, begann die gute Zarah zu leiden.

Sie trug auch im Leben und nicht nur auf der Bühne ein so starkes Make-up, daß die Schminke ihr schönes Gesicht wie eine Maske bedeckte. Nach und nach begann nun diese Maske zu schmelzen, und dicke Tropfen Schminke rannen ihr die Wangen herunter.

Jane Tilden bemerkte das und wollte der Freundin helfen. Unbekümmert wie immer rief sie aus: »Mein Gott, die arme Zarah ist schon so müde!«

Ohne ein Wort zu sagen, stand Hitler auf und verließ brüsk den Saal. Unerhört, daß eine Frau es wagte, in seiner Gegenwart müde zu werden!

Der Sigi und ich verkehrten sehr oft bei der »Zehner-Marie«, einem Heurigenlokal, wo uns Mutter und Tochter Wewalka immer etwas Gutes aufzutischen bereit waren und auch für entsprechenden Alkohol-Nachschub sorgten, was besonders dem Sigi wichtig war.

Bei der Zehner-Marie lernten wir auch den »Amerikaner-Maxl« kennen, der so hieß, weil er vor dem Krieg einmal in den USA, und zwar in Hollywood, gewesen war.

Dort war er Chauffeur beim Sohn von Hugo von Hofmannsthal gewesen, dem Herrn Raimund, wie der Maxl ihn nannte.

Immer wieder schwärmte der Amerikaner-Maxl von der Zeit in Hollywood, das er – echt wienerisch – »Haliwud« nannte. Und er erzählte, wie ihn der Herr Raimund einmal aufforderte, für die amerikanischen Freunde ein echtes Wiener Gulyas, das er »Golasch« nannte, zu kochen.

Nun kocht man ein echtes Wiener Gulyas mit einem Stück Rind, das man in Wien »Wadschunken« nennt und vage als Wadenschinken ins Deutsche übersetzen könnte.

Empört sagte der Maxl zu mir: »Und glaubst du, daß *ein* Fleischer in Haliwud gewußt hat, wie Wadschunken auf englisch heißt?«

Wahrlich eine Bildungslücke der Amis.

In der Aussprache fremdländischer Worte erinnerte mich der Maxl an einen Maskenbildner namens Kress, der für seine Wortbildungen berühmt war. So erzählte er, daß es bei ihm zu Hause »Mussolini-Gardinen« gäbe.

Mir selbst sagte der Kress, als ich für die Schönbrunn-Film im Jahre 1953 einen Film über die Schönheit der Frauen schrieb: »Hören S', Sie san ja bled – die Schönbrunn-Film dreht Ihren Film in zwei Visionen – eine für Südamerika – und Sie kriegens' nur einmal bezahlt – wo bleibt da der Rabbach von dem Moischele?«

Als sich der Krieg seinem Ende näherte, fuhr Hilde zu ihrer Mutter in das Waldviertel und verkleidete sich dort so wirksam als alte Frau, daß sich selbst die weibersüchtigsten Sowjetsoldaten angewidert von ihr abwendeten.

Ich selbst blieb in Wien zurück und wohnte beim Cary Merz, da meine Atelierwohnung zerbombt war. Ich habe – auch das ist typisch für mein Leben – den Einmarsch der so sehr herbeigesehnten Befreier verschlafen!

Und damit bin ich wieder zurück im Jahre 1945, in dem für mich ein völlig neues Leben begann – an der Seite einer Frau, die mir nur einmal einen wirklichen Schmerz bereitete, als sie mich im Jahre 1987 für immer verließ.

Leiter einer Widerstandsgruppe und Theaterdirektor –
Dreharbeiten zur *Letzten Brücke* in Jugoslawien –
Helmut Käutner, Bernhard Wicki, Carl Möhner
und ein Fräulein vom Amt

Über die Schwierigkeiten der Nachkriegszeit möchte ich gern hinweggehen. Alle, die sie erlebt haben, werden sie nie vergessen, und die, die sie nicht erlebt haben – also die überwiegende Mehrzahl unserer Zeitgenossen –, können sich einfach nicht vorstellen, was damals, besonders anfangs, geschehen ist.

Ich sehe sie noch vor mir, die braven Straßenbahner, die eigenhändig, unter Totaleinsatz ihrer Kräfte die Waggons einzeln über die Geleise zogen. Ich erinnere mich an die tapferen Feuerwehrleute, die sich bemühten, die Wiener Staatsoper vor der endgültigen Zerstörung durch Feuer zu retten, ohne verhindern zu können, daß blutjunge Sowjetsoldaten, im Rausch des Sieges und des Alkohols, die Wasserschläuche zerschnitten.

Wie heute sehe ich mich zusammen mit dem Cary Merz einen Karton mit Wein- und Schnapsflaschen für einen messerbewaffneten Tataren durch die brennende Kärntnerstraße schlepppen, ohne zu wissen, wohin uns der herrische Soldat zu dirigieren gedachte.

Da sah ich, wie das Artilleriefeuer der Deutschen, die noch immer jenseits der Donau kämpften, immer näher kam. In den nächsten Minuten mußten die Granaten ungefähr die Stelle erreichen, wo wir uns mit dem schweren Karton abschleppten.

Da sagte ich zum Cary: »Paß auf, ich zähle langsam bis drei! Bei drei stellen wir den Karton auf die Erde und rennen!«

»Er wird uns nachschießen«, meinte der Cary.

»Womit?« fragte ich. »Der Kerl hat doch nur ein Messer und kann uns nie und nimmer erwischen, wenn wir wegrennen. Dazu ist er zu besoffen!«

Gesagt getan, auf drei stellten wir den Karton nieder und liefen im wahrsten Sinne des Wortes um unser Leben.

Der Sowjetmensch war zunächst so verblüfft, daß er überhaupt nicht reagierte, dann aber schrie er uns schrill etwas nach – ich könnte wetten, es waren die unflätigsten Schimpfworte, die es in seiner Sprache gab.

Einige Tage später fand ich mich als Leiter einer Zweigstelle der Widerstandsgruppe wieder. Das kam so.

Teddy Kern, der ebenso wie ich keinerlei aktiven Widerstand geleistet hatte, dessen antinazistische Einstellung aber in den entsprechenden Kreisen bekannt war, hatte diese Stellung angeboten bekommen. Richtigerweise erkannte er dabei, daß er dafür ungeeignet war und schlug mich als Ersatz vor, wobei er erklärte, mir als Assistent zur Seite zu stehen.

Diese Assistenz spielte sich dann so ab. Ein Mann kam totenblaß in unsere Dienststelle: »Meine Herren, helfen Sie mir. Ich hab ein Installateurgeschäft, und die Russen zertrümmern mir die ganze Ware!«

Darauf der Teddy: »Sagen Sie, haben Sie vielleicht eine kleine Wanne, die man in eine Dusche einbauen kann? So was brauche ich nämlich!«

Barsch brachte ich Teddy zum Schweigen – aber für den armen Installateur konnte ich leider nichts tun.

Ich hatte zwar eine Menge sogenannter Mitarbeiter, doch

meine Aufgabe schien hauptsächlich darin zu bestehen, gerade diese Mitarbeiter – oder sagen wir die Mehrzahl von ihnen – daran zu hindern, sich den plündernden Horden, die nicht nur aus Russen bestanden, anzuschließen.

Dennoch konnten wir manchen unserer Mitbürger helfen, vor allem weil wir die Kommandatura der Sowjets hinter uns wußten. Die wandte sich auch gelegentlich an uns, meist mit Aufträgen, die wir beim besten Willen nicht erfüllen konnten. Zum Beispiel sämtliche zirka 500 Toten, die in der Kärntnerstraße lagen, binnen 24 Stunden zu begraben. Als mir ein Major diesen Befehl erteilte, konnte ich nur müde lächeln – und zum Schluß lächelte er auch.

Ein junger sowjetischer General war den Heldentod gestorben. Wenn man als Heldentod bezeichnen kann, daß man ihm im Feldhospital der Roten Armee am Tag nach einer Blinddarmoperation Sauerkraut zu essen gab, das ihn schnell hinwegraffte.

Immerhin muß er ein sehr verdienter General gewesen sein, denn er wurde drei Tage lang im Foyer des Hotel Imperial aufgebahrt, und zahllose sowjetische Sodaten aller Gattungen und Ränge zogen an seiner Bahre vorbei, manche mit Fahrrädern, einzelne mit Pferden.

Mir war zu dieser Zeit die Aufgabe zugefallen, die Wiener Philharmoniker zu reaktivieren. Das war gar nicht so leicht, denn sie waren alle Parteigenossen gewesen, und soweit sie nicht geflüchtet waren, hielten sie sich versteckt. Es bedurfte vieler Mühe, bis ich – gestärkt durch einen Jeep mit vier Sowjetsoldaten und einigen Wodkas – ein halbwegs repräsentatives Orchester beisammen hatte, das am Sarg des durch Sauerkraut gefallenen Generals den Trauermarsch von Chopin intonierte – und zwar stundenlang. Denn kaum wollten die braven Musiker aufhören, stürzten einige Offiziere herbei und befahlen weiterzuspielen, den ganzen lieben langen Tag und nur den Trauermarsch von Chopin.

Die Musiker bekamen allerdings ein ausgiebiges Mittag- und Abendessen, und das war wahrlich ein Honorar, das in diesen Tagen fürstlich zu nennen war.

Endlich wurde der General bestattet, und zwar im Volksgarten, in dem er viele Jahre ruhte, bis er 1955 mit der Roten Armee zusammen nach Hause zurückkehrte.

Natürlich unter den Klängen des Trauermarsches von Chopin.

Die größte Sorge galt meiner Hilde, von der ich natürlich nichts gehört hatte. Von einer Reise ins Waldviertel konnte auch keine Rede sein. Mir blieb nur die Hoffnung, sie wiederzusehen.

Meine politische Tätigkeit war bald zu Ende. Die ehemaligen Parteien der ersten Republik Österreich wurden reaktiviert, und damit bestand für eine Tätigkeit von Widerstandsgruppen keine Notwendigkeit mehr.

Ich wollte mich zunächst der Politik zuwenden, überlegte es mir aber dann zum Glück doch und versuchte, in meinem alten Beruf wieder eine Chance zu ergattern.

Sie bot sich sehr bald.

Der Besitzer des Kaffee Prückl, in dem sich einst der »Liebe Augustin« befunden hatte, bot mir an, eine Kleinkunstbühne unter demselben Namen wieder zu eröffnen. Ich griff natürlich zu.

Rasch hatte ich ein Autorenteam beisammen. Außer mir gehörten ihm Carl Merz und Kurt Nachmann an, und wir schrieben rasch ein ganz neues und zeitgemäßes Programm, so daß der »Liebe Augustin« bereits am 1. Juni 1945 wieder als Kleinkunstbühne aktiv war.

Auch Hilde kehrte unversehrt und hübscher denn je zurück, und mein Glück war nicht zu überbieten.

Wir spielten um 17 Uhr, denn abends und nachts waren die Wiener Straßen damals noch nicht sicher.

Die Sowjets, repräsentiert durch einen älteren Major namens Levitas, standen uns sehr wohlwollend gegenüber, wie übrigens jeglicher Kulturregung. Die Führung der Roten Armee hatte auch dafür gesorgt, daß in Wien kein einziges Theater beschädigt wurde, jedenfalls nicht durch direkte Kampfhandlungen. Burgtheater und Staatsoper waren ja durch den Bombenkrieg zerstört worden.

Die Premiere am 1. Juni war glanzvoll.

Ich erinnere mich besonders an das kleine Stück *Gespenst auf Reisen*, in dem ich das Gespenst spielte, das für einen Tag wieder zur Erde zurückkommen durfte.

Das spielte sich so ab.

Auf einer belebten Straße – soweit man das auf einer Kleinkunstbühne zeigen kann – blieb ein Mann plötzlich stehen und fragte mich: »Sagen Sie, sind Sie nicht der Herr Peloschek?«

»Ja, der bin ich!«

»Aber Sie sind doch gestorben?!«

»Ja, warum?«

Es stellte sich dann heraus, daß dieser Herr Peloschek mitten im Krieg an einer Lebensmittelvergiftung gestorben war und keine Ahnung hatte, was seit damals auf Erden geschehen war. Er sprach von der siegreichen Armee Hitlers und der sicheren Niederlage, die die »Feinde« erwarten würde. Nun, das war rasch aufgeklärt.

Doch der Peloschek wußte, wer alles in dem Haus, in dem er wohnte, ein Nazi gewesen war – nämlich alle. Und alle, alle leugneten es, wie es die kleinen Nazis damals tatsächlich taten. Obwohl sich mancher in dem Stück selbst erkennen mußte, lachte das Publikum aus vollem Hals, und der Major Levitas erklärte mir allen Ernstes, daß ich in der Sowjetunion sicherlich einen Orden als verdienter Künstler für diese Darbietung bekommen hätte.

Die Sowjets förderten uns in jeder Weise, aber natürlich übten sie auch eine versteckte Zensur aus, wie das eben in autoritären Staaten unumgänglich ist, und schon gar bei einer Besatzungsarmee.

Der zuständige Offizier war ein Major mit dem echt russischen Namen Goldenberg. Er konnte gelegentlich sehr hart sein, umsomehr, als ich mir nicht alles gefallen ließ und öfters ganz schön aufmuckte.

Dann sagte er: »Herr Direktor, es soll sein zwischen uns kein Bös!«

Und zwar in einem Ton, der mich veranlaßte, darauf zu achten, daß zwischen uns tatsächlich kein »Bös« entstand.

Ich habe das große Glück gehabt, in zwei Kriegen nicht einen einzigen Tag Soldat gewesen zu sein. Im Ersten Weltkrieg war ich noch zu jung, um einzurücken, und im Zweiten hat man auf mich aus »rassischen« Gründen verzichtet, obwohl ich zur Musterung angetreten war und von einem Stabsarzt, der mich kaum ansah, für tauglich erklärt worden war.

Natürlich war ich als Schauspieler oft beim Militär, und zwar in allen Chargen, die es gab, zuletzt als General im *Feldherrnhügel* fürs Fernsehen.

Im Jahre 1953 spielte ich wieder einmal einen Soldaten, den Feldwebel Haslinger in Käutners berühmtem Film *Die letzte Brücke*.

Kinofilme entstanden und entstehen oft auf merkwürdige Art und Weise, und der Erfolg ist unberechenbar. So hatte zum Beispiel der Film *Eine Frau, die weiß, was sie will* mit Lilli Palmer, an dem ich als Autor und Darsteller beteiligt war, 1958 bei der Premiere in Düsseldorf einen solchen Bombenerfolg, daß man ihm eine lange Laufzeit in den Kinos prophezeite. Aber schon die erste Vorstellung am nächsten Tag wurde abgesagt – es waren nur zwei Karten verkauft worden. Und so ging es mit dem »Riesenerfolg« weiter.

Mit dem Buch *Die letzte Brücke* war Käutner jahrelang sozusagen hausieren gegangen – ohne Erfolg. Auch seine präsumtive Hauptdarstellerin Maria Schell fand zu der Zeit bei den Filmproduzenten keinen Anklang, sie galt mehr oder weniger als passé.

Nach langer Irrfahrt erklärte sich der österreichische Mühlenbesitzer und Wiener Zeitungsherausgeber Ludwig Polsterer bereit, den Film zu finanzieren, umsomehr als sich die offiziellen jugoslawischen Filmdienststellen bereit erklärten, ihrerseits mit 50 Prozent in den Film einzusteigen.

Den Feldwebel Haslinger sollte Gert Fröbe spielen. Er mußte aber aus terminlichen Gründen absagen, und so engagierte Polsterer mich und schickte mich nach Jugoslawien.

Als Käutner hörte, daß ein gewisser, ihm völlig unbekannter Fritz Eckhardt den Haslinger spielen sollte, sagte er: »Der soll nur kommen, der spielt die Rolle nie!«

Nun, ich habe die Rolle gespielt, und zwischen Helmut und mir entstand eine Freundschaft, die mich Jahrzehnte beglückte – nur zusammengearbeitet haben wir nie mehr.

Zunächst aber gingen die Dreharbeiten für die *Letzte Brücke* nicht los. Die Jugoslawen erklärten plötzlich, das Ganze sei ein Hörfehler am Telefon gewesen und sie hätten sich nur bereit erklärt, sich mit 5 Prozent zu beteiligen.

Polsterer mußte das akzeptieren und finanzierte den Film zu 95 Prozent. Als er dann Millionen Dollars einspielte, haben die Jugoslawen sehr dumm aus der Wäsche geschaut.

Lange saßen wir also untätig in Mostar, einem romantischen Städtchen, aber mit sehr wenig Unterhaltungswert.

Eines Tages wollte ich meiner Frau schreiben, um ihr den

Grund der Verzögerung mitzuteilen. Ich fand eine hübsche Karte, auf der die »echte« letzte Brücke abgebildet war, und ging auf die Post, um sie aufzugeben.

Das Postfräulein am Schalter schien nett zu sein, und so fragte ich sie freundlich, wie lange die Karte wohl nach Wien gehen würde. Doch das Mädchen schüttelte den Kopf und sagte in vermeintlichem Deutsch: »Ich nix verstahn!«

Nun saßen und sitzen auf Postämtern in Jugoslawien immer irgendwelche Leute herum – was sie dort eigentlich treiben, außer zahllose Zigaretten zu rauchen, weiß ich nicht. Einer der Herumsitzenden also trat zu mir und sagte: »Ich Student, ich spreche deutsch – was willst du?«

Ich war schon ein bißchen gereizt und sagte leicht erregt: »Fragen Sie bitte diese Taubstumme, wie lange diese Postkarte nach Wien gehen wird!«

Der Student nickte und fragte das Mädchen in mir unverständlicher Sprache um das, worum ich ihn gebeten hatte.

Sie verstand, lächelte mir zu und sagte, indem sie mir acht Finger entgegenstreckte: »Acht Tag!«

Ich fuhr wütend auf: »Was?«

Das Mädchen erschrak und sagte eingeschüchtert: »Drei Tag!« Sie ließ also mit sich handeln.

Daß die Karte dann fast drei Wochen brauchte, bis sie nach Wien kam, steht auf einem anderen Blatt. –

Tags darauf kam Bernhard Wicki zu mir: »Du, mir ist so fad, hast du Lust mit mir zu fahren? Es gibt da einen Ort mit frühchristlichen Gräbern, er heißt Stolac, und ich fahre heute hin.«

Nun gibt es wenige Dinge, die mich noch weniger interessieren als frühchristliche Gräber, aber mir war auch fad, und der Wicki hatte ein flottes Auto – also ich fuhr mit ihm nach Stolac. Es war eine mühsame Fahrt über holprige, steinige Straßen, bei glühender Hitze. Die frühchristlichen Gräber bestanden aus unansehnlichen Steinen, und sosehr sich Wicki Mühe gab, diese Fahrt als archäologische Entdeckungsreise zu deklarieren, ich bereute es tief, mit ihm nach Stolac gefahren zu sein. – Am nächsten Tag begannen endlich die Dreharbeiten – in Stolac!

Fast vierzehn Tage fuhren wir dorthin, und mit der Zeit wurde es Brauch, daß Carl Möhner, der einen Cadillac besaß, den größten Teil der Mitwirkenden mitnahm. Platz war in dem Nobelgefährt ja reichlich.

Stolac besaß zwar frühchristliche Gräber, aber völlig untaugliche Klosetts, in denen es nur Stehplätze gab. So bürgerte es sich ein, daß wir mit dem Cadillac nach Stolac fuhren, der gefällige Carl Möhner mitten im Wald anhielt und rief: »Herren links aussteigen, Damen nach rechts!«

So wie es heute bei gewissen Autobusfahrten üblich ist – aber in einem Cadillac ist das doch ein bißchen ungewöhnlich. –

Eines Tages wurde uns mitgeteilt, daß wir aus dem recht komfortablen Hotel, in dem wir wohnten, heraus müßten. Käutner erklärte sofort, er würde augenblicklich abreisen, wenn das tatsächlich geschehen würde.

Die Jugoslawen standen unter Zeitdruck, denn sie hatten unsere Zimmer bereits an eine devisenträchtige englische Reisegruppe vermietet – offenbar die Erfindung der Überbuchung, die ja auch heutzutage noch blüht.

Endlich erklärte man uns, daß wir in einem neuerbauten Offiziersheim für Luftwaffenoffiziere untergebracht würden, und nachdem er es persönlich besichtigt hatte, erklärte uns Helmut Käutner, er sei mit der Übersiedlung einverstanden.

Es war ein heißer Drehtag! Die Straße, über die wir marschieren mußten, war noch staubiger, als es das Drehbuch vorschrieb, und wir waren wahrhaftig nicht sommerlich gekleidet. Ich hatte außer der dicken Uniform noch Gewehr, Pistole und Gasmaske zu tragen – es war wie im Krieg.

Als wir endlich in unserem neuen Quartier landeten, hatte die Aufnahmeleitung schon vorgesorgt. Es gab nur Einzelzimmer, und auf jeder Tür war ein Zettel mit dem Namen des neuen Inhabers befestigt.

Ich stürzte ins Zimmer, zog sofort Stiefel und Uniform aus und stürzte unter die Dusche – die nicht funktionierte. Kein einziger Tropfen kam heraus, da konnte ich drehen, wie ich wollte – es gab kein Wasser.

Wütend, vor allem daß ausgerechnet mir so was passierte, zog ich mir etwas über und verließ das Zimmer. Am Korridor traf ich Bernhard Wicki, und bevor ich ihm meine Wut schildern konnte, sagte er erbost: »Stell dir vor, meine Dusche ist kaputt – nicht ein Tropfen Wasser kommt heraus!«

Es stellte sich heraus, daß es in dem ganzen Gebäude kein Wasser gab. Wir erfuhren, daß dem Offiziersheim zu gewissen Stunden, wenn am nahegelegenen Flugplatz besonders viel Wasser gebraucht wurde, einfach der Hahn abgedreht wurde. Man hatte nur »vergessen«, uns das vorher mitzuteilen.

Nun gingen wir einfach in die nahe Neretva baden – und die hatte 14 (vierzehn!) Grad! –

Am nächsten Tag hätte ich beinahe ein gefährliches unfreiwilliges Bad in demselben Fluß genommen.

Wir drehten einen Schnellbootangriff auf der Neretva. Dazu benützten wir erbeutete deutsche Schnellboote, und die Jugoslawen bestanden darauf, daß diese auch bei den Aufnahmen nur von jugoslawischen Soldaten gesteuert werden durften, die man zu diesem Zweck in deutsche Uniformen gesteckt hatte.

Dagegen wäre nichts zu sagen gewesen, aber wieder einmal hatte man uns nicht alles gesagt – vor allem nicht, daß diese Soldaten frisch eingerückt waren und vom Steuern eines Schnellbootes keine Ahnung hatten.

Da ich als Feldwebel in dem Boot das Kommando hatte, erkannte ich die Situation sehr bald. Mit vor Angst aufgerissenen Augen saßen diese halben Kinder da, keiner versuchte irgend etwas zu tun, und das Boot raste auf der reißenden Neretva, die an dieser Stelle auch noch etwa neun Meter tief ist, dahin.

Zum Glück gab es dort eine kleine Insel. Irgendwie sind wir auf ihr gelandet, und zwar mit solcher Wucht, daß wir alle aus dem Boot geschleudert wurden und über das ganze Inselchen verstreut am Boden lagen.

Käutner kam erschrocken heran.

Ich stürzte wütend auf ihn zu: »Was hättest du getan, wenn ich ersoffen wäre?«

Noch im Schock sagte er: »Dann hätte ich nicht weitergedreht!«

Im Jahre 1946 wurde ich der Direktor des Wiener Künstlertheaters – aus dem inzwischen ein Verkaufsladen einer bekannten Großhandelskette geworden ist. Zu Recht.

Ich eröffnete das Theater am 1. September mit dem eigenen Stück *Das andere Gesicht* mit Siegfried Breuer und Uschi Lingen in den Hauptrollen.

Über ein Jahr lang ging das Theater recht gut, dann aber kam die Währungsreform, und man bekam plötzlich alles, wirklich alles zu kaufen. Kein Mensch ging mehr ins Theater.

Gewarnt durch das Schicksal meines Vaters, wollte ich das Theater so rasch wie möglich loswerden und übergab es dem Kollegen Walter Josef Keller.

Er war mir aus der Kriegszeit bekannt. Damals leitete er eine Bühne, die so nahe wie möglich an die Front heranreiste und die Soldaten unterhielt. Nach der Vorstellung gab es ein Menü, von dem man damals in zivilen Kreisen nur träumen konnte. Der kommandierende General hatte auftischen lassen, was gut und – na ja, teuer war es ja für die Armee nicht, aber es war wirklich gut, sogar sehr gut.

Nach dem Essen erhob sich Direktor Keller und sagte sonor: »Herr General, im eigenen Namen sowie im Namen meiner Truppe bedanke ich mich herzlich für das frugale Mahl!« –

Fronttheater gab es auch im Ersten Weltkrieg, und mein Vater hat in Triest, das damals von der Bevölkerung evakuiert war, ein reguläres Operettentheater geleitet. Der Besuch durch die Soldaten und Matrosen – Zivilisten gab es ja keine – war ungeheuer. Weniger weil gutes Operettentheater geboten wurde, sondern weil der Bühne nicht weniger als zwölf bildhübsche Chordamen angehörten, die das Militär zumindest sehen wollte...

Dann aber geschah das Malheur. Einige Solaten wurden geschlechtskrank. Und das konnten nur die hübschen Chordamen auf dem Gewissen haben, denn außer denen gab es keine weiblichen Wesen in Triest, von einigen steinalten Klosterschwestern abgesehen.

Der kommandierende Admiral – es war der spätere ungarische Staatschef Nikolaus von Horthy – gab sofort den Befehl, die Chordamen allesamt nach Hause zu schicken und von jetzt ab nur chorlose Operetten zu spielen. Da das den sicheren Ruin des Theaters bedeutet hätte, beschwor mein Vater die Militärs, diese grausame Verordnung zurückzunehmen.

Endlich stimmte das Oberkommando unter einer Bedingung dem Verbleib der Chordamen zu. Es müsse dafür gesorgt werden, daß keine der Damen mit irgendeinem Soldaten, welcher Waffengattung auch immer, in Berührung käme.

Und so geschah es, daß die Chordamen vor der Vorstellung von Feldgendarmen mit aufgepflanztem Bajonett ins Theater geführt wurden. Die Feldgendarmen warteten die ganze Vorstellung hinter der Bühne und brachten dann die Damen wieder in ihre Unterkünfte zurück. –

Später mußte mein Vater selbst einrücken, und auch das ist ein bezeichnendes Stück aus der Geschichte der k. u. k. Armee, wie es sich selbst ein Roda Roda nicht hätte ausdenken können.

Mein Vater war an der italienischen Front und natürlich sehr unglücklich.

Da kam eines Tages der kommandierende General zur Visite. Mein Vater erkannte ihn sofort, er war Stadtkommandant in Wiener Neustadt gewesen, als mein Vater dort Theaterdirektor war.

Auch der General erkannte meinen Vater und sagte verblüfft: »Sie waren doch Direktor in Wiener Neustadt?«

Als mein Vater bejahte, sprach der General den für einen Kriegsschauplatz etwas ungewöhnlichen Satz: »Ja, was machen Sie denn hier?!« Und bestellte Vater zum Rapport.

Dabei fragte er ihn, ob er in Wien die Firma Huber & Lerner kenne, das bekannteste Geschäft für Bürozubehör. Als mein Vater bejahte, verfügte der gütige General: »Sie kriegen einen Marschbefehl, reisen unverzüglich nach Wien, gehen zu Huber & Lerner und besorgen für mich einen Bleistift, Nummer 2 und weich! Haben Sie verstanden?«

Mein Vater hatte verstanden, bedankte sich, fuhr unverzüglich nach Wien und wurde dort für den Rest des Krieges freigestellt.

Den Bleistift hat er vergessen zu besorgen ...

»Herr Eckhardt, machen S' einen Witz!«

Über den Rundfunk zum Fernsehen – Riesenerfolg mit
»Rendezvous in Wien« – Georg Marton, Hans Schweikart,
Michael Kehlmann, Theo Lingen, Willy Reichert
und Theodor Heuss

Ich war also nach kurzem Intermezzo als Direktor wieder
Freischaffender, und das gute, alte Radio kam wieder auf
mich zu wie auf einen langvermißten Sohn.

Es gab Hörspiele, Interviews, Bunte Abende, die dann zu
öffentlichen Sendungen mit Publikum wurden.

Ein Anfänger machte mich damals auf der Probe furchtbar
nervös – er hieß Peter Alexander. Er spielte auch seine erste
Bühnenrolle in einem Stück von mir, dem einzigen, das
richtig durchgefallen ist – aber dafür konnte der Peter nichts.

Der Direktor, der diese *Miss Austria* aufführte, hieß Franz Stoß
und war jener Mann, den ich im Nobelbunker des »Imperial«
kennengelernt habe und der in meinem Leben eine entscheidende Rolle gespielt hat. Es ist ihm nicht hoch genug anzu-
rechnen, daß er trotz dieses fulminanten Durchfalls dann
doch wieder ein Stück von mir gespielt hat, es war das
Lustspiel *Rendezvous in Wien,* das er im Jahre 1955 in den
Kammerspielen zur Uraufführung brachte und das ein Sensationserfolg in Österreich und Deutschland wurde.

Bis dahin aber war es ein langer Weg. Ich machte alles, was
Geld brachte. Denn ich hatte von meiner Direktionszeit Schulden und wollte die so bald wie möglich loswerden. Auch
meine Frau hat mich darin unterstützt und fleißig an ihrem

Operationsstuhl gearbeitet, und das Schöne daran war, daß uns beiden unser Beruf viel Freude machte.

Dann kam das Fernsehen!
Ich wußte vom ersten Moment an, daß das mein Vehikel war, daß man mit dem Fernsehen das erreichen konnte, was sich jeder Schauspieler wünscht – Popularität.

Ich bin stolz auf die Popularität, die ich genieße, und kann nur lächeln über Kollegen, die sich eine schwarze Brille aufsetzen, damit man sie nicht erkennt – und wenn man sie dann nicht erkennt, sind sie beleidigt!

Natürlich könnte ich auch sagen: Ich bin alt, unabhängig und populär! Aber irgend etwas schadet mir immer. Und es ist doch nur ein ganz kleiner Kreis, der mich deshalb nicht mag – eine Runde aggressiver anonymer Briefschreiber, die mich hie und da beschimpfen, ich nehme an, weil sie meine Einnahmen maßlos überschätzen. Sie sollten lieber den Herrn Finanzminister beschimpfen.

Popularität bringt auch köstliche Begegnungen. Zum Beispiel mit dem Mann, der mich ansprach: »Entschuldigen Sie, sind Sie der bekannte Fernsehteilnehmer?«

Oder mit dem Mädchen, das bei meinem Anblick ausrief: »Jöh, der Eckhardt – bitte, machen S' einen Witz!«

Lange Zeit hat man mich als Herrn Knuth oder Herrn Sima angesprochen, bis ich endlich zum Herrn Eckhardt wurde – oder zum Herrn Marek oder dem Huber aus dem »Sacher«. Und dennoch ist der Schlüssel zum Erfolg das Unverwechselbare.

Dazu eine Geschichte aus den frühen Tagen des Unterhaltungsgeschäftes in den USA, als noch ganze Kompanien von Schauspielern, Artisten und sonstigen Show-Attraktionen durch die Lande zogen.

Da gab es eine sensationelle Darbietung: Ein siamesisches

Zwillingspaar, zwei entzückende Mädchen von 18 Jahren, die zusammengewachsen waren, sangen und tanzten, daß das Publikum vor Begeisterung tobte. Abgesehen vom Können bewunderte man den Mut und die Energie der beiden, die ihr schweres Schicksal auf so bravouröse Weise meisterten.

Dann aber geschah etwa Tragikomisches. Eine der Schwestern, Ellen, verliebte sich unsterblich in den Kapellmeister, der die Show in Boston dirigierte.

An ein Happy-End war aus zwei Gründen nicht zu denken: Erstens war Ellen an ihre Schwester untrennbar gebunden und zweitens der Kapellmeister an seine Frau, die ihn überallhin begleitete. Und am Ende des Monats war alles vorbei, die zusammengewachsenen Geschwister hatten ein Engagement in Washington, und der Kapellmeister dirigierte eine Operette in Denver.

Doch wie das Schicksal so spielt, als Ellen viele Monate später mit ihrer unvermeidlichen Schwester und Partnerin die Bühne in Las Vegas betrat, wer saß am Dirigentenpult? Der geliebte Kapellmeister.

Ellen trat mit ihrer Schwester ganz vorne an die Rampe und sprach den heimlichen Geliebten an: »Ich weiß nicht, ob Sie sich noch an mich erinnern können...?!«

Ich liebe solche leicht skurrilen Geschichten. –

Skurril war auch der Kollege Hans Magel, mit dem ich an den Münchner Kammerspielen unter Hans Schweikart engagiert war.

Magel war ein ruhiger, liebenswerter Mensch, er hatte nur leider die Eigenschaft extrem unpünktlich zu sein. Das ging so weit, daß er eines Abends vergaß, rechtzeitig ins Theater zu gehen, und seinen Auftritt im ersten Akt versäumte. Schweikart war so wütend, daß er es nicht in seinem Büro aushielt, sondern auf die Straße eilte, um Magel die Leviten zu lesen, wenn er sich doch noch einfinden sollte.

Da kam er auch gemächlich seines Weges zum Bühneneingang.

Schweikart lief auf ihn zu und brüllte: »Sie haben Ihren Auftritt versäumt!«

Magel erschrak entsetzlich, faßte sich aber schnell: »Macht nix, ich hab im zweiten Akt ja noch einen Auftritt!« –

Der Ärztestand ist besonders anfällig für skurrile Erscheinungen.

Der berühmte Kinderarzt Hofrat P. stand kurz vor seiner Pensionierung – um die Wahrheit zu sagen, es war Zeit, daß er sich zurückzog. Jeder, außer ihm, wußte das.

Einmal untersuchte er fast eine Stunde lang ein Kind, das eine schwere Angina hatte und an Herzrhythmusstörungen litt. Verwundert stand eine Ärzte-Corona um ihn herum, aber er untersuchte und untersuchte. Am Ende richtete er sich auf und verkündete seine Diagnose: »Ohne Zweifel – ein schwerkrankes Kind!«

Sprach's und ging in sein Büro zurück. –

Ein ganz besonderes Original war der weltbekannte Ohrenarzt Professor Neumann, der Bruder des Ledergroßwarenhändlers Neumann, genannt »Taschel-Neumann«. Der Professor aber hieß »Haschel-Neumann«. Niemand wußte, warum er so genannt wurde – natürlich nur hinter seinem Rücken.

»Haschel-Neumann« hatte einen Privatpatienten, der zum ersten Mal zu ihm in die Ordination gekommen war. Gewissenhaft, wie es seine Art war, untersuchte er den Mann. Als er die Prozedur beendet hatte, bat er den Mann, ihn mit seinem Assistenten allein zu lassen.

Erbost fragte der Patient, was das zu bedeuten habe. Er denke nicht dran, aus dem Zimmer zu gehen, wenn der Professor mit seinem Assistenten über ihn spräche.

»Ich möchte meinen Assistenten etwas fragen«, sagte Professor Neumann ruhig.

»Über mich?«

»Sehr richtig.«

»Dann stellen Sie die Frage bitte in meiner Gegenwart!«

»Das möchte ich eigentlich nicht!«

»Ich bestehe darauf.«

»Na schön«, sagte Neumann und wandte sich an seinen Assistenten: »Glauben Sie, hat der alte Idiot a Geld?«

Mein erstes »richtiges« Fernsehen machte ich in Stuttgart – wo sonst?

Vorher gab's im österreichischen Versuchsprogramm, wie das damals hieß, zwei Auftritte. Einen im Künstlerhaus, wo ein Sketch von und mit mir von einem Saal in den anderen übertragen wurde.

Dann *Die Wunder-Bar* von Karl Farkas, der auch Regie führte und wieder seine ulkigen Sprüche losließ.

Als ein alter Schauspieler, der längst in Pension war und den Farkas engagiert hatte, immer wieder den Text nicht konnte, sagte Farkas zu mir: »Wenn ich gewußt hätte, wie verkalkt der ist, hätte ich ihn nicht exhumiert!« –

In Stuttgart war ich für eine Revue engagiert. Max Greger und sein Orchester wirkten mit sowie eine blutjunge Sängerin namens Inge Brück, die dann große Karriere machte, und ein Schweizer Komiker, dessen Namen ich verdrängt habe und der mir vor lauter Übertreiben beinahe mit der Spitze einer Schere ins Auge gefahren wäre – ein ernst zu nehmender Komiker ...

Regie führte ein junger Mann, der eigentlich als Cutter engagiert war und über den ich dem Fernsehdirektor Jedele sagte: »Also eines kann ich Ihnen sagen, aus dem Jungen wird nie im Leben ein Regisseur.«

Der Junge hieß Michael Pfleghar. Wie man sich täuschen kann! Damals gab es nicht weniger als vier Kameras, von denen drei bei der Live-Sendung nach und nach »eingingen«, so daß wir alles, was wir vier Wochen lang mit vier Kameras probiert hatten, in diese eine spielen mußten.

Wir hatten auch zahllose Mikrophone, die von einer süßen blonden schwäbischen Tonmeisterin bedient wurden. Schon bei der Generalprobe kam das Mädchen aus seiner Kabine mitten in unseren Dialog herein und verkündete mit strahlendem Lächeln: »Es isch alles z'ammbroche...!« –

Mehr oder weniger ging das in dieser Art über Jahre. Man lernte Texte, die nicht übers Mikrophon kamen, weil es stumm war; man probierte Stellungen, die man dann bei der Live-Sendung vergessen konnte, da mindestens zwei Kameras ausfielen; und die Regie hatte jederzeit Tafeln bereit, auf denen für irgendwas um Entschuldigung gebeten wurde.

Hans Magel hatte einmal eine köstliche Idee.

Er war rettungslos hängengeblieben und wußte kein Wort seines Textes mehr. Da bewegte er lautlos, aber ausdrucksstark seine Lippen. Der Regisseur schaltete schnell, und man schob das Schild »Entschuldigen Sie bitte die Tonstörung« vor die Kamera.

So hatte Magel Zeit, in seinem Drehbuch nachzusehen, wie sein Text weiterging.

Michael Kehlmann holte mich nach Frankfurt, wo ich eine Nebenrolle in dem Fernsehspiel *Der verschwundene Graf* spielte. Wir verstanden uns auf Anhieb, und es wurde eine Freundschaft fürs Leben.

Kehlmann hat sicher seine Verdienste um die Entwicklung des deutschen Fernsehens. Seine TV-Filme *Schatten der Helden*, *Radetzkymarsch*, *Barrabas* und viele andere sprechen diesbezüglich eine deutliche Sprache.

In einer seiner TV-Inszenierungen mitzuarbeiten ist das, was wir Wiener eine »Hetz« nennen, also ein reines Vergnügen.

Er ist witzig und kompetent und hat sich darüber hinaus eine Sprache zurechtgelegt, die man ordinär nennen würde, wenn er sie nicht mit soviel Humor benützen würde. Diese »Fäkalsprache« gehört einfach zum Michael Kehlmann.

Im Jahre 1988 drehte ich als Regisseur das Fernsehspiel *Kaffeehausgeschichten*. Eines Tages bemerkte ich ein Mädchen von zirka zwölf Jahren, das sich bei den Dreharbeiten im Atelier herumtrieb. Irritiert fragte ich, wer das Kind sei, und bekam zur Antwort, daß die Kleine dem Standfotografen Poupa gehöre. Da der ein besonders netter Mensch ist, habe ich nichts weiter gesagt. Bis mir im Laufe der Begebenheiten ein Kraftwort entschlüpfte, das man zwar immer benützt, aber möglichst nicht vor Kindern. Nervös ging ich zu Poupa und bat ihn, das Kind zu entfernen, weil sich eben beim Regieführen gelegentlich doch solche Ausdrücke einstellen.

Doch Poupa lächelte nur: »Die Kleine war schon beim Kehlmann – da kann nix mehr passieren, die hat schon alles gehört, was es auf dem Gebiet gibt.« –

Einmal inszenierte der »Mischa« in München eine Offenbach-Operette und hatte viel Ärger mit dem langweiligen und undisziplinierten Chor. Ich selbst war nicht dabei, aber ein Jahr später hatte ich Gelegenheit, mir eine Wiederholung mit dem Mischa zusammen in seiner Wohnung in München anzuschauen. Es war eine entzückende Inszenierung, bis auf den Chor. Über den hatte der Mischa schon vor einem Jahr in seiner schönsten Fäkalsprache referiert.

Als jetzt der Film im Fernsehen wieder lief, sprang er plötzlich auf und schrie wütend: »Dieser Scheiß-Chor ist schon wieder zu spät aufgetreten!« –

Der Mischa besuchte mit seiner Frau eine Vorstellung des Münchner Residenztheaters. In dem Stück, das sie sahen, war auch der Schauspieler – na, nennen wir ihn Brünner – beschäftigt.

Brünner war ein gutaussehender Mann, aber so uninteressant, daß über ihn die Saga ging, man vergesse ihn nicht erst, bis er abgegangen sei, sondern schon wenn er auftrete.

Als er nun seinen ersten Auftritt hatte, fragte Frau Kehlmann leise, wer das sei, und Mischa sagte ebenso leise: »Der Brünner!«

Im zweiten Akt kam Brünner wieder, und wieder fragte Frau Kehlmann wer dieser Schauspieler sei, und Mischa antwortete leicht giftig: »Noch immer der Brünner.«

Doch als sie bei seinem Auftritt im dritten Akt wieder fragte, wer denn dieser Schauspieler sei, wurde Mischa wütend: »Wenn du mich noch einmal fragst, geh ich nach Haus und nehm den Brünner mit!« –

Apropos Fäkalsprache.

Axel von Ambesser inszenierte einmal an eben diesem Theater ein Stück, in dem eine Schauspielerin – auch hier nenne ich nicht den richtigen Namen, sagen wir Beatrix Vogel – mitspielte, die der Axel an sich besonders gern mochte, deren Prüderie ihn aber immer zum Lachen reizte. Als sie sich wieder einmal über eine alltägliche Schweinerei entsetzte, heckte Ambesser hinter ihrem Rücken einen Spaß aus.

Beatrix hatte in der nächsten Szene nichts zu tun, setzte sich auf Axels Bitte in den Zuschauerraum – und schon ging's los.

Wie verabredet sagte der Graf – verkörpert von Klausjürgen Wussow –, er überlege, ob man der Gräfin nicht Zucker in den Arsch blasen sollte.

Entsetzt sprang Beatrix Vogel auf und schrie, ohne auf die Probenatmosphäre zu achten, den Axel an: »Was hat der gesagt?«

Axel blieb ruhig und bat die Entsetzte, die Probe nicht zu stören. Dann ging er auf die Bühne, und es entwickelte sich zwischen ihm und dem »Grafen« Wussow ein (vorher festgelegter) Dialog über die Menge des Zuckers, die der Graf der Gräfin in den Arsch blasen sollte.

Während der radikale Klaus zu diesem Zweck ein volles Pfund verwenden wollte, fand der gütige Axel, daß es mit einem halben Pfund auch getan wäre, allerdings räumte er ein, käme es bei der Menge des Zuckers ja auch darauf an, wie groß der Arsch der Gräfin sei, an den er sich nur vage erinnern könne.

Da mußte selbst die prüde Beatrix lachen.

Inzwischen waren wir in München mehr oder weniger heimisch geworden.

Als im Jahre 1955 mein *Rendezvous in Wien* ein Sensationserfolg war, hatten sich sämtliche in Wien ansässigen Filmfirmen um eine Option für die Verfilmung beworben, mit Ausnahme der Firma des Ludwig Polsterer, der den Film dann produzierte.

Aber bis dahin war es ein langer Weg, und die Geschichte dieser Verfilmung ergäbe einen Lehrfilm darüber, wie der deutsche Film ruiniert wurde.

Während mir alle Firmen in Wien und auch in München für die Option auf *Rendezvous in Wien* ungefähr dieselbe Summe anboten, erschien eines Tages Mr. Boris Morros aus Hollywood und bot mir fast das Doppelte an. Natürlich gab ich ihm die Option, und Morros verkaufte den Stoff um 10 000 Dollar an einen Pariser Filmboss namens Nisotti.

Nisotti hatte dann keine Lust den Film zu drehen und verkaufte das Projekt an die Münchner »Bavaria« um 15 000 Dollar. Die Bavaria engagierte mich und meinen Jugendfreund Egon Eis, um ein Drehbuch zu erstellen, was wir dann auch nach einem halben Jahr schafften. Darauf verwarfen die Herren von der Bavaria unser Buch – seit wann kann denn ein Autor ein gutes Buch nach seinem eigenen Theaterstück schreiben?

Jedenfalls wurde ein prominentes Autorenpaar um den doppelten Betrag, den ich und Egon erhalten hatten, engagiert, und so kostete der Film, ohne daß ein Meter gedreht war, schon 15 000 Dollar und zirka 150 000 Mark an Autorenhonorar. Regisseur und Besetzung waren auch nicht so, wie sie eigentlich hätten sein sollen, und zum Schluß mußte noch ein neuer Titel her, ungeachtet der Tatsache, daß *Rendezvous in Wien* über viele deutsche Bühnen gegangen war und überall gute Kritiken bekommen hatte. So hieß der Film plötzlich *Wodka, Whisky, Wienerin* – und so ging er auch, nämlich gar nicht. Nun gut, ich hatte mein Geld und Egon Eis auch.

Der Egon ist ein lustiger Bursche mit einem enormen Hang zur Arbeitsscheu. Immer wieder fand er einen Vorwand, um »die Arbeit einzustellen«.

Eines Tages mußte er das wirklich tun, denn ich ging nach Baden-Baden, um dort als Schauspieler einen Fernsehfilm zu drehen, natürlich ohne Wissen der Bavaria, die mich fest am Drehbuch arbeitend glaubte.

Egon und seine Frau haben uns in Baden-Baden besucht, und sein Resümee ist für ihn typisch. Er sagte vor der Abreise: »Gut, du hast hier ein Fernsehspiel gemacht und dafür Geld gekriegt! Auch von der Bavaria hast du Geld gekriegt. Meine Frau hingegen hat mein ganzes Geld im Casino verloren – ich weiß wirklich nicht, wozu ich nach Baden-Baden gekommen bin!«

Als wir das Buch nicht und nicht ablieferten, wurden die Herren der Bavaria ungeduldig und drängten auf Ablieferung. So sagte ich dem Egon: »So, jetzt ist Schluß mit den Späßen und der Arbeitsverweigerung, jetzt wird zügig gearbeitet, und zwar ab sofort!«

Egon war damit einverstanden. Er bat mich nur, ihm ganz kurz zu erzählen, weshalb meine enge Freundschaft mit Theo Lingen in die Brüche gegangen sei. Gutmütig wie ich bin, tat ich ihm den Gefallen und schilderte ihm den Bruch zwischen

Theo und mir, bei dem Lingen keine besonders nette Figur abgab.

Egon war entsetzt über ihn: »Also das hätte er nicht tun sollen, das war nicht richtig – so was ärgert mich maßlos, da bin ich ganz entsetzt darüber – das ärgert mich so, daß ich einfach jetzt nicht arbeiten kann! Ich stell die Arbeit ein!« –

Ein anderes Mal hatte Egon ein Drehbuch mit Carl Merz zu schreiben und zwar für Georg Marton, den berühmten Verleger.

Carl Merz arbeitete gerne, und vor allem liebte er das Geld, obwohl er selbst wohlhabend war. Als nun die erste Rate fällig war, erschien Georg Marton bei der Agentin Anni Capell, auch Egon war dort, nur der Carl war in Wien, wohin man ihm das Geld senden sollte.

Marton erklärte ohne jede Verlegenheit, daß er derzeit in der Bundesrepublik Deutschland über kein Geld verfüge, da ihn das Bonner Finanzministerium wegen Umsatzsteuerschulden gepfändet habe. Er könne also die erste Rate nicht zahlen. So ungern das die Agentin und der Egon auch hörten, eine Sorge bewegte sie alle am meisten: Wie bringt man das dem Cary Merz bei?

Nach einer langen Pause sagte der Egon dann ruhig: »Na, macht nichts – wenigstens lernt der Cary den Hauch der großen Welt kennen!«

Damals war in München ein Lokal »in«, das »Atelier« hieß und wie ein großes, sehr elegantes Privatzimmer eingerichtet war. Alles, was am Theater, im Film oder im Fernsehen Rang und Namen hatte oder ergattern wollte, kam jeden Abend ins Atelier. Auch Georg Marton war einmal dort und sagte: »Dieses Atelier ist ein wunderbares Lokal. Ich sitze dort wie bei mir zu Hause – nur mit lauter Leuten, die ich nicht leiden kann!«

Zu dieser Zeit breitete sich die Fernseh-Sucht richtig aus. Da man noch keine Videorecorder hatte, kaufte man eben einen zweiten und manchesmal auch einen dritten Fernsehapparat, einen für Vater, einen für Mutter, einen für die Kinder.

Ein Parvenü brüstete sich im Atelier sogar damit, daß er selbst am Klo einen TV-Apparat habe.

Darauf sagte George Marton: »So? Und wo gehst du hin, wenn die Werbung läuft?«

Trotz des Vormarsches des Fernsehens wurde der Kinofilm noch immer von einigen »Mogulen« bestimmt, die versuchten, das Steuer zugunsten des Filmes herumzureißen.

Einer von ihnen war Kurt Ulrich, ein wunderbarer Bursche. Ein echter Berliner, mit Mutterwitz und Schlauheit. Vor allem war er ungeheuer sparsam.

Hollywood ging den umgekehrten Weg und versuchte das Publikum mit Filmen, in denen hauptsächlich Massenszenen vorkamen, ins Kino zu locken. Einer der maßgebenden Regisseure dieser Ära war Cecil B. de Mille, ein Mann, der keine Grenzen im Einsatz von Komparseriemassen kannte.

Als einmal bei einem Kurt-Ulrich-Film der Regisseur E. W. Emo nicht weniger als fünfzig Komparsen verlangte, meinte Ulrich: »Der denkt wohl, er ist Zezille de Mille?« –

Kurt Ulrich war ein wenig schwerhörig und wußte das gut zu nützen.

Einmal kam Grethe Weiser zu ihm und sagte: »Du, Uli, ich hab in dem Film dieses Kleid schon zweimal getragen, ein drittes Mal mache ich das nicht, verstehst du?«

Ulrich schien nicht verstanden zu haben, denn er entgegnete: »Du, was die Werbung in Österreich anlangt, da habe ich keine Ingerenz drauf.«

Die Weiser stellte richtig: »Es geht nicht um die Werbung, es geht um dieses Kleid. Das kann ich nicht den ganzen Film durch tragen, du mußt mir ein zweites kaufen.«

Immer noch hatte er nicht verstanden: »In der Schweiz ist das was anderes, da habe ich die Werbung persönlich, da kann ich dich an erster Stelle nennen!«

Die Weiser gab's auf: »Na, schön, zieh ich das Kleid halt noch mal an!«

»Eben«, sagte Ulrich, »es ist ja auch noch ganz gut!«

Aber das Fernsehen war nicht aufzuhalten – auch für mich nicht.

Eines Tages war ich in München auf Besuch bei Kurt Wilhelm. Mitten im Gespräch blickte er auf die Uhr und sagte: »Du ich muß mir jetzt die *Familie Leitner* anschauen!«

Ich wußte nicht, was das war und sehr erstaunt, als er mir erklärte, daß das eine österreichische Sendung sei, die ihn entzückte.

Wir sahen sie dann gemeinsam an, und sie gefiel mir auch, doch war ich von der Begeisterung Kurts weit entfernt.

Zwei Wochen später, wir waren zu einem kleinen Urlaub am Semmering bei Wien, rief Erich Neuberg, der Oberspielleiter des Österreichischen Fernsehens an – übrigens auch ein Mann, der in meinem Leben, genauso wie der erste Fernsehdirektor des ORF, Freund, eine entscheidende Rolle gespielt hat.

Neuberg teilte mir mit, daß Hans Schubert, der Autor der *Familie Leitner*, sich nicht mehr in der Lage sehe, jeden Monat ein neues Buch für diese Serie zu schreiben. Er brauche eine Entlastung, einen Mann, der mindestens die Hälfte der Bücher schreiben solle – und dafür hatte Hans Schubert mich vorgeschlagen.

Nun, ich stieg ein und habe in Hans Schubert einen lieben und guten Freund gehabt. Leider ist er bald gestorben, und ich mußte nicht weniger als fünfundsiebzig Folgen der *Familie Leitner* allein schreiben.

Das Merkwürdigste an meiner Karriere ist, daß ich all die

Sachen, die mir zum großen Erfolg wurden, eigentlich nicht machen wollte.

So rief eines Tages der Besetzungschef des ORF bei uns an und bot mir eine Rolle in einem Krimi an. Es war Juni, die Sonne brannte vom Himmel, und meine Lust, ein TV-Spiel zu machen, war fast auf dem Nullpunkt. Irgendwie habe ich dann doch zugesagt, wenigstens das Buch zu lesen. Man schickte es mir, und es gefiel mir gar nicht. Nur, irgend etwas an der Rolle reizte mich – es war ein Polizeioberinspektor namens Marek...

Anläßlich eines Fernsehspiels, das ich wieder in Stuttgart drehte, stellte sich mir der neue Fernsehdirektor vor. Es war Horst Jaedicke, der auch ein guter Freund von mir wurde, genau wie sein Dramaturg und Produzent Werner Sommer.

Sie schlugen mir vor, die Bücher für eine geplante Fernsehserie zu schreiben, und zwar über einen Bürgermeister, den Willy Reichert spielen sollte. Der Titel war *Schwäbische Geschichten*.

Ob Sie's glauben oder nicht, ich habe mich tagelang gegen diesen Vorschlag gewehrt und es dann doch gemacht. Nicht zuletzt wegen Willy Reichert, den man sicherlich als Urschwaben bezeichnen kann.

Die Schwaben sind echte Alemannen: Keinerlei Hang zur Verschwendung, bißchen schwerfällig in ihren Entschlüssen, aber wenn sie einmal einen gefaßt haben, dann halten sie dickköpfig an ihm fest. Sie sind, nach meiner Erfahrung, die besten Arbeitgeber und als Vertragspartner zuverlässig wie kaum jemand.

Der Intendant der Komödie im Marquardt in Stuttgart war ein ebenso typischer Schwabe wie Willy Reichert, der zahllose Male bei ihm gespielt hat. Er hieß Berthold Sakmann, und ich bin das erste Mal bei einem Gastspiel mit Theo Lingen in der Komödie *Räubergeschichten* bei ihm aufgetreten. Bei dieser

Gelegenheit habe ich, lange vor der TV-Zeit, auf Empfehlung des Wiener Rundfunkdirektors, mit dem Direktor des Süddeutschen Rundfunks einen Vertrag ausgehandelt, der mir mehr als 500 Mark brachte. Damals ein Heidengeld!

Zwei Tage nach Beginn unseres Gastspiels machte mir Sakmann den Antrag, bei ihm das nächste Stück, *Born yesterday*, zu inszenieren. Natürlich sagte ich zu, da ich abends ja keine anstrengende Rolle spielen mußte.

Jahre später habe ich dann den »Saki« gefragt, wieso er mich eigentlich als Regisseur engagiert habe. Er hätte mich doch gar nicht gekannt, mit Lingen hätte ich nur eine kleine Rolle gespielt, wie sei er also auf die Idee gekommen, mir die Regie von *Die ist nicht von gestern* – so hieß das Stück auf deutsch – anzuvertrauen.

Der Saki legte ein offenes Geständnis ab: »Ha, weischt du, mir hat der Direktor vom Sieddeitsche Rundfunk erzählt, daß du an einem Tag einen Vertrag von über 500 Mark abgeschlossen hascht – na, han i mir denkt, so einer *muß* Regie führe könne!« –

Sakmann hatte einen Mann eingestellt, den er eigentlich gar nicht recht brauchen konnte. Einen Mann, den viel Unglück betroffen hatte, wie mir Saki erzählte: »Stell dir vor, der Pempel, der isch a Flüchtling, noch dazu aus Sachsen, kleen und verwachsen, hat Asthma, und sei Frau isch ihm mit einem Neger durchgegangen!« Noch dazu mit einem, der nicht der Besatzungsmacht angehörte.

Ein solcher betrat einmal den Laden eines biederen Stuttgarter Friseurs.

Der Uniformierte begehrte rasiert zu werden, und der Meister dachte, das sei wohl die beste Gelegenheit, seinen Lehrling ein wenig als Raseur praktizieren zu lassen. Der Junge seifte also den riesigen Südstaatler lange ein und ging dann ans Werk.

Schon der erste Rasierversuch endete mit einem starken Schnitt auf der Backe des Amis, doch der Junge tat ungestört weiter und versetzte dem Mann einen zweiten und dann noch einen dritten Schnitt in die dunkle Wange.

Der Schwarze sagte nichts, doch unwillkürlich rannen ihm Tränen über die blutverschmierten Wangen.

Der Junge sah das und fragte mitleidig: »Heimweh, was?« –

Sakmann hat Pempel zuerst im Büro verwenden wollen, doch dessen starkes Asthma verhinderte jedes Telefongespräch, so daß viele Kartenbestellungen ausfielen, weil die Interessenten sich durch einen ständig ins Telefon hustenden Menschen gefoppt fühlten.

So endete der Pempel zunächst als Requisiteur – das ist der Mann, der dafür sorgen muß, daß die Requisiten, etwa Tischbesteck, Gewehre, Briefe, Uhren und viele andere Dinge, auf der Bühne vorhanden und am richtigen Platz sind.

Mein Jugendfreund Hans Jaray inszenierte damals an der Komödie im Marquardt ein Stück von Molnár. Nach der Generalprobe bat er die Schauspieler in die Garderobe und hielt folgende Ansprache: »Kinder, ihr seid wunderbar gewesen, ich bin hochzufrieden – nur leider muß ich die ganze Generalprobe wiederholen wegen dem Requisiteur, diesem Pempel. Mit den Requisiten hat einfach gar nichts geklappt. Er ist aber ein armer Teufel, deswegen sage ich ihm gar nichts davon, daß er an der Wiederholung schuld ist!«

Als Jaray dann auf der Bühne allen mitteilte, daß er die Probe leider in voller Länge wiederholen müsse, erklärte Pempel kategorisch: »Aber ohne mich!«

Theodor Heuss, der damalige deutsche Bundespräsident, war ein echter und bewußter Alemanne. Er interessierte sich für die Geschichte seines Stammes und war auf dem Gebiet der alemannischen Volkstrachten ein Gelehrter.

Rainer Kuron vom Süddeutschen Rundfunk lernte den Bundespräsidenten bei einem Kuraufenthalt kennen und hat mir folgende Geschichte erzählt.

Die Gemeinsamkeit des Interesses für alemannische Volkstrachten führte zu langen und interessanten Gesprächen mit dem Bundespräsidenten. Denn auch Kuron hatte sich ein Spezialwissen über dieses Thema angeeignet.

Bevor der Bundespräsident abreiste, sagt er zu Kuron: »Sollten Sie auf dem Gebiet der alemannischen Volkstrachten etwas Neues und Interessantes entdecken, rufen Sie mich bitte ganz einfach in Bonn an. Wenn man Ihnen sagt, ich sei nicht zu Hause, erklären Sie ganz einfach, ich hätte Sie persönlich gebeten, mich gegebenenfalls anzurufen. Dann wird man Sie mit mir verbinden.«

Tatsächlich hatte es Kuron kurze Zeit danach wirklich mit einem entsprechenden Problem zu tun, entsann sich des Vorschlages von Theodor Heuss und rief bei ihm an. Es kam, wie vorausgesagt: Man entgegnete Kuron, der Herr Bundespräsident sei nicht zu Hause, doch als er daraufhin sein Sprüchlein sagte, war Theodor Heuss sehr bald am Apparat, und Kuron brachte sein Anliegen vor.

Ich habe wirklich nicht die geringste Ahnung, um welche Frage es sich gehandelt haben könnte, aber sicher war es ein sehr kompliziertes und kniffliges Problem, das Kuron dem Bundespräsidenten vortrug.

Als er geendet hatte, gab es eine lange Pause. Dann sagte Heuss: »In diesem Fall muß ich Ihnen sagen – ich bin wirklich nicht zu Hause!« –

Ebenso wie Heuss war der seinerzeitige österreichische Bundespräsident Theodor Körner, ein ehemaliger General, trotz seiner hohen Würde einfach und natürlich geblieben.

Anläßlich einer Ordensverleihung sprach der beliebte Komiker Fritz Imhoff bei ihm vor. Der Bundespräsident entschuldigte sich lang und breit, daß er Imhoff noch nie auf der Bühne gesehen habe, da er kaum je ins Theater gehe. Und er beendete seine Entschuldigung mit den Worten: »Aber, nicht wahr, Sie kommen trotzdem zu meinem Begräbnis?!« –

Heuss und Körner gehörten zu den von vornherein vertrauenerweckenden Politikern, denen das Volk durchaus positiv und mit festem Glauben an sie gegenübersteht.

Bei vielen anderen hingegen verhält es sich so, wie es einmal ein Skeptiker ausdrückte, indem er über einen weniger charismatischen Politiker sagte: »Wenn der wie Jesus Christus über das Wasser gehen würde, würden die Leute nicht von einem Wunder sprechen, sondern sagen: ›Schau, schwimmen kann er auch nicht.‹« –

Glaubwürdigkeit und Überzeugungskraft gehören in hohem Maße auch zum Beruf des Schauspielers. So kriegen einfache Leute oft nicht mit, daß der Schauspieler redet und tut, was der Autor ihm schreibt oder vorschreibt.

Alfred Böhm, auch in Deutschland als »Leihopa« zu sehen, wurde durch die Rolle des tolpatschigen Schwiegersohnes in der *Familie Leitner* bekannt und überaus beliebt. Er spielt seither immer wieder schüchterne, ungeschickte und unsäglich komische Typen.

Einmal sprach ihn ein Mann an: »Sie sind doch der Alfred Böhm, der immer den Schwiegersohn in der *Familie Leitner* spielt? Haha, was Ihnen alles passiert – Hören S', Sie sind aber ein Trottel!«

»Wer so gut schreibt, der muß Doktor sein«

Autor von Serien und Fernsehspielen –
Beschwipst auf Sendung – Hans Rosenthal, Joachim Fuchsberger
und der Traum des Carli Stölzle

Der Autor, sofern er kein Dichter ist, wird meist unterschätzt und bestenfalls anerkannt, wenn er viel verdient. Selbst Fachleute wie mein lieber Mischa Kehlmann sind davon nicht ausgenommen.

Diesmal arbeitete ich an einer Serie mit, die ihm nicht gefiel, und er konnte sich nicht genugtun an Ausfällen gegen sie. Die Serie sei meiner nicht würdig und setze mich herab, ich solle endlich mit dem Mist aufhören, predigte er.

Doch als ich ihm die Summe nannte, die ich mit dieser Serie pro Jahr verdiente, steckte er blitzschnell zurück und sagte: »Das ist was anderes – mach den Dreck weiter!« –

Besonders der Autor des deutschen Kinofilmes war seinerzeit nicht sehr hoch angesehen. Da war der Filmproduzent Glück, der sein Urteil über ein Drehbuch in den Worten zusammenfaßte: »Das ist sehr gut – aber *sehr* schlecht...!«

Ich überreichte ihm einmal ein Drehbuch, das ich in seinem Auftrag geschrieben hatte. Er sah das Buch lange mißbilligend an, dann sagte er, ohne es aufzuschlagen: »Da wird man aber viel ändern müssen!« –

Der Produzent Nisotti, den ich schon erwähnt habe, war ein gebürtiger Russe, der in Paris lebte. Er hatte riesige Erfolge, vor allem wenn man seine Produkte im Hinblick auf den

211

Reingewinn betrachtete. Aber er war ziemlich ahnungslos, was künstlerische Dinge anbelangte. Nur sein Instinkt funktionierte.

So holte er O. W. Fischer 1954, am Höhepunkt seiner Popularität, nach Paris und akzeptierte, ohne jeden Widerstand, den Vorschlag, mit Fischer einen Film über Hanussen, den merkwürdigen Hellseher, den die Nazis ermordet haben, zu machen.

Die Vorbereitungen und vor allem die Drehbuchgespräche dauerten fast ein halbes Jahr, und Nisotti war bei jeder Besprechung dabei.

Bei einer der letzten Sitzungen sagte ein deutscher Drehbuchautor: »Wir dürfen nicht vergessen, daß Hanussen tatsächlich ein Hellseher war!«

Nisotti verstand nicht und fragte seinen französischen Sekretär, was denn ein »'ellseher« sei.

Gehorsam übersetzte der Sekretär, ein Hellseher sei ein Clairvoyant.

»Clairvoyant? C'est un film d'un clairvoyant??«

Nach einem halben Jahr schwerer Arbeit, Dutzenden von Besprechungen, vielen Verträgen und zahllosen Briefen und Telegrammen erfuhr der Herr Produzent, daß er einen Millionenfilm über einen Hellseher machte! –

Dieser Nisotti ist Gegenstand einer makabren Geschichte, die mir erzählt wurde.

Wieder einmal ging es um ein Filmprojekt zwischen Nisotti und einer deutschen Filmfirma. Nisotti bestand darauf, daß der deutsche Autor, der Berliner Horst Schwab, mit einem Autor namens Nikolajew, einem Russen, der in Monte Carlo lebte und den er für ein Genie hielt, zusammenarbeiten müsse.

Schwab fuhr also nach Monte Carlo und lernte dort in Nikolajew einen entzückenden, eleganten und charmanten Menschen kennen. Am ersten Abend führte Nikolajew seinen deutschen Kollegen zu einem herrlichen Abendessen aus, und nachher ging man in das weltberühmte Casino. Nikolajew spielte wie ein Verrückter, und als Schwab, von der Reise ermüdet, zu Bett ging, spielte der Russe weiter. Bis vier Uhr früh, wie er Schwab am nächsten Tag gestand.

Als Schwab aber nun auf den eigentlichen Zweck seiner Reise zurückkam, lenkte Nikolajew geschickt ab. Immer wieder fand er einen Vorwand, um auch nur den Anflug einer ersten Besprechung über den künftigen Filmstoff zu vermeiden. Es gab Motorbootfahrten mit reichen Männern und schönen Frauen, es gab Bälle und Zusammenkünfte in intimem Kreis, es gab Kartenpartien und gemeinsame Casinobesuche – nur ans Arbeiten dachte Nikolajew nicht einmal im Traum. Er verstand es meisterhaft, den immer ungeduldiger werdenden Schwab zu beruhigen und auf baldige Arbeit an einem »großartigen Stoff« zu vertrösten.

Das ging volle vier Wochen so, aber dann schien die Idylle zu Ende zu sein. Nisotti sagte telefonisch sein Kommen für den nächsten Tag an, und Schwab drängte Nikolajew, ihm endlich diesen »wundervollen Stoff« wenigstens zu erzählen, damit er dem Produzenten gegenüber nicht völlig ahnungslos dastehe. Doch da gab es ein Pferderennen, eine Cocktailparty, ein Dinner im »Paris« und den üblichen Casinobesuch. Schwab erfuhr wieder nichts.

Eine Stunde vor dem Eintreffen Nisottis war Schwabs Nervosität auf dem Höhepunkt. Doch Nikolajew beruhigte ihn, es werde keinerlei Schwierigkeiten geben, er werde das schon machen.

Nisotti und Nikolajew begrüßten sich wie Brüder, natürlich in russisch, ihrer gemeinsamen Muttersprache, deren sie sich auch weiterhin bedienten, ohne den deutschen Autor weiter zu beachten. Nur kurz informierte Nikolajew seinen Partner, daß er jetzt seinem »Brüderchen« Nisotti den Stoff, den sie (angeblich) gemeinsam erarbeitet hatten, vortragen werde – der Einfachheit halber in russischer Sprache.

Was er nun dem Produzenten erzählte, gefiel diesem offensichtlich sehr, ja es begeisterte ihn so, daß Nisotti aufsprang, Nikolajew umarmte und neuerliche Bruderküsse applizierte.

Schwab bewunderte seinen russischen Kollegen grenzenlos. Der hatte, sozusagen aus dem Hut, dem Nisotti eine ganz tolle Geschichte erzählt, und Schwab war sehr neugierig, was er von Nikolajew am nächsten Tag hören würde.

Doch dazu kam es nicht, denn Nikolajew starb in dieser Nacht am Casino-Spieltisch, wie es sich für ihn gehörte.

Nun wollte Nisotti von Schwab die Geschichte, die er doch mit Nikolajew gemeinsam ersonnen hätte, noch einmal hören. Schwab hatte natürlich keine Ahnung. Das Dumme war, daß Nisotti die Geschichte vergessen hatte und jetzt argwöhnte, sein Autor wolle die Story jemand anderem nochmals verkaufen und täte nur deshalb so, als kenne er sie gar nicht.

Nisotti drohte dem armen Schwab mit einem Monsterprozeß, verwünschte ihn, seine Kinder und Kindeskinder – aber was nutzte das? Schwab kannte die Geschichte nicht – Nikolajew hatte sie ins Grab mitgenommen!

So ist möglicherweise ein wunderbarer Film nie gedreht worden.

Eines Tages rief mich die Agentin Anni Capell an. Ein bekannter Verleiher, der einen Film produzierte, suche einen Autor, der für den Komiker Richard Romanowsky eine Rolle in ein fast fertiges Drehbuch hineinschreiben solle. Sie habe mich vorgeschlagen.

Ich war nicht sehr begeistert, flog aber doch nach München und sagte der Anni: »Du, ich mach das nur, wenn ich für die drei Tage, die ich an der Rolle arbeiten muß, 4500 Mark bekomme.«

Anni war entsetzt: »Fünfzehnhundert pro Tag, du bist ja größenwahnsinnig, das kriegst du nie!«

Ich aber blieb dickköpfig, und Anni bat mich, auf jeden Fall zuerst mit dem Verleiher über meine Ideen für diese Rolle zu sprechen.

Das tat ich dann auch, und was ich ihm erzählte, gefiel dem Mann ausgezeichnet. Zuletzt fragte er mich nach meinem »Macherlohn«, und ich verwies ihn an Anni Capell. Doch er erklärte entschieden, er verhandle nie mit einem Agenten, ich selbst solle ihm meine Ansprüche mitteilen.

Da war's mir dann egal, und ich verlangte nicht 4500, sondern 6000 Mark für die drei Arbeitstage.

Nach langem, zähen Ringen habe ich sie auch bekommen! Hätte der Esel mit der Anni verhandelt, hätte die ihm sicher von den 4500 Mark noch was nachgelassen. –

Es war ein heißer Sommertag, als ich mit der Arbeit begann. Ich wohnte in einem Hotel in Schwabing, ließ in die Wanne meines Badezimmers kaltes Wasser ein, setzte mich, samt Schreibmaschine, hinein und schrieb.

Am nächsten Tag lieferte ich das Ergebnis des ersten Tages beim Regisseur ab. Er war Ungar – nennen wir ihn gnadenhalber Tarvany – und las sofort. Dann setzte er begeistert an: »Also, Herr Doktor –«

Ich unterbrach: »Bitte, Herr Tarvany, ich bin kein Doktor!«

Doch er blieb dabei: »O ja. Wer so gut schreibt, der muß Doktor sein!«

Ich war natürlich beglückt, und als er mich ermunterte, die Rolle weiterzuschreiben, kehrte ich zurück in meine Badewanne.

Am nächsten Tag erschien ich mit der Fortsetzung im Büro des Verleihers. Tarvany war nicht da, er war auf Motivsuche, hatte aber angeordnet, daß ich die Arbeit des zweiten Tages im Büro lassen sollte.

Ich war natürlich neugierig, wie Tarvany meine Szene in das Drehbuch eingebaut hatte, und bat die Sekretärin mich nachsehen zu lassen.

Es war nicht eine Zeile von mir im Drehbuch, nur irgendwelches Gewäsch für Romanowsky.

Am nächsten und übernächsten Tag dasselbe: Glückwünsche und Begeisterungsausbrüche von Tarvany und wieder kein Wort von mir im Drehbuch. Und das für 6000 Mark!

Doch die Geschichte ist noch nicht zu Ende. Vierzehn Tage später saß ich in einem Kaffeehaus in Wien, als Kurt Nachmann, der damals sehr gefragte Drehbuchautor, mißmutig das Lokal betrat und sich zu mir setzte. Er war so offenkundig verärgert, daß ich ihn natürlich nach dem Grund seiner Verstimmung fragte.

»So was ist mir noch nie vorgekommen«, grollte Kurt. »Da soll ich eine Rolle in einen fast fertigen Film schreiben – schreibe sie – der Regisseur ist begeistert – –«

»– und nicht ein Wort von dir ist dann im Drehbuch drin!« schrie ich.

Kurt war entgeistert: »Woher weißt du das?«

»Weil ich alles weiß!«

Was Kurt natürlich nicht glaubte.

Bald hatte ich mit dem Film und seinen merkwürdigen Typen nichts mehr zu tun. Erstens, weil immer weniger Filme gemacht wurden, und dann, weil ich – zum Glück – so viel im Fernsehen zu tun hatte, daß ich für einen etwaigen Film gar keine Zeit gehabt hätte.

Meine Serien und TV-Spiele sind ja bekannt. Manchmal weiß ich selber nicht, wie viele ich gemacht habe, ich weiß nur, daß es sehr viele waren und die Arbeit für mich immer große

Freude bedeutete und noch immer bedeutet, denn sonst würde ich ja nicht auch noch dieses Buch schreiben...

Ich habe außer meinen eigenen Sachen auch immer wieder in Soloauftritten mitgemacht, wovon mir zwei in Erinnerung sind, die ich bei guten Freunden hatte.

Bei Hans Rosenthal war ich nicht nur einmal – ich war als Kandidat, als »Sachverständiger«, als Solist immer wieder beim »Hänschen«, denn er erwiderte meine Zuneigung und Freundschaft – bis zuletzt.

Einmal war ich wieder in München als Partner von Gustl Bayrhammer, der ja auch eine Zeitlang einen *Tatort*-Kommissar spielte. Ich kannte die Prozedur der Rosenthal-Sendung *Dalli-Dalli* natürlich schon. Es gab zunächst eine ausführliche Besprechung, dann eine neuerliche Zusammenkunft und Probe knapp vor Beginn der Sendung, und dann trat man eben auf, wenn man dran war.

An diesem Tag war die erste Besprechung ziemlich lang, es war keine Zeit mehr ins Hotel zu fahren. Also blieb ich mit Bayrhammer und Kurt Jaggberg, der in einem der Sketche von Horst Pillau mitspielte, in der Kantine.

Wir waren alle drei keine Kostverächter, wenn es um Bier ging. Ich tat noch ein übriges und trank zu jedem Bier einen Schnaps, manchmal auch zwei. Kurzum, ich war ganz schön beschwipst, als die Sendung begann.

Dieses Gefühl war für mich neu, gefiel mir aber sehr gut. Ich war bester Laune und kein bißchen gehemmt. Beim ersten Interview war ich so witzig, daß das Publikum vor Lachen brüllte. Und Rosenthal strahlte. Doch dann gab es eine lange, lange Wartezeit – und der Alkohol begann seine unheilvolle Wirkung.

Als ich zum zweiten Mal die Bühne, gemeinsam mit Bayrhammer, betrat, war ich todmüde. Keine Spur vom Witz und Elan des ersten Auftrittes! Wir mußten, wie üblich, die Fragen

Hänschens notieren und sollten später die entsprechende Antwort in Sekundenschnelle geben.

Ich notierte alles, was mir zu Hänschens Fragen einfiel. Doch dann, im entscheidenden Moment, konnte ich meine Schrift nicht entziffern, und anstatt blitzschnell zu antworten, stotterte ich hilflos herum und verbrauchte, zum Entsetzen Rosenthals, mehr Sekunden als je ein Kandidat zuvor.

Der Bayrhammer, ein ehrgeiziger Mensch, war richtig böse, daß wir durch mein Verschulden Letzte geworden waren.

Doch ich tröstete ihn: »Lieber Freund, ich war jetzt dreimal als Kandidat beim Hans – mit der Lilo Pulver, mit dem Blacky Fuchsberger und jetzt mit Ihnen – ich war noch jedesmal Letzter – auch wenn ich nichts getrunken hab!«

Apropos Blacky. Bei dem war ich auch einmal in der Sendung. Doch bei der war nicht ich beschwipst, sondern die Kollegin, mit der wir einen Sketch spielen sollten – das heißt, sie war nicht beschwipst, sie war sternhagelvoll.

Sie hatte zuerst eine Szene mit dem Blacky. Nicht nur, daß sie unverständlich lallte, sie ging unvermutet ab und ließ den Blacky allein. Natürlich trat ich sofort auf, und wir spielten den Sketch mit Ach und Krach zu Ende.

In der Kantine traf ich den Blacky dann wieder. »Die war ja toll, die . . .«, sagte ich, »lallt nur Unverständliches und geht einfach ab!«

»Ja«, sagte der Blacky, »und dann trittst du auf und hast deinen Hosenschlitz offen wie ein Scheunentor!«

Es war kein glücklicher Abend für ihn . . .

Ich habe *alles* genossen, auch die »Betriebsunfälle«, denn ich liebe meinen Beruf, liebe die Atmosphäre dieser Scheinwirklichkeit und darf wohl sagen, daß ich im großen und ganzen – also mit allen Einschränkungen – ein glückliches Leben gehabt habe.

Ich bin in und mit diesem Beruf alt geworden, und es gilt, was mir Vilma Degischer einmal gesagt hat: »Ihr Männer habt es gut. Wenn wir Frauen alt werden, haben wir faltige, miese Gesichter – ihr Männer kriegt einen *Charakterkopf*!«

Beruflich habe ich keine unerfüllten Wünsche, ich wollte nie den *Hamlet* spielen oder gar den *König Lear*.

Ich wollte nie in Hollywood bleiben, obwohl es möglich gewesen wäre.

Ich habe nie vom Burgtheater geträumt – das heißt doch.

Einmal träumte ich, ich sei am Burgtheater engagiert. Einige Tage zuvor hatte ich Curd Jürgens in seiner Garderobe im Burgtheater besucht, vielleicht war das das auslösende Moment. Es war bestimmt kein Wunschtraum, sondern ein Traum wie andere auch!

Am nächsten Tag erzählte ich meinem langjährigen Freund, dem Carli Stölzle, von dem Traum. Und auch er schilderte mir seinen Traum der vergangenen Nacht, der viel aufregender war als mein »Engagement« am Burgtheater. Noch immer begeistert, sagte der Carli: »Stell dir vor, ich träum, es klingelt an meiner Türe. Ich mach auf – eine wunderschöne, pechschwarze Frau stürzt herein, umarmt mich und sagt: ›Carli, du bist der Traum meines Lebens!‹ Dabei umarmt sie mich in eindeutiger Weise – und es klingelt wieder. Wie ich aufmache, steht eine noch schönere Frau, diesmal eine Blondine, draußen, umarmt mich eindeutig und sagt, daß sie ohne mich nicht leben kann! Jetzt stell dir vor, da stehe ich mit zwei so schönen Frauen – ich hab nicht gewußt, was ich tun soll.«

»Nà, hättest mich halt gerufen!«

Er lachte nur: »Blöder Kerl, du warst ja im Burgtheater . . .«

Natürlich war auch mein Leben nicht frei von Schwierigkeiten, Unglück und auch Krankheiten.

Im Jahre 1975 wurde an mir im Wiener Hanusch-Krankenhaus

eine schwere Operation vorgenommen. Man brachte mich in den Operationssaal – und dann ging's nicht los.

Schließlich kam der Narkotiseur ein wenig verlegen an meinen Operationstisch: »Herr Eckhardt, wir haben einen winzigen Defekt, den müssen wir rasch beheben. Sie müssen sich bitte gedulden – es wird noch ein paar Minuten dauern!«

Ich lächelte: »Macht nichts – ich hab heute sowieso nichts anderes vor...«

Das ist mein großer Wunsch: Daß mir mein Humor erhalten bleibt, solange ich lebe.

Und ich hoffe, daß im Himmel der erste Engel dem ich begegne, ausruft: »Jöh, der Eckhardt – machen S' einen Witz!«

Anhang

Das arme Kalb

Das arme Kalb war wirklich arm,
denn selbst sein angebor'ner Charme
hat seinen Schlachter nicht entmachtet –
er hat das arme Kalb geschlachtet.

Dann sagt er, Trauer im Gemüte:
Das gibt nur Kalbfleisch zweiter Güte
nur Haut und Knochen war das Vieh,
das reicht für Wurst – oder Menü.

Der Pferdemensch

Es hat der Hafer ihn gestochen,
seit ich mit Alfred jüngst gesprochen,
Und Folge dieses Haferstichs
ist eine Änd'rung seines Ichs.

Er war sonst leicht an der Kandare,
jetzt ist er voller Pferdestarre.
Und während Worte mühsam kleckern,
kann er nur wiehern, anstatt meckern.

Die Blinddarmnarbe

Mein Onkel und mein Vetter auch,
die hatten – in verschied'ner Farbe
rechtsseitig jeder auf dem Bauch
'ne ziemlich große Blinddarmnarbe.

Obwohl so Narben ja nichts sind,
woran sich unser Auge weidet,
hab' ich die beiden – dummes Kind –
um diese Narben heiß beneidet.

Ich Narbenloser kam mir vor,
traf ich die beiden mal beim Baden,
so wie ein Mensch ganz ohne Ohr
oder mit Streichhölzern statt Waden.

Der gute Onkel ist entschwebt,
und auch mein Vetter fiel im Kriege,
und nur mein braver Blinddarm lebt.
So feiert man oft späte Siege.

Die Kuh-Jungfrau

Die Kuh-Jungfrau rief auf der Weide
zum Stier: Ach, tu' mir nichts zuleide!
Der Stier sprach: »WART«, und sie rief: »AU!«
So ward die Kuh-Jungfrau zur Frau.

Die Ritterrüstung

Die Ritterrüstung, einstmals Mode,
war Gegenstand schon oft von Witzen.
Denn sie war nichts für Fußmarode
und Leute, die sehr gerne sitzen.
Denn erstens einmal war sie schwer,
man trug sie auch nicht auf der Erde.
Viel leichter ist da heut' Mohair,
das trägt man wieder nicht am Pferde.

Die vielfach ausgeteilten Hiebe
hat man durch Rüstung nicht empfangen.
Ich frag mich nur, wie ist der liebe
Herr Ritter denn Pipi gegangen?
Ich meine, in der Kampfespause,
wenn der Herr Ritter plötzlich mußte,
und ging mit Rüstung er zu Hause,
auch auf das Örtchen, das bewußte?

Was ihn ganz sicher irritierte,
war, seine Liebe zu beweisen.
Selbst wenn den Helm er ventilierte,
dort, wo's drauf ankommt, war nur Eisen!
Und dennoch mußt es ihm gelingen,
wenn es ihm nach dem Weib gelüstet:
Er ließ halt Troubadoure singen
und hat inzwischen – abgerüstet...

Druckfehler

Ein Druckfehler, der sich ergeben,
der wollte möglichst lange leben.
Und das schien auch nicht allzuschwer,
denn er hieß re, statt richtig er.
Und jedem, der da er gedruckt,
hat frech das re ins Aug geguckt.
Bis ein Korrektor ihn erspähte,
der stets schon Druckfehler verschmähte.
Doch dieser hat ihn so verwirrt,
daß er ihn falsch hat korrigiert.
Und so geschah dann das Malheur:
Jetzt heißt es nämlich ar statt er!

Die Herbstzeitlose

Das Mädchen Ilsemarie Klose
war weit bekannt als Herbstzeitlose.
Jahr über unter Durchschnitt bloß,
ging sie zur Herbstzeit richtig los!

Sie zählte zweiunddreißig Lenze,
als sie im Sommer sich vermählte.
Jedoch das stimmte nicht zur Gänze,
weil sie die Herbstzeit niemals zählte!

Sie heißt jetzt Winter, anstatt Klose –
wahrhaftig, eine Herbstzeitlose …

Der Firlefanz

Ein Firlefanz ging zu Gericht
und wollte Einblick in Gesetze.
Natürlich gab man ihm den nicht,
damit er sie ja nicht verletze.

Der Firlefanz schrie um sein Recht,
und zwar als Großes und als Ganzes,
und er berief sich auf Bert Brecht,
den Schützer jeden Firlefanzes.

Doch das ergab nur Ironie.
Gelandet ist dann vor Gericht er.
Oh, Firlefanz, beruf dich nie
auf die Gesetze oder Dichter!

Der Düsenclipper

Der Düsenclipper Bethlehem
flog lang im Dienste der PanAm,
als er im Winter, schwer vergrippt,
sich eine Düse hat geklippt!

Der Kapitän ging sofort nach
des Düsenclippers Ungemach,
und rief, nach kurzer Analyse:
»Oh, damn', eine geklippte Düse!«

Ein Kommunist, mit einem Bart,
der reagierte rasch und hart
und hat den Clipper ungerührt
nach Kuba ins Exil entführt.

Als dort die Landung war gelungen,
der Kommunist war abgesprungen,
sprach der Pilot: »Ich kann nicht starten,
erst müßt ihr meine Düse warten.«

So machten je ein Ingenieur
aus China und der DDR,
hundert Kubaner (und wohl auch Gott)
den Düsenclipper wieder flott.

Dann hieß »ade« es und »leb' wohl!«
Von Castro gab es noch Castrol,
auch Zuckerrohr und Mischgemüse.
Der Mensch ist besser als die Düse.

Der Kakasie

Er saß stets auf der hohen Kante
in dem Salon von meiner Tante.
Sie nannte zärtlich ihn »Bijou«,
ein Vogel war's, ein Kakadu.

Er konnte, ohne lang zu fackeln,
mit Flügeln und dem Schwänzchen wackeln,
wohl auch verschieben sein Gewicht,
bloß reden konnt er leider nicht.

Er konnte krächzen, pfeifen, murren,
auch wenn er bös war, richtig knurren.
Doch war von ihm, ich kann's beschwören,
niemals ein klares Wort zu hören.

Doch als die Tante mal verreist war,
schlief ich, der schon seit je verwaist war
und als Student dort gratis wohnte,
im Zimmer, wo der Vogel thronte.

Und eines Nachts, ich war betrunken,
betrachtete ich ihn versunken
und sagte plötzlich frank und frei,
daß er ein dummer Vogel sei!

»Die Farben, die du trägst, sind prächtig«,
so sagte ich, »auch schreist du mächtig,
dein schriller Pfiff erschreckt fast jeden,
jedoch bist du zu blöd zu reden!«

Kaum war das letzte Wort heraus,
jetzt malen Sie sich das mal aus,
da richtet hoch sich auf das Vieh
und sagt ganz klar: »Herr, schweigen Sie!«

Und weiter spricht der Kakadu:
»Jetzt hören Sie mir einmal zu,
ich bin aus freiem Willen still,
ich kann schon reden – *wenn ich will*!

Doch bisher war ganz sicher nicht
der Blödsinn, den die Tante spricht,
und Ihre Einwürfe dazwischen
für mich ein Grund, mich einzumischen!

Ich spreche jetzt auch nur zu Ihnen,
weil eine Rüge Sie verdienen,
denn nie kam Ihnen in den Sinn,
daß ich vielleicht ein Weibchen bin.

Jawohl mein Herr, Sie hören recht,
ich bin von weiblichem Geschlecht.
Doch wehr ich mich mit spitzen Klauen,
wenn Sie es wagen nachzuschauen!

Ich bitte nur in fernern Tagen,
gefälligst zu mir Sie zu sagen.
Nicht etwa der und auch nicht die,
nicht Kakadu – nein, Kakasie.«

Sie plusterte sich auf beträchtlich
blickte noch mal auf mich verächtlich
und drehte hoheitsvoll sich fort –
und sprach dann niemals mehr ein Wort!

Friedrich Torberg

Verehrtes Fernseh-Idol, lieber Fritz,
also das mit'n Altenberg kann ich unmöglich auf sich beruhen lassen und schon gar nicht auf mir. Das Hauptargument gegen die unintelligenterweise von Dir vertretene Version habe ich Dir schon am Telephon gesagt: die Geschichte wurde mir von Molnár selbst erzählt, und daß ein Molnár es nicht notwendig hat, sich fremde Geschichten anzueignen, wirst Du mir trotz mangelhafter Bildung bestätigen müssen. Es kommt aber noch etwas hinzu, was mich vor allem Deinetwegen kränkt, weil es Deine nilpferdhafte Unempfindlichkeit für Nuancen bekundet. Wenn Du ein so aufgewecktes Kind gewesen wärst wie ich, könntest Du Dich noch an Peter Altenberg erinnern und wüsstest, dass er eine höchst auffällige Erscheinung war (Schlapphut, Radmantel, Holzsandalen etc.). Jeder Mensch kannte ihn – daher die Bezeichnung »stadtbekannt« – und es ist völlig undenkbar, dass irgend jemand erst auf seine Identität hingewiesen werden musste, damit der oder die Betreffende dann ausrufen könnte: »Der? Den seh ich doch jeden Tag!« Ohne einen solchen Hinweis haben wir aber keine Pointe. Und *das* müsste Dir doch einleuchten. Weil von Pointen verstehst Du doch was. Hab ich geglaubt.

Das alles ist aber nur ein Vorwand, um Dir zu sagen, dass Dein Anruf mich sehr gefreut, ja geradezu gerührt hat – eine Regung, die unter unsresgleichen eigentlich nicht vorgesehen ist. Ausserdem tut es einem wohl, inmitten des dilettantischen Lallens, dem man bei solchen Gelegenheiten ausgesetzt ist, ein fachmännisches Urteil zu hören, und das war das Deine im höchsten Grad. Die Formulierung »Nicht so schlecht, wie es hätte sein können, und nicht so gut, wie es hätte sein müssen« ist von vorbildlicher Präzision und wird demnächst, natürlich in andrem Zusammenhang, von mir sein. Etwas Schöneres kann ich Dir zu Weihnachten nicht schenken.

Sei umarmt und gib eine Portion davon an Deine Frau weiter. Auch die meinige lässt grüssen und wünscht ebenso wie ich für 1979 alles Gute

Herzlichst Dein alter
F. T.

(Brief an Friedrich Torberg)
Fritz Eckhardt

Klosterneuburg, 5. 1. 79

Hochvermögender Dichter, lieber Fritz,

Dein vorjähriger Brief zeigt mit erschreckender Deutlichkeit, wie sehr Du Dich irren kannst, wenn Du Dich irrst.

Es war natürlich der Altenberg und nicht der Molnár, egal, für wen sich Dein Bekannter ausgegeben hat.

Ich nehme allerdings an, dass Du Deinen Brief aus reinem Bestem geschrieben hast, nur um mir zu beweisen, dass die österreichische Literatur, wenn es sich um Gäste des »Café Central« handelt, Deine Domäne ist und nicht die meine.

Traurig ist nur, dass in Deiner Fassung aus den zwei süssen Wiener Mädeln, die bei Altenberg (natürlich) vorkommen, bei Dir eine jüdische Mamme mit ihrer sicherlich miesen Tochter in Erscheinung tritt. Das ist typisch für Dich und wird Dir eines Tages sehr leid tun.

Natürlich ist auch dieser Brief nur ein Vorwand, um mich – auch im Namen meiner Frau, die eine unerklärliche Zuneigung zu Dir hat – für die Weihnachts- und Neujahrswünsche zu bedanken.

Fritz Eckhardt/Franz Paul

Das chinesische Wunder

Ein Spiel um den Chinesen, der net untergeht

Pong, der Schwätzer *(tritt liebedienernd vor den Vorhang)*:
Hochgeborene, nicht genug zu preisende und erlauchte
Gäste, ich, Pong, der Schwätzer, will eurem durchdringen-
den Verstand verraten, daß wir uns im Reiche China, auch
Chinareich genannt, befinden, wo bekanntlich ein echter
Chineser net untergeht. Dies bewies er auch in jener
historischen Zeit, als dem Wunsche der übergroßen Mehr-
heit Rechnung getragen ward und Chinareich sich an Japan-
land anschloß. Wir führen euch nun in die Tage zurück, da
die Truppen des Mikado in die damalige Hauptstadt China-
reichs, in Wi-En einzogen. Wenn ihr eure hochgeborenen
Ohren auftut, werdet ihr hören, was man im Amtszimmer
eines Mandarins, des verehrungswürdigen Herrn Hofrat Pe
Cha-Tschek, zu den Ereignissen zu sagen hat. Es sind – nach
üblicher Landessitte – am späten Vormittag erst der Amtsdiener Po Ma-li und die Aufräumefrau Mi-Tsi anwesend.
Vernehmet nun deren würzigen, bodenständig-blumigen
Dialog. *(Geht, während sich der Vorhang öffnet, langsam
ab.)*

1. Szene: Einmarsch

(Amtsraum. Mi-Tsi räumt auf, Po Ma-li lümmelt am Schreibtisch.)

Po Ma li: Servas, jetzt ham ma den Scherben, will sagen die Mitternachtsschale auf! Da san's die Japaner!

Mi-Tsi: Ja, mit die Drachenwagen san's einabledert bis um drei in der Fruah! *(Im Zeitungsstil)* »Und der glitzernde Flaum des Himmels breitete sich gleich einer Decke unter die Spur ihrer knarrenden Räder.«

Po Ma-li: Ja, wia teppert hat's Flugzetteln g'schneibt. Das is a schlimmes Vorzeichen, dürft sich net lang halten, die G'schicht. Unserm Herrn Hofrat – Buddha segne seinen Bauch – wird's a net leichtfallen. Der kann die Japaner net schmecken.

Mi-Tsi: Aber Herr Po Ma-li, wer wird denn so was sagen! Buddha verzeih Ihnen!

Po Ma-li: Als treuer Amtsdiener bin i stets der Meinung meines erhabenen Herrn. Ich hab die Tokioten a auf der Westen. Von die hört ma nix als: mir Chinesen san *schlapp*. Stimmt. Mir san a bisserl verträumt. Bei uns geht alles langsamer, aber auch stader, und des Durchanand is deswegen a net viel größer. Aber wo er nur bleibt, der Herr Hofrat?

Mi-Tsi: Wahrscheinlich is er im Teehaus.

Po Ma-li: Ja, ja, das Teehaus! Des interessiert ihn mehr als des Amt. Halt auch a bisserl verträumt, der Herr Hofrat. Aber Sie schau'n jetzt, daß endlich was weitergeht. Sie ham nix verträumt zu sein, Sie san ka Hofrat, sondern a Bedienerin!

Mi-Tsi: Na? Und was sind der hochmögende Herr Amtsgehilfe Po Ma-li? A nur a Kuli!

Po Ma-li *(vor sich hinknurrend)*: Jetzt g'freut's mi direkt, daß die Japaner kummen –, wenigstens haun s' der schiefaugerten Hündin endlichamol an Zund eini.

Mi-Tsi *(aufschreiend)*: Herr Po-, Herr Po-, die Japaner san do!!

Po Ma-li: Hat Ihnen der Schnee zischt? Des waß i doch eh!

Mi-Tsi: Aber im Haus sans' schon! Die ham da a Tempo!

Pief-Keh *(japanischer Offizier, tritt ein, steht stramm, grüßt mit Hitlergruß)*: Banzai!

Po Ma-li: Was? Ah so! *(Verbeugt sich tief.)* Buddha segne euern Eingang und Ausgang! Wir sind glücklich, vor dem stechenden Blick eurer erhabenen Augäpfel . . .

Pief-Keh: Schnauze! Is hia Zimma zwoundfuffzich?

Po Ma-li: Zweiundfünfzig, wann i ma's richtig übersetzt hab; jawohl unser niedrig geborener, schmutziger Arbeitsraum.

Pief-Keh: Name des Amtes?

Po Ma-li: Amt des Salzes, bittschön. Buddha erhalte uns die Ämter!

Pief-Keh *(mit Blick auf seine Liste)*: Amtsgehilfe Po Ma-li?

Po Ma-li: Hier – *(verbeugt sich)* – meine niedrige Wurmpersönlichkeit.

Pief-Keh: Aufwartefrau Mi-Tsi?

Mi-Tsi: Bitte, so heiße ich, entartete Tochter des Rinnsteins. Aber den Ausdruck Aufwartefrau kennt mein unwürdiges Gehör nicht. I bin a Bedienerin und unbescholten. Mein Sohn ist bei die Turner, aber ka Hackenbeiler, weil er nämlich hatscht und da ham ma eahm . . .

Pief-Keh *(abschneidend)*: Danke.

Mi-Tsi *(gekränkt)*: Bitte.

Pief-Keh: Hofrat Pe Cha-tschek?

Po Ma-li: Ja, der ist hier, aber net da.

Pief-Keh: Und was macht er, wenn er da ist?

Po Ma-li: Da geht er zum Hofrat Ma Cha-tschek a bisserl plaudern.

Pief-Keh: Und dann??

Po Ma-li: Dann geht er z' Haus, denn schließlich muß a jede Arbeit amal ihr End haben.

Pief-Keh: Meinen Sie?

Po Ma-li: Ja, mir sein sooo verträumt...

Pief-Keh: Na, wir werden euch Brüdern schon aus dem Traum helfen! Von nun an wird hier richtich jearbeetet werden.

Po Ma-li: Also wenn ich mir eine unwürdige Bemerkung erlauben dürfte: Da werden S' resignieren! Diesbezüglich ham mir Chinesen a phantastische Tradition. Aber da kommt er ja schon, der Herr Hofrat!

Pe Cha-tschek *(eintretend, leutselig)*: Morgen! Geh'n S', Frau Mi-Tsi, zahlen S' draußen mei' Rikscha... *(Gibt ihr Geld.)*

Po Ma-li: Verehrung, Herr Hofrat, Buddha segne euern Bauch! Da is...

Pief-Keh: *(ungeduldig, da er sich übergangen fühlt)*: Banzai!

Pe Cha-tschek: Bitte? Ach so, ja, die neue Zeit! Daran wer'n wir uns jetzt halt langsam g'wöhnen müssen. Nehmen S', bitte, Platz. A Zigarrl gfällig? *(Setzt sich.)*

Pief-Keh: Danke. Ich möchte rasch...

Pe Cha-tschek: Wann ich Ihnen einen Rat geben darf, Hochgeborener, nur net *rasch*, bitte! Damit kommen S' nämlich überhaupt nicht weiter. Vergessen S' nicht, wir sind in Chinareich! Sagen S' schön gemütlich, was Sie wollen..., und im übrigen: Buddha segne euern Bauch!

Pief-Keh: Det ganze chinesische Volk jubelt...

Pe Cha-tschek: Ja, ja, ich hab die heutigen Zeitungen schon g'lesen, und Radio hab ich auch g'hört, also laß ma die Präliminarien, kommen wir zum Tatsächlichen. Aber bitte, Hochzuverehrender, stehen S' doch nicht so entschlossen herum! Nehmen S' endlich Platz, jetzt seid's ja schon da, jetzt braucht's ja nimmer so große Eile. Haben S' schon a Wohnung?

Pief-Keh: Nee. Dachte zuerst, meine Pflicht zu erfüllen. *(Setzt sich.)*

Pe Cha-tschek: Schauen S', Hochgeborener, die Pflicht, die

rennt Ihnen ja net davon, und ich auch nicht, ich bin ja rein mongolischer Abstammung! Schauen S' Ihnen jetzt z'erst amal um ein Zimmer um, dann empfehl ich Ihnen das Teehaus *Tschech Li-tschek*, da kriegen S' um einen Dollar ein wunderbares Chinesisches Frühstück: Tee, Butter, Jam, ein Ei –

Pief-Keh: Butter? Ei??

Pe Cha-tschek: Jetzt is er baff, der Hochgeborene! Also wenn S' eine Wohnung haben und gebadet und gefrühstückt sein, dann lenken S' Ihre verehrungswürdige Person wieder unter meine niedrigen Augen, und dann woll'n wir uns halt in Buddhas Namen an die Pflicht machen. Und bis dahin: Servus, Herr Kollege!

Pief-Keh *(springt auf, grüßt stramm)*: Banzai! *(Geht ab.)*

Pe Cha-tschek *(leger)*: Banzai, banzai. *(Begleitet ihn bis zum Abgang, schlägt auf einen Gong.)*

Po Ma-li *(der zeitweilig abgegangen war, eilig herein)*: Herr Hofrat haben gegongt?

Pe Cha-tschek: Ja, die Akten über das Gesuch des Kulis Scham-Ster aus dem Jahr 1883 möglichst rasch …

Po Ma-li: Ich fliege! Nur, Herr Rat, was wird denn jetzt g'schehen?

Pe Cha-tschek: Gar nix, lieber Po Ma-li, sein S' nur net nervös, *mir wer'n S' schon demoralisieren.*

(Vorhang)

Pong, der Schwätzer *(wie zu Beginn vor den Vorhang)*: Solcherart, meine Hochzuverehrenden, schäumten die Wogen der Begeisterung, als sie am schäumendsten wogten. Acht Tage später gab es noch Menschen, deren Mund davon überging, weil ihr Herz davon voll war. Und wie wir vorhin das Glück genossen, die Gnade eurer Aufmerksamkeit auf ein Zimmer im Hause des Staubes und Moders lenken zu dürfen, so bitten wir euch jetzt, eure hohe Intelligenz auf die kleine Szene konzentrieren zu wollen, die sich in einer der schmalen Gassen der Altstadt von Wi-En abspielt. *(Verschwindet.)*

2. Szene: Flirt

(Schmale Gasse, Wil-Li, ein Tokiote, und Re-Si, eine Chinesin mit großer, runder Hutschachtel, begegnen einander.)

Wil-Li: Tach, Frollein!

Re-Si: Uijegerl.

Wil-Li: Wie bitte?

Re-Si *(gezwungen, schriftdeutsch)*: Ich sagte uijegerl, was in unserer blumenreichen Sprache so viel bedeutet wie: Buddha, Maria und Shinto, schon wieder ein Tokiot!

Wil-Li: Ulkiges Völkchen! Sagen Sie, wolln wa nich vorher zusamm 'ne Tasse Tee trinken, Kleene?

Re-Si: Nein, Hochzuverehrender!

Wil-Li: Nee? Ja warum denn nich?

Re-Si: Erstens deswegen und zweitens bin ich im Dienst.

Wil-Li: Awa, awa, det nehmt ihr in Wi-En doch nich so jenau, Mensch!

Re-Si: Sie?? Wer gibt denn Ihnen a *Mensch* ab??

Wil-Li: Ach, da bin ich wohl mal ins Fettnäpfchen getreten. Nehmen Sie ma's nich übel. Wohin denn überhaupt so rasch, meine Süße?

Re-Si: Liefern, hochgeborener Unsympathischer!

Wil-Li: Wat die hier für Höflichkeitsfloskeln haben, da staunste. In welcher Brangsche sind Sie denn tätich, Sie niedlicher Mistkäfer?

Re-Si: Der hat an Humor, daß ein' die Sandalen ausziagt. I bin bei an Pappenschlosser.

Wil-Li: Wo, bitte?

Re-Si: Bei an Zahnarzt, verstehn S' net? Und für den geh i jetzt liefern.

Wil-Li: Si wollen ma wohl auf'n Arm nehm?

Re-Si: Na. Garantiert net.

Wil-Li: Mit so'nem Riesenkartong jeh'n Se für 'nen Zahnarzt liefern??

Re-Si: Jawohl, Hochgeborener: ein neues Gebiß für einen Tokioten!! *(Zeigt auf die Hutschachtel und geht eilig ab.)*

Wil-Li *(sinnend)*: Ick jloobe, die fliecht uff mir!

(Vorhang)

Pong *(wie vorhin)*: Wir führen euch Hochzuverehrende nun in ein duftendes Gewölbe der Myrten, Rosinen und Gewürznelken, in die Greißlerei des edlen Volksgenossen Pi Won-ka, von dem nur so viel gesagt sei, daß er aus dem heutigen Protektorate stammt, weshalb er sich sehr anstrengen muß, mit den jubelnden Massen Schritt zu halten. Doch dies nur nebenbei, es geht hier um größere Dinge. *(Ab.)*.

3. Szene: Volkswirtschaft

(Pi Won-ka lümmelt in seinem Laden, Frau Hat-Schek tritt ein.)

Pi Won-ka: Habediehreguntagzuwünschenbanzai, was kann ich dienen?

Hat-Schek: Buddha segne euern Bauch, ein Kilo Reis.

Pi Won-ka: Reis? Den gibt's jetzt nimmer, der geht aller ins Altreich.

Hat-Schek: Ah bravo! Na, dann geben S' ma halt an Mais.

Pi Won-ka: Mais? Den gibt's schon lang net mehr. Da ham ma eher noch an Reis.

Hat-Schek: Soso. Also dann, bittschön, sechs Taubeneier.

Pi Won-ka: San a kane da.

Hat-Schek: Und a Leinöl zum Backen?

Pi Won-ka: A net.

Hat-Schek: Soso.

Pi Won-ka: Mhm! *(Pause)* Seh'n S', so kommt ma ins Politisieren und waß selber net wia!

Hat-Schek: Recht ham S', und warum? Weil heut von nix anderm die Red is als von die Kuli. Mir Gewerbetreibenden san der letzte Dreck.

Pi Won-ka *(beschwichtigend)*: Nanana...

Hat-Schek: Also der vorletzte Dreck. Alles andere is der Kuli. Der Kuli der Faust, der Kuli der Stirn, die gelbe Kulifront, *Kraft durch Kulerei**, mir wachst das alles schon bei mein' unwürdigen Gnack aussa!

Pi Won-ka: Is scho' recht, is scho' recht, aber vielleicht nehmen S' statt die Taubeneier an Zwirn?

Hat-Schek: Und statt'n Leinöl vielleicht Wickelgamaschen, was??

Pi Won-ka: Passen S' auf, Verehrungswürdige, Sie bringen Ihnen mit die Reden noch ins konzentrierte Unglück!

Hat-Schek: Da san S' am Seidenweg, würdiger Verschleißer! Wo mein Onkel a Buchhalter is, nämlich a Parteibuchhalter?! *(Blickt auf die Straße.)* Ojegerl, san ma vorsichtig, dort kommt die Frau Ma-Tschek, die is a verkappte Hakkenbeilerin. Wann s' fragt, von was ma gredt ham, vom *Rigoletto*!

Ma-Tschek *(eintretend)*: Banzai! Banzai!

Hat-Schek: Fangt schon an zum Stänkern. Grüß Ihnen, banzai!

Pi Won-ka: Küßdiehandgutentagzuwünschenbanzai, was kann i dienen?

Ma-Tschek: Also was ham S' alles net? I trag nur wegen gwisse Raunzer...

Hat-Schek *(losfahrend)*: Sie, Frau Ma-Tschek, wann Sie viel-

* Anspielung auf Nazislogans und -organisationen

leicht mich meinen, i hab an Schwagern, der war drei Tag illegal! I brauch mi von Ihnen net als Raunzerin hinstellen lassen!

Ma-Tschek: Mit Ihna red i überhaupt nix, Sie Bezirkstratschen! I will an Butter!

Hat-Schek: Also die Frau ist geistesgestört, des wolln ma amal festhalten.

Pi Won-ka: Aber meine Damen! Nur immer gmüatli! Red ma vom *Rigoletto*!

Her-ma *(eine junge Japanerin tritt ein)*: Tach! 'n Liter Rosenwasser!

Pi Won-ka: Jawohlbiddesehr, biddegleich... *(Leise)* Sehgen S', des san Kunden, die Japaner! *(Eifrig)* Glei wer ma's haben, sofort bitte... *(sucht eifrig)*.

Ma-Tschek: Schauen S' Ihnen die an, Frau Hat-Schek: echten japanischen Haarschnitt!

Hat-Schek: Und die Dschunken, die s' anhat!

Ma-Tschek: Aber daherkommen, als ob alles eahna g'hörert!

Her-ma *(geht ein auf das Gewisper)*: 'n bißchen doof, die beiden Damen? Nich'?

Hat-Schek: Sö Gelbschnabel, des verbitt i ma!

Ma-Tschek: Auf mei' Freundin laß i nix kommen, am wenigsten von aner Zuagreisten! Putzen S' Ihnen!

Her-ma: Pardong, wat wollen Sie denn?

Ma-Tschek: Kommen S', Frau Hat-Schek, gar net ignorieren. Laß ma den Schüsserlgreißler allan mit seiner vornehmen Kundschaft.

Hat-Schek: Jawohl, vornehm san ma selber. *(Beide eingehängt ab.)*

Her-ma: Bejreife jar nischt. Wat haben denn die beiden Damen?

Pi Won-ka: Damen? Zwa heimische chinesische Drachen san dös! Schleudern des Dreckes. Ewig streiten s', aber wann s' a Zuagreiste sehen, san s' einig. Sie müassen begreifen: Mir Chinesen san a guates, aber a harbes Volk!

(Vorhang)

Chinesische Volksszenen ähnlicher Art gab es noch etliche. Sie waren austauschbar und wurden meines Erinnerns auch nicht alle gespielt. Jene beim Greißler Pi Won-ka zitiere ich nicht zuletzt wegen des Quentchens Selbstkritik, welche die beiden *harben* Wienerinnen immerhin als Drachen ausweist. Festzuhalten wäre vielleicht noch, daß Wil-Li und Re-Si einander zuletzt doch noch in Liebe fanden. Allerdings eben auf rechte *harbe* Weise.

6. Szene: Verlobung

(Auf einer Bank im Park. Wil-Li und Re-Si küssen einander innigst.)

Wil-Li: Na endlich jeht det Geschäft richtich.

Re-Si: Geh, sei net immer so brutal! Hast denn net an Kreuzer Poesie?

Wil-Li: Hör mal, wat hab ick denn nu schon wieda falsch jemacht?

Re-Si: Gar nix. Aber küssen tuast wia a Märchenprinz und reden wia a Tokiot.

Wil-Li: Also weeßte, det kann uns doch nich trennen?!

Re-Si: Des net. Aber a bißl Poesie brauchert i schon!

Wil-Li: Poesie? Na, denn jehn wa ins Kino! Vielleicht zu *Flieja, Funka, Kanoniere*?

Re-Si: Aber geh, i möcht doch nur a liabs Wort...!

Wil-Li: Ach so! Na denn mein Affenärschchen. *(Streichelt sie.)*

Re-Si *(seufzend)*: Ach ja! Mancher lernt's nie. A unglückliches Volk!

Wil-Li: Aber ick liebe dir doch! Und ick heirate dir ooch!

Re-Si: Bis dahin hat's noch Zeit. Mein hochgeborener Herr Papa...

Wil-Li: Ach Quatsch! Der Olle muß eben ja sagen! Wat kann denn ick dafür, daß meine Muattal keene Chinesin war?!

Re-Si: Schau, es is halt amal so. Der Vater hat ma ja auch verboten, daß i mich beim *BGM*, beim *Bund gelber Mäd-chen*, einschreiben laß.

Wil-Li: 'n feiner Beamter! Wenn der nich mein zukünftiger Schwiegervater wäre...

Re-Si *(entsetzt)*: Schnucki, du wirst doch nix gegen mein' Vater...

Wil-Li: I wo! Überhaupt, wenn de so zärtlich Schnucki zu mir sachst! Gibt's nich ooch een Kosenamen für Re-Si?

Re-Si: Kannst ja Reserl sagen.

Wil-Li: Resal? Resal, det is reizend! Wenn ick vor deinen Papa hintrete, dann werde ick ihm sajen: »Herr Hofrat«, so werde ick sajen, »ick liebe Ihre Tochter Resal.«

Re-Si: Und i wer' ihm sagen: Schau, Hochgeborener, er is zwar a Tokiot, aber das is a Unglück und ka Schand. Und an Unglücklichen soll ma doch helfen!

Wil-Li: Wunderbar! So wird's jemacht. Aber nu gib ma een Schmatz!

Re-Si: Was soll i da geben?

Wil-Li: Eeen Schmatz, een Bussal!

Re-Si: Hörst, du mit deiner Aussprach verdirbst ma die ganze Liab! I mach da ein' Vorschlag: Halt die Pappen! *(Küßt ihn innig.)*

(Vorhang)

Grob, aber nicht unlogisch gedacht und begreiflicherweise ein großer Lacher: Die Schwierigkeiten, die Papa Hofrat der Tokioten-Hochzeit seiner Tochter bereiten wollte, ließen sich bei der *Tsching-Tschang-Marie*, einem echt chinesischen Heurigen, rasch beheben. Pong, der Schwätzer, trat dort als Heurigensänger auf und bei »gselchten Seegurken, panierten Schwalbennestern und Pekinger Quargeln« erreichte die Stimmung ihren Höhepunkt. Als Po Ma-li zuletzt gar noch sein Lieblingslied anstimmte, sangen alle unisono: »I brauch kan Reis, i brauch kan Mais, i brauch ka Taubenei…«, und das Happy-End – »neben dem Pulver eine echt chinesische Erfindung« – war nicht mehr aufzuhalten.

Der versöhnenden Schlußklammer verdankte das Stück sein Bühnenleben. Das Gaupropagandaamt – Buddha segne seinen Bauch – hatte Augen und Ohren zugedrückt, und Gauleiter Bürckel hatte das reisweinselig trotz Gestapo-Einspruch gebilligt. Fürwahr ein *Chinesisches Wunder*!

Der kostbare Satz: *Mir wern's schon demoralisieren* hatte seine Gültigkeit schon in dieser Sachlage bewiesen.